BEN COHEN 班・柯漢 著　許訓彰 譯

熱手效應

掌握手感發燙的連勝節奏

THE HOT HAND

THE MYSTERY AND SCIENCE OF STREAKS

獻給我的父母與史蒂芬妮（Stephanie）

目錄

推薦序　在熱手之火中，看見人類的高峰與謙卑　　07
　　　　／王國鑌

推薦序　神奇，來自日常累積；偉大，定有脈絡可循！　11
　　　　／洪紫峯

推薦序　球飛來的瞬間，我就知道熱手是真的！　　15
　　　　／高志綱

前言　　　　　　　　　　　　　　　　　　　　　19

CHAPTER 01　火力全開　　　　　　　　　　　　31
　　　　　　射爆你的籃

CHAPTER 02　熱手法則　　　　　　　　　　　　67
　　　　　　時運不濟

CHAPTER 03　隨機播放　　　　　　　　　　　　97
　　　　　　不就是隨機的嗎！

CHAPTER 04　孤注一擲　　　　　　　　　　　　131
　　　　　　原則勝於模式

| CHAPTER 05 | 賭徒謬誤 | 165 |
| | 人生的機會與命運 | |

| CHAPTER 06 | 迷霧裡的真相 | 199 |
| | 忠於數據 | |

| CHAPTER 07 | 閣樓上的梵谷 | 259 |
| | 啊哈，啊哈，啊哈！ | |

結語	301
關於本書資料來源的說明	309
參考書目	317
致謝	347

推薦序
在熱手之火中,看見人類的高峰與謙卑

王國鑌
國際知名巔峰表現與大腦訓練專家×
臺灣大學拔萃學者× Dr. KP Lab主持人

為什麼有些籃球員在某些時刻能夠手感火燙,一球接一球命中?為什麼有些藝術家與作曲家,在某段時期特別高產、靈感爆發?為什麼有些科學家,在一段時間內接連做出突破性研究?本書的主題《熱手效應》,就是針對造成這樣現象提供一個視角。熱手效應,說穿了,就是探討人類的巔峰表現(Peak Performance)

【一|我曾火力全開——從泳池到實驗室的雙重經驗】

曾是國家游泳代表隊的一員,我也多次在賽場上經歷那種不可思議的時刻:節奏、呼吸與動作完美同步,彷彿世界慢了下來,只剩下身體與水的對話。多年後,我成為研究大腦訓練科學與巔峰表現心理學的學者,開始透過大腦科學研究手段嘗試具體化「熱手」(hot hand),也可被稱為「流暢經驗」(flow experience）與「巔峰表現」等現象。我的團隊也確實發現大腦跟巔峰表現的可能關係。《熱手效應》這本書，讓我彷彿回到比賽泳池，同時也走進學術與數據模型的世界。作者用極具敘事張力的筆觸，將帶領我們從個人經歷走入實證檢驗，揭開一段科學界對「熱手」這個現象長達數十年的探索與爭論。當我們覺得「狀態來了」、「手感正燙」，這到底是幻覺、錯覺，還是真實的大腦神經與認知機制被短暫喚醒？

【二｜科學與直覺不對立──讓數據與經驗交匯】

這本書最可貴的地方，不在於它提供一個二元答案，而是挑戰我們的思維方式。打開我們看待現象的視角。正如書中指出：「證據的缺乏，不代表證據不存在。保持開放心態，是避免錯失理解真實世界樣貌。」這句話對於我來說，是一種提醒，也是一種責任。我們不能僅因技術與方法尚不完備，就否定某些來自現場與直覺的經驗。作者舉出許多案例，例如運動、藝術、金融、音樂等領域。這顯示「熱手」並非籃球專屬，而是一種可能出現在所有高度專注與創造過程中的現象。在閱讀這本書的過程中，你將會看見學者之間的辯論、學者與實踐者之間的經驗交流，也會看見藝術家與創投家如何在靈光與連勝間尋找規律。這是一場跨越學門與行業的對話──是腦科學、心理學、機率思維與人類經驗之間的交會。對我來說，這也是作為一位學者與實踐者之間最真切的反思：實務需要學術的視野，

而學術也需要實務的經驗。

【三｜點燃那一瞬火光──從理解熱手到複製巔峰】

這本書的閱讀旅程，最終回到一個簡單卻深刻的命題：如果熱手效應真實存在，那我們能否理解它？能否預測它？能否複製它？身為大腦訓練科學與巔峰表現心理學的研究者，我的答案是肯定的──巔峰表現不該只是偶然，而是可以被設計與誘發的狀態。其中一個可行技巧，就是建立「表現前的例行性動作。」這些儀式化的行為能夠啟動我們的大腦與身體同步進入熟悉且高效的狀態。無論是NBA球員出手前的節奏調整、音樂家演奏前的深呼吸，或是專業人士在簡報前透過自我對話來集中注意，這些都是有效喚醒熱手的精準觸發器。但前提是，我們平時就要刻意練習這些動作，並讓它們成為大腦與身體都能熟悉的啟動訊號。

同時，這本書也提醒我們，要真正掌握熱手，就必須保持開放心態與謙卑態度。正如李小龍所言：「將自己倒空，才能裝入萬物。」唯有放下成見、打破框架，我們才能看見熱手背後更深層的真相與邏輯。《熱手效應》點燃的，不只是對籃球的熱情，更是對真相的好奇、對人類潛能的敬畏。這本書將讓我們意識到：即便在最科學的世界裡，也需要保留謙卑；而在最直覺的狀態裡，也可以融入理性與證據。如果你曾經在某個瞬間「燃起來」，那麼你一定會在這本書裡，看見那一刻的自己，

並且更了解自己。若你還未經歷過,也請你用這本書,為未來的那一刻做好準備。

推薦序
神奇,來自日常累積;
偉大,定有脈絡可循!

洪紫峯
國家隊運動心理教練

比賽中,總有許多有趣現象!

不論是本書關心的「是否真有手感發燙的神奇時刻?」,或是我本身從事棒球工作所好奇的「是否真有打線火力最大化的棒次排法?」,這一切,都在體壇邁入運動科學時代後,已從過去的心領神會,來到靠證據解密傳說的時刻。

然而,當一切揭穿以後,是否會讓競技運動變得不再有趣呢?

並沒有!好戲正才開始!

作為一位長期在運動場邊陪伴選手的心理實務工作者,就個人印象裡,確實見證過幾次「百發百中」、「怎麼打怎麼有」的魔幻表現。但為選手感到開心的興奮感退潮後,緊接著浮出我心岸的念頭則是:「我該怎麼協助選手能數次重現呢?」

剛好,《熱手效應》是一部極富洞察力的書籍,它讓我們看見科學、心理與人性如何在運動世界裡交會。本書載有許多思辨,不僅契合我對競技運動發展的反思,也貼近我後來給選手的建議,更帶來相當重要的事實與提醒——有計畫的訓練,永遠少不得。

如果您是一位教練,或運動心理實務工作者,結合本書的重要精神,我想分享幾則讀後心得,好讓我們彼此未來更能學以致用:

1. **有脈絡的訓練**:選手的最佳表現往往發生在「高度專注」、「對策略篤定」與「保持和訓練時一樣的設定節奏」等狀態中。這種「熱手」狀態根本上是藉由有計畫的訓練與學習心理技巧(如呼吸調整、正向自我對話、意象等)培養,而非靠臨場情緒誘發(如要求選手要表現「兇一點」)。

2. **避免過度迷信**:適時與教練團或合作的運科團隊交換看法,盡可能從多元角度檢視選手表現;避免在想給選手自我突破的美意中,忽略其身、心、技狀態,最終導致個人及團隊深陷失敗壓力,也增加疲勞及受傷風險。

3. **整合數據與經驗**:將「數據」結合「經驗」,幫助選手透過策略制定,增加任務勝任感、降低對於未知結果的恐懼壓力,並與選手建立良好的互信關係。更重要的是,比賽知識的累積,絕對是靠有脈絡的指導與傳承。

4. **從技競看向全人發展**：帶領選手從訓練與比賽中，將學到的目標規畫、策略執行與檢核思維應用於生活；幫助他們明白競技運動不僅未與生活脫鉤，也只是其人生體驗的一環。幫助他們在追求卓越表現之際，也能完成自我實現，更不會輕易將自我價值建構在勝負結果上。

推薦此書，給每一位對運動、決策與人性感興趣的您！相信您也能從字裡行間，找到對訓練及生活的啟發！

推薦序
球飛來的瞬間，我就知道熱手是真的！

高志綱
統一7-ELEVEn獅隊首席教練

那一球飛過來的瞬間，我就知道：熱手是真的！

一開始聽到這本書叫《熱手效應》，老實說，我以為是在講投手球速突破150km/h，或者打者連三場開轟的故事。結果不是，這本書比我想的還要精彩得多。

我在當捕手的時候，看過太多投手突然開竅，也見過無數打者狀態爆棚、全場發光。你問我這種事真的存在嗎？坦白說，我以前深信不疑，後來半信半疑，到現在⋯⋯我又開始相信了！

因為我自己也有過那種時候。

那種感覺，並不是單純的「今天狀況不錯」，而是當你站上場時，彷彿整個球場都慢了下來。你能清楚看見投手出手的角

度、球縫線的旋轉,那就像在用慢動作解讀他的心思。有時候,我蹲在本壘後方,還沒接到第一球,就知道今天我和投手的搭配會無比順暢。

那,就是熱手。
但,你說這能被證明嗎?

數據會告訴你:「那只是隨機波動。」但如果你親自蹲過上千場、搭配過無數名投手、接過無數球、也挨過無數轟炸,你就會知道,有些事情,真的不是數字能完全說明的。

《熱手效應》最讓我佩服的地方是,作者不是盲目相信熱手這回事,他是一位理性的記者,卻願意從自己高中時期「突然變超準」的親身經歷出發,一路追查熱手效應的真假。他從籃球寫起,一路談到投資、藝術,甚至創作靈感的爆發。讀著讀著,我突然明白了:原來,職棒場上的那種狀態,別人也會有,只是發生在不同領域而已。

書中有一段,提到一位高中教練,用數據幫助球員找出最佳出手時機。我看到那裡時不禁笑了,因為在我以前那個年代,數據分析哪有現在這麼發達,教練常說的只有一句:「感覺對了,就放手去做。」現在想來,那句話還真不只是「憑感覺」而已。

雖然已退役,我當然知道,不是每一次熱手來臨都能持續。

不然，我現在應該還蹲在球場上。但人生就是這樣：你無法控制熱手何時到來，但你可以準備好，當它來臨時，牢牢抓住。

這本書會讓你笑，也會讓你點頭如搗蒜。因為我們每個人都曾在某個瞬間，感受到自己超越平常狀態的那個自己。不一定在球場上，也許是在辦公室簡報、在廚房炒菜、在舞台演出……只要你曾經「手感來了」，你一定能在這本書中找到共鳴。

推薦給所有曾經進入Zone的人，也推薦給還在等待熱手降臨的朋友。這本書不會保證你明天就能開轟，但它會教你，什麼時候該相信直覺，什麼時候該交給數據。就像我過去配球時一樣，有時看數據、有時看眼神，但最重要的，永遠是你當下的直覺。

熱手，也許很難解釋，但它……的確是真的！

前言

1

　　我人生中值得回味再三的時刻之一，發生在一場如今不會有人記得的普通籃球賽事上。那一天，在我身上發生了一件永難忘懷的神奇事件。而我花了多年，才終於明白到底是怎麼回事。我會形容為「神奇」，是因為我不明白，也無法解釋為什麼會有這個現象出現，那甚至幾乎不太現實。這本書，就是闡述這個耐人尋味的想法的故事。

　　我在一所規模小到勉強組成一支籃球校隊的高中就讀，更別說要成立一支二軍隊伍了。不過我當時是二軍隊伍的一員。那場比賽一開始，我就坐在板凳席上，其實我本來就不是例行先發球員。在這個沉悶的冬日午後，我們的隊伍走進一座擁擠的體育館，然後我開始例行的賽前投籃練習，但我不進的球比進的還多。

　　如果要我確切地形容接下來到底發生了什麼事，請恕我難以辦到。一個令人惋惜的事實是，我幾乎不記得該場比賽的其他細節，例如最後的比分，我真的一點也不清楚。我也說不出

到底哪一隊贏了。我心中唯一確定的事情是，我一定在某個時刻脫下身上的熱身外套，走上球場，否則我接下來要描述的事情就不可能發生了。這種情況之前從未發生過，而且至今也沒有再次發生，這就是為什麼這麼多年後，我仍然會想起這件事。

那場比賽，我的手感發燙。

這一連串奇怪的事件，始於半場結束後我替補上場，並且成功地在第三節命中第一顆進球。我覺得我的狀態不錯。我又一次把球投進籃框。我覺得我的狀態更好了。我想趕緊拿到球再投一次。而就在那時，我真的又一次進球，然後我開始察覺到，只要我想投，我就能進。

我從來就不是一個攻守數據出色的球員，相信對手也是這麼認為的，但我開始發現只要我一碰到球，就被兩名對手嚴加看管，我成功地讓對手相信我有天賦。正是在這個時候，我心想自己花了那麼多時間收看籃球賽事電視轉播的努力，終於派上用場了。我想像一個真正擅長投籃的人會怎麼做。當球再次傳到我手上時，我假裝自己就是那樣的人。對於一個從未嘗試這麼做的人來說，我竟然有著滿滿的自信，而且還真的奏效了！兩名防守球員如同慢動作一樣地越過我身邊。那些可憐的傢伙給了我足夠時間，充足到能讓我喝一口濃縮咖啡，然後再悠閒地將球投向籃框，接著看著球又一次進籃。整個過程無疑令人感到驚訝萬分。在這場比賽的這一節裡，我的得分比我一生中任何時候都多。

前言

那場比賽之後不久,我就退出了籃球校隊。主要是因為我也沒有一直打得很好,還有一部分原因是因為我知道我已經達到了我的巔峰,我再也不會體驗到那種「熱手」(hot hand)感覺了。

擁有「熱手」的感覺,是指達到某種能力提升的狀態,你在其中短暫地感覺到自己超凡脫俗。對人類來說,沒有比這更愉悅的感覺了。即使你不熟悉籃球,你可能也熟悉這種神祕的感覺。「熱手」幾乎存在於每個行業,並觸及幾乎每一個在地球上生活的人。

就籃球比賽來說,擁有「熱手」的感覺是指你連續命中了幾顆球,籃框看起來甚至比直升機的停機坪還要大,而且你相信自己非常有可能將下一球投進,因為你之前已經連續命中了幾顆球。這一定是讓你無法忘懷的輝煌時刻,當時的你只要投籃就好像絕不會失手一樣。但「熱手」不必有一個單一的定義。當你看到某個球員看起來神采奕奕時,你可以很明顯地感覺到他正處於那個狀態。

我知道那是什麼感覺。我很愛收看精彩刺激的籃球比賽,但我自己打籃球的成績,就像開在紐澤西高速公路一樣沒什麼值得好說的。但在那個晚上,當我出現「熱手效應」,我感到欣喜若狂。當我一拿到球,完全沒有想把球再趕緊傳出去給隊友。所謂「均值回歸」(regression to the mean)這種令人掃興的想法完全沒有出現在我的腦海。我一碰到球就立即投籃,沒有任何人能阻止我。我覺得自己真的超棒。在這段美好的時光

裡，我認為自己在和機率戰鬥。如果不是因為場上的每個人都認為這是合理的，這將完全毫無道理可言，因為他們以前曾見過這種場景。我也見過，只是從未發生在我身上。

我短暫體會到「熱手」的感覺，在我的籃球生涯結束後，仍舊不時縈繞在腦海中。當我開始從事許多無法再打籃球的人所做的事：撰寫與體育相關的報導文章，我仍然不斷地回憶起那個時刻。我是《華爾街日報》（*Wall Street Journal*）的記者，主跑美國職籃NBA，我已經寫了數百篇關於籃球的報導，我的記者身分讓我得以深入挖掘聯盟30支球隊的內幕故事。如今，觀看其他人出現「熱手效應」已經成為我的工作。但有一天，當我閱讀最新的學術研究論文以找尋報導靈感時，我無意間和我的過去相會。原來，有數百篇學術論文都在探討「熱手效應」的概念。

我無法停止閱讀這些研究論文，甚至比讀我的公寓租約還要仔細。我入迷地閱讀這些資料，因為「熱手效應」一直是一個科學研究主題，我不必翻閱厚重的教科書就能理解，或者至少我是這樣認為的。我閱讀了一篇論文，然後又一篇，再接著一篇。我不停地閱讀學者專家們探討有關「巔峰時期」（hot streaks）的研究。我一直閱讀，將幾十年來經濟學家、心理學家和統計學家的研究結晶都讀過一遍，直到再也沒有資料東西可供我閱讀為止。

當我將所有資料閱讀完畢時，這才意識到為什麼有這麼多人寫了這麼多關於探討「熱手效應」的論文：因為「熱手效應」

根本不存在。

2

在某個冬日下午,我開車前往明尼蘇達州的一個純樸小鎮派恩市(Pine City)。這個小鎮位於明尼亞波利斯(Minneapolis)和杜魯斯(Duluth)之間。我前往這座小鎮,是為了弄清楚這裡的一所小型高中,為什麼能成為全美國最令人驚奇的運動創新實驗室。我去觀看了派恩高中龍隊(Pine City Dragons)的籃球比賽。

派恩高中籃球隊的總教練是一位有著大眼睛和濃密黑鬍子的老師兼任,名叫凱爾・艾倫(Kyle Allen),他在這所學校裡主要教授的科目是歷史、政府、政治和地理。當他來到派恩市時,這所學校以其在藝術方面的卓越成就而聞名,或者也可說是該校的辦學重點。他的大多數球員也會演奏樂器,許多球員也都參加了在比賽前演唱國歌的合唱團。他的其中一名球員在該場比賽中沒有被登錄在球員名單中,因為對方去參加冬季音樂劇的演出,而這名球員正好是隊上的明星球員。所以以這場球賽來說,派恩龍隊幾乎沒有什麼好讓人留意的觀賽看點。

但是他們贏了,他們贏了很多場比賽。他們贏得的比賽場數遠遠超出人們的預期。然而,讓我感到好奇的是他們贏得比賽的方式。我再次飛到明尼蘇達州,開車前往派恩市,然後走

進高中校園,發現艾倫的球員們正在一個教室裡大吃乳酪塊和餅乾。這些忙著吃垃圾食品的孩子們,很快地就會變成一具具強大的籃球機器。

當凱爾‧艾倫搬到派恩市擔任他的第一份教練工作時,他做的第一件事就幾乎花光了他手上的預算數字。他是全美成千上萬位慷慨地投資於技術,蒐集以前僅供NBA球隊使用的實用統計數據的其中一位教練。派恩高中的球員們很快就可以獲得個人化的指標、量身定做的教學影片,以及比他們在數學課上看到的數字更多的數據。這些數據的豐富性,是艾倫執教的有力後盾。他來到派恩市時,正值美國體育史上的一個特殊時刻。他在這所高中任教時,寫作取材獨具一格的商業作家麥可‧路易士(Michael Lewis)的作品《魔球》(*Moneyball*)出版了,也讓他成為即將以統計學顛覆體育界的世代。這個時期,體育界探討的問題是怎麼找到運動優勢。凱爾‧艾倫明白為什麼他應該以數據為基礎來做決策,儘管相關的數據都還沒出現。一旦校方支持他的做法,他便毫不遲疑。他想要更多的數據,他想要更龐大的數據,他想要更好的數據!

高中籃球校隊一直對自身的狀況知之甚少。不僅是這所位於明尼蘇達州的小型高中如此,甚至在這個運動項目的最高水準球隊裡也是如此。當然有一些基本的統計數據,例如每場比賽得分,可以讓人對數字的價值有所了解。但除了將得分數量除以比賽次數外,沒有什麼更深入的分析了。

這種情況即將出現改變。艾倫幾乎耗盡派恩高中籃球隊所

有預算,以幫助他完成尋找數字背後的價值的任務。他希望他執教的球隊能夠「打得聰明」,而在籃球界,所謂打得聰明的定義是將有價值的好投籃和沒有價值的壞投籃明確地區分出來。這個簡單的洞察是幾十年來的一項重大突破。好投籃是上籃和三分球;壞投籃則是介於兩者之間的所有行為。派恩高中龍隊成為一支幾乎從不出現壞投籃的球隊。

該隊的整體策略是基於將好投籃的數量最大化。對於艾倫這個籃球異類所率領的團隊來說,一場典型的比賽是他們投進大約85個好投籃和幾個壞投籃。在一場堪稱完美的比賽中,他們只會投進好投籃,而且比籃球界的任何其他球隊都更接近完美。壞投籃只占他們投籃次數不到5%──低於任一支NBA球隊、大學校隊和高中校隊。艾倫說:「老實說,這甚至比我們預期的成果更好。」

在見識到數據的威力後,他變得對數據如癡如醉。很快地,他開始將自己的球隊加以量化。不久之後,派恩高中龍隊在一個統計類別上的州紀錄排名中名列第一、第二和第三:賽季中三分球進球數最多的球員。他們在iPad上、傳統的記分簿上和更衣室的白板上記錄他們的統計數據。他們計算了整個夏天他們在體育館度過的總時數。他們甚至聘請專業人士來追蹤他們在練習中彼此交談的時間。「基本上,」艾倫的口氣彷彿這是顛撲不破的真理,「對我們來說,任何事都必需歸結為一個數字。」

在那個周末晚上,派恩高中體育館內的場景讓我意外地感

到一種熟悉的懷舊。我以前曾在這樣的體育館裡待過；我以前也在這樣的體育館裡打過球。就是在一個像這樣的體育館裡，我曾經有過「熱手」時刻。我想，我應該能夠跟凱爾・艾倫的球員們產生共鳴才對。

觀看派恩高中龍隊的比賽，就像親眼目睹籃球的未來。他們正在我眼前重新詮釋這項運動，使其改頭換面。這種感覺就像是你被告知天空是綠色的，草地是藍色的一樣。我無法與這些孩子們產生共鳴，因為我從來沒有思考過哪些投籃選擇是最有價值的，我心中唯一掛念的事是不沮喪著回家吃晚餐。這並不僅僅是因為我不是個出色的籃球員，所以我才沒有去思索這些事，而是因為根本沒有人在意這個。而現在，每個人都在想。

派恩高中的孩子們只是在吸收其他高中、大學和NBA球隊所崇尚的想法，並將他們帶往一個超現實的結果。他們採取一種反直覺的進攻策略：他們要不是站在籃框旁邊出手，就是離籃框有一段距離的地方出手，但從不在中間地帶出手，這種策略被反覆地灌輸到他們的腦海，直到變成一種直覺。球員們不再需要教練提醒他們只投好球，他們只需看著球場。禁區和三分線外的區域是木地板的顏色；而中間區域是翡翠綠色的——球場這部分就像地板裡養滿了食人魚。派恩高中看起來與眾不同的球場設計，其實也是培養隊伍球風的一種提醒。

當我向一位NBA教練提及這支令我感到興味盎然的古怪球隊時，他說：「球就應該這樣打！他們是否比以往的成績更好？」

他們確實是。派恩高中龍隊已經成為明尼蘇達州最讓人聞風喪膽的籃球隊之一。他們採用新的數據、技術和嶄新的思維方式，以一個新的角度去詮釋一種行之有年，大家都非常熟悉的運動項目。距離我的球員生涯已經過去十年，只花了大概一個世代的時間，遊戲規則就已經改變了。我曾經認為的真實，非常明顯地不再是那樣。

3

我曾經相信我在我最喜歡的運動項目中，偶然發現「熱手效應」。但事實並非如此。「熱手效應」一直與籃球的發展歷史交織，因此籃球出現在這本書中是必然的。在談及「熱手效應」時，如果不討論到籃球，實在是不可能的任務。長期研究「熱手效應」的聰明人都明白，籃球恰好是探索這個主題的絕佳研究標的。

然而，我被這個主題吸引其實並不是因為這與體育故事有關，而是還有許多天才學者和諾貝爾獎得主聚焦於討論籃球場上的「熱手效應」，但他們並不僅只是研究籃球運動。事實上，當你開始對「熱手效應」感到興趣時，就會發現很難不在各處看見。

這就是為什麼當我讀到1985年發表的第一份關於「熱手效應」的學術論文時，我必須確保我沒有失去理智。使這份論文

成為心理學經典作品的原因是那令人震驚的結論:「熱手效應並不存在」。這實在太瘋狂了,以至於讓人難以置信。正如我很快就會發現的那樣,我不是唯一一個感到震驚的人。這篇論文在某種程度上引起了廣泛討論,因為沒有人相信這點。

我們都見過「熱手效應」。我們都感受過「熱手效應」。「熱手效應」深深烙印在我們的記憶之中。這篇引人入勝的論文之所以吸引眾人眼光,是因為它挑戰了我們所有人都認為是真實的事情。這是一份有著明確結論的研究,卻也迫使我們面對人類社會中一個永遠存在的問題:我們可以多相信自己所看到的和感受到的?

從那時起,全球最優秀的學者們便一直不斷地尋找「熱手效應」的堅實證據。然而由於他們痴迷地找尋他們根本無法獲得的證據,不經意間這些人將「熱手效應」變成籃球界的「大腳怪」。而且這幾十年來學術界的研究檔案損壞、誤解和隱而不宣,更是只加強那篇原始論文的結論。然後隨著時間推移,顯然相信「熱手效應」存在的人是愚蠢的。

真的是如此嗎?
這就是本書所要探討的。
我們開始聽取科學家的意見,並接受我們對「熱手效應」的集體信念可能是錯的。然而一些令人難以置信的事情卻一再出現。事實證明,我們可能一直有理由相信「熱手效應」是真實存在的。

現在你可能已經在想:「熱手效應」是真的存在嗎?是,但也不是,這很複雜(畢竟你即將閱讀一整本討論關於這個現象的書,我想你可能已經猜到這個答案)。在某些情況下,你可以利用「熱手」;但在其他情況下,讓「熱手」掌控你的行為,反而可能會帶來一場災難性的後果。如果一味地沉迷於「熱手」,可能會和忽視「熱手」一樣代價高昂。

但我們會解決這個問題。你即將讀到的故事,從頭到尾都是關於尋找「熱手」的探索之旅。這不是一本關於籃球的書,但你將近距離目睹NBA超級巨星史蒂芬・柯瑞(Stephen Curry)職業生涯中最重要的那場比賽。這不是一本關於金融的書,但你將聽到一位億萬富翁投資家的祕密,他以押注熱門標的的方式致富。這不是一本關於藝術或戰爭的書,但你將會遇到那些發現一幅失傳的梵谷畫作並追尋大屠殺英雄的人。這不是一本關於音樂的書,但你將得知一位被歷史遺忘的了不起作曲家的故事。這不是一本關於文學或醫學的書,但你將讀到比你想讀的更多關於莎士比亞和瘟疫的內容。這不是一本關於科技的書,但你可能在聽下一個Spotify播放列表前會三思。這不是一本關於旅行的書,但你將前往亞馬遜叢林和我最喜歡的北達科他州和明尼蘇達州邊境的甜菜農場。

這不是一本關於上述任一則那些故事的書。這是一本關於所有那些故事的書。這是一本關於追尋令人敬畏的「熱手」力量的書。故事將從一個人,與他身上的「火」開始。

CHAPTER 01

火力全開
ON FIRE

射爆你的籃

1

馬克‧特梅爾（Mark Turmell）曾經是一個非常奇怪的青少年，他後來成為一位極其成功的成年人，原因有兩個。第一個原因是他從小就知道自己想做一輩子的事情是什麼，他從未偏離自己的理想。第二個讓他獲得巨大成功的原因，是他是一個熱愛火焰的人（pyromaniac）。

1970年代當他還是一個孩子時，他在密西根州貝城的社區裡一邊漫步，一邊沿著排水溝點燃火柴，接著快速跑開，然後轉過身偷看一眼，這樣的小刺激成為了他的童年回憶。在他回頭看的那瞬間，不可預測性是如此讓人著迷，以至於對他來說似乎出現任何事情都是可能的。有時什麼都沒有，有時有東西開始燃燒，有時是一場熊熊大火。馬克‧特梅爾非常喜歡火。

除了火之外，特梅爾也喜歡摸索電腦。他有一個朋友，朋友的父親是當地社區大學教授，這位教授偶爾會讓孩子們在他的辦公室裡使用電腦。特梅爾很快就迷上電腦。更具體地說，他迷上電腦遊戲，他比火更喜歡這些遊戲。特梅爾開始感覺到他命中注定要進入電腦遊戲業。他對自己未來工作的信心如此之高，以至於有一次他告訴數學老師，他並不需要上這些課，因為他在設計電腦遊戲時不需要用到代數。後來證明，他因為這個藉口而不做家庭作業，實際上是對的。

他很快就開始每天早上去高中上課，下午去當地社區大學上電腦課，並整晚都待在電腦室裡。「有馬克這類學生的唯一

問題是，他們永遠不想回家。」他的一位老師說。他在15歲時對這個科目如此狂熱，以至於他放棄了自己最喜歡的籃球運動，即使他在小鎮上屬於身高較高的孩子之一，因為他寧願把在籃球場上的時間挪來玩電腦。

當他決定買一台屬於自己的電腦時，他用自己存下來的打工錢買了一台全新的Apple II。特梅爾的投資幾乎立刻就得到回報，只不過他是先做了一些違法行為，才開始賺錢。特梅爾用他的電腦入侵社區大學網路，查看一些學校花大筆錢保密的敏感資料。後來他承認自己的入侵行為，於是學校反而聘請特梅爾，他的工作是確保其他人不會做他已經做過的事情。隨著特梅爾的事蹟在城裡傳開，更多工作機會找上了他。貝城的工程師非常渴望能夠仰仗像他一樣的電腦怪才的專業知識，以至於他們有一次把當地汙水系統軟體的開發工作，交給這個甚至還沒有駕照的少年。

儘管特梅爾很快地成為社區中最富有的孩子之一，但他並不滿足於對關鍵基礎設施的監管。他希望能負責比清理貝城的排泄物更重要的大事。他仍然想製作電腦遊戲，現在沒有任何事情能阻止他了。他買了一台電腦、訂了雜誌，並自學程式語言。他源源不絕的青少年能量，讓他在深夜裡仍然可在臥室裡通宵不眠地盯著電腦。「我一直很努力工作，我心想我應該撐不了多久，」他說，「結果我一點都不覺得累。」

1981年，特梅爾製作的第一款遊戲，展現了他與生俱來的天賦。任何玩過他的射擊遊戲《運動鞋》（*Sneakers*）的人都可

以看出，這是一個清楚知道自己在做什麼的人的作品，即使他應該做的事是把代數學好。特梅爾使用聯邦快遞的新服務將《運動鞋》遊戲的副本，寄給他最喜歡的遊戲製作公司天狼星遊戲公司（Sirius Software），但他不知道是否會收到回覆。幾天後，他的電話響了。天狼星想購買他的遊戲並保證他每月可收到1萬美金的版稅支票。「我爸開了一個帳戶，並投入一些錢買了一些共同基金。」他說，「但我還是不知道到底發生了什麼事。」當權威雜誌《Apple II》將《運動鞋》評為年度最受歡迎的遊戲之一時，特梅爾開發的第一款遊戲取得好評和意想不到的商業成功，使他的信心更加堅定。天狼星再次打電話來，給了他一個夢幻工作提案：一個專心製作電玩遊戲的正式職位。他不再需要上學了，於是他搬到加州加入了這家公司。

早在他尚未前往西岸時，他的名氣已經傳開。在見到馬克·特梅爾之前，已經有很多人知道他的名字，其中一位碰巧就是設計出特梅爾在用的電腦的人。蘋果電腦聯合創始人史蒂夫·沃茲尼克（Steve Wozniak）的公司最近上市，使他晉升百萬富翁之列，他決定向女友求婚以作為慶祝。正好沃茲尼克考取了飛行執照並購買一架單引擎飛機，他認為沿著海岸飛往聖地亞哥拜訪女友的叔叔應該會很有趣，因為女友的叔叔是一位珠寶商，可以幫他們設計專屬結婚戒指。但他們從未抵達目的地，因為飛機在起飛不久後便墜毀在附近一座溜冰場的停車場。沃茲尼克受了重傷，接下來的幾個月他一直在與一種失憶症鬥爭，這種失憶症阻礙他創造新的記憶。他記得踩油門前所發生

的一切,但接下來5周後的事他卻一個都記不起來。直到後來,他才知道自己花了很大一部分時間玩《Apple II》雜誌推薦的遊戲。當沃茲尼克康復並將舉辦結婚典禮時,他向製作他最喜歡的遊戲之一(一款名為《運動鞋》的俏皮小遊戲)的人發出結婚邀請函,這是他至少可以做到的事。馬克・特梅爾間接地幫助他恢復了一些記憶。

特梅爾在沃茲尼克的婚禮上成了名人。當時,有一位年輕極客(geek)[1]走到他面前:「馬克・特梅爾!我們喜歡你的遊戲。」

這位陌生人開始自我介紹,說他最近在西雅圖附近成立了一家軟體公司,他希望特梅爾來為他工作。當時特梅爾有感到興趣嗎?「不了,謝謝你!」特梅爾說。因為他太忙於製作電玩遊戲了。

這就是馬克・特梅爾拒絕比爾・蓋茲(Bill Gates)的過程。但回想起來,回絕成為微軟第一批員工的機會,其實不算是一個不明智的決定。1980年代初期是像特梅爾一樣的極客們的黃金時代。他開著一輛紅色保時捷敞篷車,《時人》(People)雜誌對他進行專題採訪介紹。他收到數百封粉絲來信,甚至還收到了一些求婚信。十幾歲的男孩想成為馬克・特梅爾;十幾歲的女孩想和馬克・特梅爾在一起。憑藉製作電子遊戲的天賦,

---

[1] 譯註:泛指智力超群,對某些領域和愛好極度感興趣,但不愛社交的學者或知識分子。

他將自己變成了一位真正的名人,他可以在任何他想去的地方工作。

如果說到他最希望能進入的職場,那想必就是電子遊戲開發商與發行商中途島(Midway Games)。中途島的辦公室可說是電玩業的創新中心,在位於芝加哥的這棟大樓裡曾經負責製作或發行眾多如今極具代表性的電玩遊戲:《小精靈小姐》(Ms. Pac-Man)、《真人快打》(Mortal Kombat)、《大蜜蜂》(Galaga)等。可以說幾乎所有熱門美國街機遊戲,都是由中途島團隊所推出的──其中很快就包括了《運動鞋》的發明者。

特梅爾在中途島受到了高度重視,以至於當公司總裁走進他狹小的辦公室詢問他的最新遊戲何時會完成時,「我甚至曾經對著他說,『當完成時,你就會知道了。然後請離開我的辦公室。』」特梅爾回憶道。他可以讓他的老闆趕緊滾蛋,因為他們都了解自己手上負責工作所面臨的殘酷現實:中途島將遊戲出售給發行商,發行商將遊戲出售給遊樂場,而遊樂場則告訴發行商遊戲的表現如何。僅當某款遊戲表現良好時,發行商才會向中途島對該款遊戲大量採購。「沒有任何行銷、炒作或促銷計畫可以比銷售成績還重要。」特梅爾說,「這都是為了賺錢,其他都不重要。遊戲必須賺錢。」特梅爾的天賦,在於製作可以賺錢的遊戲。

中途島的遊戲創作過程非常細緻。在他們準備好向那些盼望著將數萬億枚硬幣投入機器的人介紹新遊戲之前,中途島的員工花了很多時間試玩和調整這些遊戲。只有當特梅爾的遊戲

經過各種方式的測試和探索後,才得以進入中途島辦公室以外的世界。不過他們並不需要走到千里之外才能看到玩家的實際反應,他們的下一站是辦公室附近的一台電玩街機。

「只有真正地面對遊戲玩家,你才會知道自己究竟是成功或失敗。」特梅爾說,「所以我們就坐在那裡看著。」

馬克‧特梅爾是觀看玩家反應的專家。他總是花很長一段時間觀看玩家對遊戲的反應,以至於他後來可以在幾分鐘內預測他的新遊戲是否會大受歡迎。1992年的一個晚上,當他參觀中途島舉辦的最具人氣的測試遊戲時,他發現自己的最新作品將成為他職業生涯中最熱門的作品。這款遊戲的名稱是《NBA Jam》。

2

麥迪遜廣場花園(Madison Square Garden),是全球所有最具才華的籃球員都夢想踏上的籃球場館。這座位於紐約市中心的球場,多年來一直是許多精彩個人演唱會的舉辦場地,令人驚訝的是它也恰好是戰績差強人意的紐約尼克隊(New York Knicks)主場。然而,儘管在這座堪稱籃球歷史上最神聖的場地,上演過無數場精彩的賽事,卻有3場比賽堪稱經典。曾有3名籃球員,帶著在這座球場歷史上創下得分最多的紀錄回到客隊更衣室,他們分別是:麥可‧喬丹(Michael Jordan)、科比‧

布萊恩（Kobe Bryant）和勒布朗・詹姆斯（LeBron James）。這3位征服這座球場的人，都早已名列NBA史上最偉大球員的一員。

2013年2月27日，當沃德爾・史蒂芬・柯瑞（Wardell Stephen Curry）走進麥迪遜廣場花園時，沒有任何跡象表明他會加入這些偉大球員的行列。縱使當晚場館大樓下方的賓州車站人潮洶湧，但奇怪的是，那天晚上沒有任何人對柯瑞抱有太多期望。柯瑞一生都在證明人們對他的看法是錯的：柯瑞就讀於一所小型私立高中，他其實不應該成為一名出色的大學球員；當他成為一名出色的大學球員時，他也不應該成為一名優秀的NBA球員；當他成為一名優秀的NBA球員時，他也不應該成為一名偉大的NBA球員。他天生有著一張娃娃臉，身材也不特別高壯，就像一隻可卡貴賓犬一樣不會令人感到威脅。

但有一件事，柯瑞卻可以比任何人做得更好：投籃。雖然NBA中的每個球員都會投籃，但沒有人能像他一樣投籃。最具統治力的球員，總是那些讓非凡事跡看起來像是稀鬆平常的人。但史蒂芬・柯瑞的天賦，則在於讓平凡的事情看起來無比非凡。

那天晚上，當柯瑞步履蹣跚地走進麥迪遜廣場花園球館時，他正接近其職業生涯的轉折點。上個賽季的大部分時間裡，他因腳踝傷勢而缺席比賽，而他改變比賽的潛能仍然隱藏在內心的某個地方。如果你認為成為職業籃球運動員只是一份普通的日常工作（在很多方面確實如此，但在更多方面卻並非

如此),那麼柯瑞與大多數從大學開始就在同一家公司做同樣工作的24歲年輕人相似。他的老闆賦予他更多的責任,每年的加薪和獎金也給了他足夠薪水,讓他不必費心再去尋找更好的機會。在另一個平行宇宙中,柯瑞會每天坐在辦公桌後面,他的績效評估會非常好,他攻讀商學院碩士學位的推薦信中將是通篇讚賞有佳,崇敬他的同事們將會邀請他參加他們的婚禮。他會是個理想的公司員工:非常有能力、充滿自信,並且在公司壘球隊中擔任要角。他比你想像的更接近是從事那種工作的人。

當柯瑞還是一名大學二年級學生時,他的父母在一場比賽後偶遇一位NBA球隊總經理。他的母親頌亞・柯瑞(Sonya Curry)忍不住好奇地問對方:「你認為史蒂芬能在NBA殿堂取得成功嗎?」就連她也不確定兒子未來是否將與籃球為伍,但這是有原因的。身為一名NBA球員的兒子,他繼承了所有運動基因和社會經濟優勢,但有一個嚴重劣勢是他無法克服的。「在他效力過的每支球隊中,他都是個子最小的那位。」他的父親戴爾・柯瑞(Dell Curry)說道。

他能夠在更高大、身體條件更好的球員面前保持自己的競爭優勢,特別是當他們變得更高大和更壯碩時,唯一的方法就是改變自己的投籃方式。這讓史蒂芬・柯瑞陷入了一個極具諷刺意味的困境。自從他小時候在家裡玩著玩具籃框,投籃一直是他的一項出色技能。但如今,有個人告訴他這還不夠好。他聽從對方的意見,是因為那個人正是他的父親。

戴爾‧柯瑞知道史蒂芬的優勢，很快就會成為他的弱點。戴爾可以看出，史蒂芬的低出手點意味著任何比他高的人都能夠妨礙他的投籃，更不要說場上的每個球員都比他高。戴爾採取了一個嚴厲的措施，讓史蒂芬暫時遠離籃球比賽。在他高中二年級和三年級之間的那個夏天，當其他同齡孩子們都在為大學獎學金的機會而苦苦掙扎時，史蒂芬則忙著練習投籃。透過將球舉過頭頂並在他跳起時釋放，實際上他是在讓自己變得更高。但他的學習曲線很陡峭。他每天在自家車庫外的球場上投籃數百次，那裡的紫薇樹可以防止他在投丟球時將球彈入泳池，而他投丟球的次數如此之多，以至於他開始討厭投籃。那是一個痛苦的夏天，讓他痛苦不堪。他幾乎完全放棄籃球。

但那個痛苦的夏天，卻催生了柯瑞終生擁有的武器。那個夏天，他成為籃球史上最好的射手。正是那個夏天，他成為大學校隊明星，然後成為一個NBA球員。

當他成為職業選手時，他仍然會再次猛然醒悟。他很好。但他並不出色。當他在金州勇士隊（Golden State Warriors）的新秀賽季對陣紐約尼克隊時，這是他身為NBA球員第一次來到麥迪遜廣場花園球場，柯瑞發現自己整場都坐在板凳上。他本可以接受這樣一個事實：他永遠不會受到NBA的適當重視，而且沒有人會責怪他。

柯瑞的武器是如彈弓般的定點遠距投籃。對於任何能夠運用這項技術的人來說，都有一個明顯的優勢：投籃價值是三分，不是兩分。自從聖經裡一個名叫大衛的青年以來，彈弓還

沒有被用來造成如此毀滅性的效果[2]。但彈弓不是火箭筒。他仍然必須選擇何時投籃、何地投籃,以及為何投籃。在24秒的進攻時間內,他不能太早投籃。他無法在離三分線外太遠的地方投射,而且他不可能整場一直投射。這樣的限制一直伴隨著他的籃球生涯,直到2月在麥迪遜廣場花園球場的那個晚上。史蒂芬‧柯瑞的投籃次數無法達到他認為的合理投籃次數。

但如果他可以呢?

3

每一位熟悉籃球運動的人都知道,《NBA Jam》的遊戲設定是一場極其奇異的籃球表演。遊戲中的球員有著比整個身體還大的卡通頭。玩家推擠、肘擊或毆打對手球隊的球員,都是完全合法的。玩家可在球場的任何地方投籃,並在籃框上方翻跟斗,完成令人驚嘆的扣籃。馬克‧特梅爾的創作,挑戰了這項運動的慣例,因為那並不符合現實世界中的籃球運動比賽。他的

---

[2] 譯註:聖經故事記載,年輕的大衛當時已被先知撒母耳(Samuel)立為王,將在未來某一天取代掃羅(Saul)成為以色列國王。當大衛被父親派去探望正在打仗的兄長時,他看見以色列軍隊被一個名叫歌利亞(Goliath)的非利士巨人戰士嚇壞了。歌利亞每天都嘲諷掃羅,還要掃羅派人跟他單挑,以爭奪所有的戰利品。大衛奮而迎接挑戰,但沒有使用劍或矛,而是使用彈弓擊倒了歌利亞,然後用歌利亞的劍砍下了他的頭。

靈感來自一款名為《恐龍快打》(*Primal Rage*)的科幻電玩遊戲。這款關於籃球的電玩遊戲，以恐龍在末日後的世界中戰鬥為藍本。

但從一開始，特梅爾就認為《NBA Jam》有可能大受歡迎。他精心製作電玩遊戲的過程，始於將中途島的同事變成小白鼠。由於幫他測試的同事們太常試玩他開發的遊戲，所以很快地他們需要被激勵才能繼續玩。所以他們開始打賭。當他們對特梅爾的遊戲進行測試時，他們都變成了賭徒。他們通常以糖果為賭注。但當他們需要解決《NBA Jam》的問題時，他們的對決卻異常激烈。於是中途島選擇了一種物品作為他們的賭注：銅板。特梅爾覺得這很有趣。

當《NBA Jam》在當地一家名為丹尼斯電玩店(Dennis' Place for Games)的遊戲場設置後不久，特梅爾就開始聽說他的新遊戲出了問題。《NBA Jam》的機台故障。特梅爾去電玩店親自檢查，他很快就推斷出問題所在。確實，這台機器已經撐不了多久了，但並不是因為機器壞了，是因為錢箱裡塞滿了。由於在丹尼斯電玩店消費的孩子們以相當驚人的速度將硬幣投入《NBA Jam》機台，以至於員工必須每小時清空機器才能繼續。特梅爾心想，這更有趣了。

當他們繼續測試遊戲時，其統計數據異常驚人。每一條數據都顯示《NBA Jam》將會引起轟動，不同於以往任何一款電子遊戲。但中途島的高層一開始並不相信這些數據。「我們認為這樣的回饋數字很奇怪。」中途島鼎盛時期的總裁尼爾·尼

卡斯特羅（Neil Nicastro）說，「我們還沒有測試過任何能賺這麼多錢的遊戲。」

一款遊戲要想在1993年的夏天取得成功，就必須在測試街機中每周賺取約600美元。突破性的成功和史詩般的失敗之間只有一線之隔。如果一款遊戲只能賺150美元，那就代表這款遊戲賠錢了；如果一款遊戲能賺到1,500美元，那就代表非常熱門。《NBA Jam》一周的收入為2,468美元，而丹尼斯電玩店的其他遊戲機台的收入都沒有超過750美元。這個數字是如此破天荒，以至於特梅爾還保存了一份紙本營收報告的副本作為證據。「試算一下，」他說，「每玩一場遊戲要花10分鐘。而電玩店每天營業12小時。為了賺得這樣的營業額，等於幾乎每天都有人不斷地坐在機台上玩遊戲。」

丹尼斯電玩店內的景象只是這個現象級神作的預演，這樣的場景即將在全美的電玩店裡上演。中途島需要出售大約2千台機台才能使遊戲在經濟面上產生價值，而《NBA Jam》的銷量將超出預期，達到1萬台。《NBA Jam》最終售出2萬多台機器。一位缺貨的經銷商寫給中途島的一封信，巧妙地概括了這款特梅爾所開發的遊戲所引起的狂熱，他寫道：「你們的程式設計師，創造了一隻怪物。」

《NBA Jam》太成功了。事實證明，它是有史以來最賺錢的電玩遊戲之一。在不到一年的時間裡，《NBA Jam》每季的營收就達到10億美元。

但到底為什麼？

《NBA Jam》的成功並沒有什麼明顯的跡象。那些對數字持懷疑態度的人士們永遠無法想像，因為就連NBA球員們也瘋玩《NBA Jam》。這並不是因為遊戲角色們異常的體型或如雜技般的扣籃，甚至不是因為如此公然地展現無視規則的叛逆酷勁。他們對《NBA Jam》的迷戀，是因為遊戲機制中的一個奇妙設定。

　　對馬克・特梅爾來說，至關重要的是他的每場比賽都包含一個除了打敗電腦之外的目標。遊戲中的角色必須有更高的能力狀態，才能促使人們不斷將硬幣投進投幣孔。但體育遊戲的固有問題是很難遊戲化，因為體育本質上就已經是一種遊戲。贏得一場籃球比賽固然令人感到滿足，但那又怎樣呢？又不是得到一種超能力。有一天，特梅爾和同事去漢堡王吃午餐時，途中他也在思考這個問題，他點了一份雞肉起司三明治。特梅爾無時無刻在工作，即使在吃午餐的時候也是，他向同行的一位名叫傑米・瑞維特（Jamie Rivett）的遊戲設計師提到他的困境。「我們需要某種模式。」特梅爾說。

　　當特梅爾準備去拿取他點的雞肉起司三明治時，瑞維特提出一個他們倆都立刻覺得超讚的想法：「火力全開模式」（on-fire mode）。他們在午餐時勾勒出細節，然後走回辦公室，並在當天下午就設計了火力全開模式。他們認為，如果一名球員連續2次進球，那麼他的狀態就會變得火熱；如果連續投進3球，那麼就幾乎肯定會投進下一球。是什麼樣的進球並不重要，但他手上的球會燃燒起來，他將火力全開！

火力全開 射爆你的籃　01

這就是為什麼馬克特・梅爾的街機遊戲如此令人上癮。我們的大腦被設定為尋找模式，他只是將人類大腦中已經存在的一種傾向，結合到《NBA Jam》之中。我們連續看到1個、2個、3個進球，接著就會直覺地認為會有第4個。我們在混亂中渴望秩序。特梅爾確保這樣的行為會得到獎勵。他將「熱手」變成了在《NBA Jam》遊戲中的超能力。

在漢堡王吃完午餐後不久，特梅爾邀請當地一位名叫提姆・基茨羅（Tim Kitzrow）的喜劇演員幫忙為他的遊戲配音。演出的劇本有2頁。其實這原本是一份不太會被任何人重視的工作，但丹尼斯電玩店的玩家們卻迷上了基茨羅的聲音。他們不斷地將硬幣放入《NBA Jam》機台中，因為他們想聽到一些比賽進行時的超酷口號。

「灌爆你的籃！」（Boomshakalaka!）
「他狀態火熱！」

而他們最想聽到基茨羅吼叫的是接下來這5個字。

「他火力全開！」

馬克・特梅爾也有同感。當他像瘋玩電玩街機的那些孩子一樣年紀時，他對那些手感發燙的NBA球員們情有獨鍾，也就是那些連續投進1球、2球、3球，而球場裡每個人都知道他們會

投進第4球的球員。他最喜歡的球員是底特律活塞隊的後衛文尼・強森（Vinnie Johnson），他的綽號是「微波爐」（the Microwave），因為他可以從替補立刻調整成火熱模式快速搶分。如果是知道特梅爾兒時的三個熱愛的人，就會明白他為什麼崇拜強森了。第一是玩電腦，第二是打籃球。但正是他兒時的第三個熱愛，解釋了為什麼當一名球員表現出色時，他會設定成讓其手上的籃球變成火球。如果他不是先設計出《NBA Jam》的人，他一定會被這款遊戲迷住。

《NBA Jam》對某個年齡層的男孩和女孩來說，是無法抗拒的。他們如此熱愛，就好像馬克・特梅爾在對一代年輕、易受影響的人洗腦，讓他們相信「熱手效應」的存在。他們被有系統地灌輸這樣的觀念：任何連續投進3球的人，幾乎肯定會投進第4球。但有一個人永遠不會被影響。這個孩子有充分理由玩《NBA Jam》，因為他的父親也在遊戲中，而且他甚至可以假裝自己也在遊戲中打球，因為基本上他們的名字是一樣的，但沒有人叫這個孩子沃德爾・柯瑞。

他們叫他史蒂芬。

4

金州勇士隊遲到了。有三輛巴士前往麥迪遜廣場花園參加對陣紐約尼克隊的比賽，史蒂芬・柯瑞本應乘坐第二輛巴士。

他總是搭乘第二輛。但在這個晚上,由於某個他不記得的原因,柯瑞搭上第三輛巴士。「我從來沒有這麼做過。」幾年後他對我這麼說。他幾乎立刻就對這個決定感到後悔,第三輛巴士在駛出飯店時因違反交通規則,被交通警察攔下。

當巴士最終駛入場館時,球員們又累又焦躁,但這並不完全是因為巴士司機的失誤所造成的。前一天晚上對勇士隊來說是艱難的一天,因為他們在一場激烈賽事中輸給印第安納溜馬隊。他們登上飛機,在凌晨時分降落,一覺醒來後得知他們的一名隊友被迫停止出賽,而柯瑞也因參與賽事中的爭執而被罰款。

因此,在柯瑞發現自己被迫困在與紐約警察局周旋的第三輛巴士之前,已經是糟糕的一天。但如今他對這樣的狀況完全無能為力。現在的時間應該是他在球場裡開始熱身活動的時候了,這是他準備進入比賽模式的方式。他一開始會靠近籃框,然後不斷向後移動。最後,當全場球迷入座時,他會在三分線後幾英尺處投籃。如今在每個球場上都看得到的這條油漆地帶,重新定義了籃球比賽的進行方式。

幾十年前,三分線被引進NBA,因為籃球界的大個子太有統治力了,使得這項運動變得不甚公平。這項運動根據身高歧視像柯瑞這樣的球員。由於球迷大幅流失,賽事本身也需要新的觀賞重點,NBA當局能想到的最民主解決方案就是簡單的數學。他們在球場上畫了一條距離籃框23英尺9英寸(約7.24公尺)的線,沒有任何原因,只是因為距離看起來合適。在這條

線內的任何投籃進球都得2分;這條線後的任何投籃進球都得3分。

對於這種籃球比賽方式的根本性轉變,其實還有另一種思考方式。負責NBA整體發展的人員正在調整演算法。如今「演算法」這個詞,讓人想起那些在電腦螢幕前編寫控制我們生活的程式的極客。但實際上,演算法是解決問題的一組規則。當NBA的發展出現瓶頸時,NBA當局重寫了演算法。該聯盟改變了規則,讓賽事變得更加精彩,並鼓勵球員站在三分線後面──這是造成史蒂芬・柯瑞出現「熱手效應」的一次無心插柳。

但球員們並沒有立即對這項措施做出反應。1979年至1980年賽季,球員們的投籃中僅有3%的出手是三分球。只有好奇心戰勝懷疑的NBA球員,才開始意識到其實三分線並不是一個愚蠢的賽事噱頭,因此三分球的出手比例也逐漸上升,直至達到賽季總投籃命中率的22%。然後,有趣的事情發生了。經過近30年的穩定成長後,三分球出手比例在接下來的5年裡保持穩定──呈現扁平狀。綜觀NBA球隊的賽事表現,就好像他們已經確定了籃球運動的最佳比例。這項運動似乎已經找到一種平衡。

但接下來發生的兩件事,將打破這個假設。首先,史蒂芬・柯瑞被一支他不想加入的球隊選上:金州勇士隊。這支球隊戰績不佳,老闆也受到辱罵,以至於在柯瑞不慎受傷後不久,老闆決定賣掉球隊。第二件事是,一群極其富有但缺乏籃球經驗

的人花費創紀錄的巨額資金收購勇士隊。他們秉持一個大膽想法重建屬於自己的NBA球隊，也就是說他們選擇忽視建設NBA球隊的所有傳統觀念。重建過程總會經歷許多波折，有時可能會失敗，但勇士隊最終在聯盟的統治地位，可以追溯到他們所採用的最不尋常的比賽策略之一。曾經，人們認為三分線是明擺著的低效率出手選擇。

自從詹姆斯・奈史密斯（James Naismith）將幾個裝桃的籃子釘在體育館牆上並發明這項運動以來，幾乎在整個籃球歷史上，球場上最重要的區域一直是籃框的周圍。籃球比賽中最好的投籃選擇總是最靠近籃框的投籃，或者至少人們是這麼認為的。然而金州勇士隊試圖挑戰這個共識。勇士隊的總經理說：「當你可以有效利用三分線時，距離越近就不一定是越好的。」

勇士隊開始相信三分線就像是時間的邊界，三分線內代表這項運動的過去，而籃球的未來卻在線外。

他們是第一支意識到自己的三分球命中率不夠高的球隊之一，但現在籃球運動的發展卻長期處在晦澀難解和令人困惑的悖論之中。2009年賽季結束時，就在柯瑞新秀賽季之前，ESPN體育台的一位數據分析師發表了一篇文章，概述籃球的成功公式：「如果你想出人意表，就開始遠離籃框狂投吧。但我想這樣的結果只是讓所有球迷的期待落空而已，不要再這麼做了。」他補充道，「難怪三分球出手率每個賽季都在上升，以及為什麼可能會在一段時間內繼續朝這個趨勢發展。」但事實並

非如此,至少暫時不會。ESPN的籃球專家在預測人類行為方面並不是那麼準確。

一群精明的思想家,怎麼可能在這麼重要的事情上長期犯錯呢?皮特‧卡里爾(Pete Carril)始終無法理解這一點。卡里爾是普林斯頓大學籃球校隊的傳奇教練,被球迷暱稱為尤達(Yoda),部分原因是他看起來與電影《星際大戰》(Star Wars)中的重要角色極其相似,部分原因是他本人就是一位絕地大師(Jedi master)。他比同行中的任何人都明白三分球的價值。「我喜歡三分球,」卡里爾曾經寫道,「知道為什麼嗎?因為這代表對手在我們過去只能得2分的投籃選擇中,給了我們得到3分的機會。」顯而易見地,以投籃這件事來說,球隊應該多投出那些值得多拿1分的投籃。但這樣的見解,卻不知何故地讓他成為一個逆風者。但當初卡里爾並沒有四處鼓吹這樣的觀念,他只是鼓勵他的球員多多利用三分線——當柯瑞還是個小嬰兒的時候。

卡里爾職業生涯的最後一場勝利,是在1996年舉行的國家大學體育協會(NCAA)一級男子籃球錦標賽[3]的第一輪。普林斯頓大學籃球隊爆冷擊敗衛冕冠軍加州大學洛杉磯分校籃球隊,這場勝利成為籃球界話題,就好像卡里爾成為內衣模特兒

---

3 譯註:是爭奪美國大學男子籃球全國冠軍的單淘汰制賽事,創始於1939年。參賽球隊來自國家大學體育協會第一級別中的68支球隊。該項比賽也是全美影響力最大的年度體壇賽事之一。

一樣令人震驚。大學籃球界整個沸騰。但其實大家都忽略了檢視這場令人震撼的賽事的統計數據:當晚普林斯頓大學籃球隊超過一半的投籃嘗試,都是三分球。

比賽結束時,電視鏡頭轉向加州大學洛杉磯分校的替補席,鏡頭對準一名因壓力而咬球衣的球員。他的表情正是電視台想要捕捉的畫面:一張痛苦萬分的臉孔。多年後,這位球員被某支NBA球隊聘任為管理層,後來他組建的球隊投了一大堆三分球。

他的名字叫鮑伯・邁爾斯(Bob Myers),曾任金州勇士隊總經理。

邁爾斯在加州灣區出生長大,是一名優秀的高中籃球運動員,但從未打算打大學籃球校隊,他原本的計畫是加入大學賽艇校隊。在對陣普林斯頓大學的比賽中,他坐在替補席上的原因是幾年前他來到加州大學洛杉磯分校,其實是要加入該校的賽艇隊。他沒想過自己會加入籃球校隊。事實上,在評估常春藤聯盟(Ivy League)[4]各大學時,他曾寫信給某所大學的一位籃

4　譯註:由美國東北部8所大學或獨立學院所組成的聯盟。最初是1954年這8所學校組成的體育賽事聯盟。目前常春藤聯盟一詞,已用於指稱由這8所學校組成的精英大學聯盟。8所學校分別是哈佛大學(Harvard University)、賓夕法尼亞大學(University of Pennsylvania)、普林斯頓大學、耶魯大學(Yale University)、哥倫比亞大學(Columbia University)、康乃爾大學(Cornell University)、布朗大學(Brown University)、達特茅斯學院(Dartmouth College)。

球教練希望能安排會面,但邁爾斯甚至沒有得到一個禮貌的回應。但當他在加州大學洛杉磯分校的體育館閒逛時,他遇到一位籃球教練,這位教練注意到他很高大,並鼓勵邁爾斯參加校隊球員選拔。邁爾斯接受了他的邀請,他以替補球員身分加入球隊。當球隊贏得全國冠軍時,身為球隊一員的他,也發現自己登上《運動畫刊》(*Sports Illustrated*)的封面。鮑伯・邁爾斯有一種在大事發生時,參與其中的本領。「我們稱鮑伯為我們隊上的阿甘。」加州大學洛杉磯分校的教練說。

當他升到大四時,他不僅為加州大學洛杉磯分校校隊效力,更是該隊先發球員之一。曾經那個無法與常春藤盟校會面的孩子,現在卻擠身大學籃球界5名最佳球員之一並獲得獎學金。每個人都喜歡鮑伯,這也是學校報紙上有關他的一篇報導的標題。

畢業後,邁爾斯充分利用這段球員經歷、他迷人的個性,以及跟每個人都能打成一片的優勢,成為一名成功的體育經紀人。他很擅長這份工作,他非常享受合約談判的過程。但當他聽聞當地的NBA球隊求售時,他要求與勇士隊會面。他渴望再次加入另一支籃球隊,就像他在大學時期加入的那支籃球隊一樣。當邁爾斯結束與買下球隊、性格傲慢的矽谷創投家喬・拉科布(Joe Lacob)會面後,他相當確信自己永遠不會被勇士隊雇用。有一段時間,他是對的。邁爾斯與拉科布就這麼見過一次面。幾個月後,他接到一通讓他意想不到的電話。

「當你說這是你希望從事的工作時,你是認真的嗎?」拉科

布問。

邁爾斯辭掉原本的工作加入勇士隊,並很快地晉升為球隊總經理,成為他最喜歡的NBA球隊的最高決策者。史蒂芬・柯瑞是他接手的球隊陣容中的根基球員之一,他也是鮑伯・邁爾斯再次投入球隊懷抱的原因。

邁爾斯一直認為就心理動機面來說,應該投更多三分球的。他從自己的球員生涯中,體悟到三分球會給對手球隊帶來多大的士氣打擊。加州大學洛杉磯分校輸給普林斯頓大學的那場比賽仍然在他的心中留下創傷。「我永遠記得內心深處的感覺,當你為自家球隊加油而對手球隊頻頻投進三分球時,感覺就像是對方一次得到5分。」他說。那時NBA球隊已經不再投更多的三分球,但這對勇士隊來說並不適用。多投一些值得多得一分的投籃,似乎是個好主意。「這樣的打法是有分析數據支撐的,」邁爾斯說,「但我不敢說這比較容易執行或比較不冒險。」只是有時最顯而易見的做法,也是最激進的做法,甚至也是最成功的做法。「置身創投界或扶植新創公司真正好玩的地方是,你可能會看走眼。」拉科布說,「沒有一支球隊的實戰打法和團隊建構,是以投射三分球為中心的。這樣真的能贏嗎?」

事實證明可以。但首先,隊上最好的射手必須停止把他的拿手武器像彈弓一樣使用,而是要懂得像操作一管火箭筒一樣運用。由於一些意料之外的發展,柯瑞才有辦法在對陣尼克隊的比賽中,展露他的籃球才華。當NBA當局回顧前一天晚上勇

士與溜馬隊的爭鬥影像時，柯瑞是首批參與爭執場面的球員之一，當時他直接衝向身高7英尺2英寸（約218公分）、體重280磅（約127公斤）的巨漢羅伊・希伯特（Roy Hibbert）。結果就像一隻蚊子試圖攻擊一頭麋鹿時可能發生的情況。「我甚至沒有感覺到他在推我。」希伯特後來說。讓柯瑞全身而退的原因是他的身材，他的塊頭不夠大，所以無法在這起NBA球員的爭執事件中造成任何傷害。在他的球員生涯中，柯瑞的個子都比場上所有人都矮小，這一直是個劣勢。但就這一晚而言，這讓他有了一個不可思議的優勢。聯盟決定只對其處以3萬5千美元的罰款，而不是禁賽。

他覺得竟然只是賠了一些錢，真是太幸運了。勇士隊需要夠多的得分手才能打敗尼克隊。教練團別無選擇，只能讓柯瑞上場，期待他上場後立刻有好手感。可以預料的是，他的投籃次數將比以往任一場比賽都多。

直到第二節，他才投進他的第1顆三分球。但1分鐘後，他又投進一顆距離更遠的三分球。他狀態正火熱。1分鐘後，下一顆三分球來了。從任何客觀標準來看，這都是一個糟糕的投射選擇，柯瑞搶斷球後直線衝過半場，往對手籃框處前進。但柯瑞並沒有繼續衝向籃框附近，這幾乎是所有打過籃球的人都會做的事，他反而停下腳步。他選擇停在三分線後。柯瑞和籃框之間有兩名防守者，他們似乎對他的大膽行徑感到震驚。明明有更高命中率的投籃機會，柯瑞卻正在嘗試相對低命中率的投籃選擇。他抓住一個可以得三分的機會，而不是選擇接受只得兩

分。當球應聲落入球網時,他聽到提姆・基茨羅喊著《NBA Jam》的口號。

史蒂芬・柯瑞火力全開了。

1分鐘後,他在距離籃框幾英尺遠的地方再次嘗試投射三分球。這次投射令人既感到驚訝,又覺得荒謬。這球看起來不像會進,但球應聲入網!他正處在「熱手」狀態。「這是我的球員生涯中,經歷過最黯淡的時期,」他回憶道,「所以每當我抬頭看著籃框,就像看到一絲曙光,於是我選擇出手。」

當像柯瑞這樣的運動員熱起來時,他們會吸一口讓自己提升運動表現的合法藥物,那就是「信心」。就像得到老闆的稱讚,會讓自己更努力一樣,在籃球比賽中投進1顆、2顆、3顆進球,會讓你想再繼續投籃。你大腦中的正常化學反應會被大量多巴胺分泌蓋過,額葉開始表現得好像暫時與神經系統斷開一樣,你的全身肌肉開始如果凍一般柔軟。你停止思考。你開始憑直覺行事。

但你不必成為史蒂芬・柯瑞,才能熟悉那種腎上腺素浸透全身的感覺。克萊頓大學(Creighton University)的小前鋒伊森・拉格(Ethan Wragge)是一位能與他產生共鳴的人。他留著濃密鬍鬚,體重稍微超重,就像一個在前往森林的路上迷路的伐木工人。拉格最接近NBA賽場的地方,就是買一張球票坐下欣賞。從幾乎所有的籃球指標來看,他都不是一個出色的球員,除了這一項:他是一位出色的射手。

在訓練中,拉格因為連續投籃次數過多,以至於他都記不

清到底出手幾次。要弄清楚如何防守他並不困難，拉格的球探報告中最重要的部分——也許是他的報告中唯一重要的部分——就是知道怎麼不讓他投籃。但有一天晚上，克萊頓大學對陣維拉諾瓦大學（Villanova University），克萊頓大學剛開場就拿到球權，球傳到拉格手上，他一拿到球就出手了。僅只是這次出手，拉格便覺得自己今天狀況正好。他就像是用慢動作在觀看周遭事物，就好像他周圍的人都喝得酩酊大醉，而他卻完全清醒。他一投中，就想再投出下一球。下一次克萊頓大學掌握球權時，拉格嘗試更遠的投射。再一次：唰！於是，他尋找第三次出手機會。「我覺得無論如何，球都會進籃。」他說。他是對的。拉格的第三球射進了。還有他的第五次投籃、第六次投籃，甚至是他的第七次投籃。當他最終失手時，拉格已經得到球隊前27分中的21分，這是籃球史上最令人驚嘆的投籃表現之一。「這就像是一種自動的、無意識的感覺，」他說，「我什至不知道如何描述它。」

這種自動的、無意識的感覺的不科學名稱是「心流化境」（the zone）。心流化境是一個令人沉醉的境界。事實上，如果你需要用兩個詞來描述這個境界，可能不會比用「自動」和「無意識」更好。那些真正費心研究這些「心流狀態」（flow states）的科學家已經開始認識到，要進入「熱手」狀態其實應該是思考更少而不是更多才能達到的結果。這一領域的先驅者，是一位匈牙利裔美國心理學家米哈里·契克森特米哈伊（Mihaly Csikszentmihalyi），他花了近60年的時間來研究心流狀

態。他留下許多關於心流的探討。他了解到，處於心流狀態是一種非常愉快的體驗。他寫道：「長距離游泳選手橫渡英吉利海峽時的感受，幾乎與西洋棋選手在競賽中或登山者攀登困難岩壁時的感受相同。人們為了體驗愉悅所做的事情差別很大──韓國老人喜歡冥想，日本青少年喜歡成群結隊地騎著摩托車閒逛──但他們用幾乎相同的詞語描述了他們感到愉悅時的感受。」

「熱手」狀態讓他們感到高興。這就是為什麼柯瑞、拉格，以及每個曾經體驗過「熱手」狀態的人，都會如此懷念的原因。

在麥迪遜廣場花園球場裡的那個夜晚，並不是柯瑞第一次感到自己銳不可擋。很多人記得第一次發生在他6歲，為一支名叫火焰隊的球隊效力的時候。但他記得的第一次是在八年級，柯瑞一家搬到加拿大，史蒂芬和弟弟賽斯就讀於皇后道基督學院（Queensway Christian College）。「我們是一所小小的基督教學校，每個參加比賽的人都加入球隊，」他們的教練詹姆斯・拉基（James Lackey）說，「正是因為有他們兩個帶領其他球員，在前一年贏得了3場比賽。」

史蒂芬・柯瑞到來的那一年，皇后道基督學院贏得了每一場比賽。他如此頻繁地繳出絕佳表現，以至於他的教練經常撇著頭，心想：「到底發生了什麼事？」柯瑞最後一次爆發，是在一場場邊擠滿觀眾的八年級學生之間的籃球比賽。皇后道基督學院正在對陣一支就好像在打《NBA Jam》、讓柯瑞有些無力

招架的球隊。比賽還剩1分鐘時，皇后道基督學院落後6分，拉基叫了暫停。他認為他的球隊沒有機會取勝。由於名義上這只是一場中學籃球比賽，所以他想提醒隊員們在輸球後還是要保持冷靜，並在比賽結束時向對手表示祝賀，或者至少他是這麼打算的。但柯瑞卻打斷他的體育精神講座。

「我們不會輸，」柯瑞說，「把球給我。我會確保我們獲勝。」

「好吧，」拉基說，「我想我們就期待好戲上場吧。」

隊友不斷把球傳了柯瑞。在接下來的30秒內，他投進了4顆三分球。皇后道基督學院獲勝。柯瑞的學生球員時代，伴隨著非常多這類故事，以至於它們開始顯得像是神話一般。拉基發誓他說的都是真的。我們沒有理由不相信他：畢竟這個人可是在加拿大的一所基督學校任教啊！

柯瑞那天為何進入「熱手」狀態？為什麼柯瑞在任何一天都會進入「熱手」狀態？是因為他身體狀態保持得很好嗎？還是這只是一種心理作用？是他那天早上狼吞虎嚥吃完一碗麥片的關係，還是因為在去麥迪遜廣場花園球場的路上，他剛好坐在巴士上的某個幸運座位？柯瑞其實自己也不知道。他無法預測自己何時會進入「心流化境」。但他知道他必須盡一切努力，盡可能長時間地讓自己維持這種心流狀態。

「一旦發生，」史蒂芬・柯瑞說，「你必須擁抱它。」

柯瑞在對陣尼克隊的比賽中，投丟了他的下一顆投籃。如果他是在《NBA Jam》裡的球員，他就會恢復原本的正常能力。

但在這場真正的NBA賽事中，柯瑞在上半場剩下的時間裡，沒有再嘗試三分球出手，但這並不是因為他突然覺得自己狀態平平。尼克隊和勇士隊一樣了解柯瑞的能耐，所以他們知道仍然要隨時提防。柯瑞的隊友都有默契地不去觸碰他的右手，因為他們不想讓他的手感冷卻下來。「沒有人有辦法阻擋，」尼克隊的主將卡麥隆‧安東尼（Carmelo Anthony）說道，「除了祈禱他自己投丟。」

但他們可以做一件事：不讓他投籃。尼克隊對柯瑞使出包夾戰術，每當柯瑞接到球時，他們就會將他困住。他們的目標不再是擊敗勇士隊，他們唯一關注的事情就是不讓柯瑞投籃。

柯瑞知道成為球場上其他5名球員的盯防焦點是什麼感覺。當他還是戴維森學院（Davidson College）的明日之星時，有一場比賽，馬里蘭州的羅耀拉大學（Loyola University）籃球校隊的總教練試圖藉著不讓柯瑞投籃以擊敗戴維森學院。他的策略是包夾柯瑞，無論他在場上的哪個位置，也無論他是否持球。這位總教練寧願他帶領的球隊用剩下的3名球員對抗對手的4名球員，也不願打5對5。柯瑞看穿這個戰術的破綻，他獨自站在角落，牽制2名羅耀拉大學的防守球員，這意味著他的1名隊友將一直有出手空檔。柯瑞本可以和前排球迷一起吃爆米花觀賽，但他仍舊會盡力幫助戴維森學院取勝。當他注意到他走到哪裡都有兩個人尾隨時，柯瑞心想不妨去了解他的「保母們」。

「你們真的整場比賽都在包夾我嗎？」他問對方，但對方不

知道該說什麼，所以什麼也沒回答。對於球迷來說其實這樣的戰術設計非常有趣，如果最終的比賽結果不是一場徹底的災難。柯瑞是校隊的頭號得分手，但他在對陣羅耀拉大學的這場比賽中以零得分作收。戴維森學院最後以大比分擊敗對手。

但如今，尼克隊或多或少參照了羅耀拉大學的比賽計畫。柯瑞知道這意味著他的一名隊友會處於空檔，於是他將球傳給那些有空位的隊友讓他們輕鬆投籃。由於他的投籃能力得到非常多的關注，以至於他周圍的每個人都變得更容易得分。實際上有一個有趣的籃球術語來形容這一點：「引力」（gravity）。柯瑞總是有足夠的引力吸引防守者靠近他。但當柯瑞處於「熱手」狀態時，他的引力讓他更像是個黑洞。他的氣勢扭轉了比賽的內容。兩支球隊都不約而同地相信柯瑞即將投進他的下一顆三分球，他們對「熱手」的集體信念與「熱手」本身一樣強大。場上沒有人不相信「熱手效應」。事實上，NBA中可能沒有人不相信「熱手」的存在。「我還沒遇過那個人。」柯瑞說。

下半場開始時，他要找到空檔投籃並不容易。尼克隊在場上追著他跑，就像想用一桶冰水潑他一樣。但他在半場結束後的第一顆投籃，預告他將繼續進攻籃框。當他接球時，他同時提醒自己如果防守者衝向他來，他得冷靜以對。他使出一個投籃假動作，然後看著防守者跳過他身旁。他專注地瞄籃，球從手中投出，接著我們只需欣賞球在空中畫出的美麗弧線。

柯瑞還沒有冷卻下來。一旦他確認自己可以不斷得分，他就會一直投出三分球，也代表替補他的球員不會太早上場。當

他被包夾時,他從離三分線後方3英尺處出手,然後從三分線後方5英尺處又再次出手。有一球柯瑞出手同時摔倒在地,他面前有一個7英尺(約213公分)高的防守球員。

這些投籃,通常都會伴隨著某種鼓譟聲。這種情況會出現在他出手時,球迷們都屏息以待,當他們的肺部充滿空氣時,音調也隨之升高。當球沿著拋物線飛向籃框時,氣氛也達到如同群體歇斯底里般的高潮。但他的投籃距離太遠、弧線太高,以至於所有球迷都必須耗盡氧氣地叫喊著。這樣的鼓譟聲叫做:柯瑞音(the Curry note)。它更容易被識別為一種尖叫聲。

當晚最後一次出現柯瑞音,是在第四節快結束時,當時他搶到籃板,而且他似乎早已打算拿到球後就加速往另一邊的籃框方向前進。他只運了兩次球就快速穿過半場。然後他又運了一次球以降低他的前進速度。接著他投籃了。在柯瑞懸空的那一瞬間,這波進攻的結果便已被柯瑞握在手中。防守柯瑞的球員完全措手不及,柯瑞的身影正往空中升起。球還沒進網,柯瑞就向後退過半場慶祝。他在場上狂奔,直到他再次回到球隊的防守區域。那個景象就好像柯瑞身上真的起火了,而他需要自己滅火。他就是那麼火燙。「我以前從來沒有過這種感覺,」他後來說,「從來沒有。」

震驚的尼克隊球迷起立為這位對手球員鼓掌。他們不知道還能做什麼。當晚柯瑞得到54分——這是他在籃球生涯中得到的最高得分。在NBA史上,沒有人出手投進過這麼多顆三分球。他發現了數量和效率的甜蜜點(sweet spot)。

以史蒂芬‧柯瑞來說，三分球投射不再只是如同彈弓一般的進攻武器，他把它改造成火箭筒。

那天晚上在麥迪遜廣場花園裡發生的事情，並不是一次偶發事件。這是一種頓悟。因為那晚的表現，讓柯瑞有勇氣相信自己可以大量出手，而且也應該這麼做。他第一次完全釋放自己，而結果是驚人的。他完全主宰比賽。

那天晚上之後，柯瑞得到勇士高層的全力支持，他有無限的開火權。他們會做出這個決定，一部分是戰略，一部分是偶然發現了行之有效的方法，一部分是他們聰明地認知到柯瑞只有在被允許做別人從未做過的事情時，才會發揮最大的效益。在那場比賽之前的職業生涯中，柯瑞場均得分18分，場均出手5顆三分球；在那場比賽之後的職業生涯中，他場均得到26分，場均出手10顆三分球。柯瑞開始盡可能地多投三分球，比任何人想像的還要多。再也沒有任何一支球隊，認為可以讓他在場上出現空檔。他在30到40英尺範圍內的投籃能力，比一般NBA球員在3到4英尺範圍內的投籃水準要好。他將半場標誌附近的投籃，轉化為比扣籃更具觀賞性的得分方式。他創下單季三分球命中數最多的紀錄，之後又以高於40%的命中率再次打破自己保持的紀錄。那樣的數據看起來更像是統計上的錯誤，而不是統計的異常值。他的所作所為幾乎令人無法理解，這相當於英國傳奇跑者羅傑‧班尼斯特（Roger Bannister）在2分半鐘內跑完他原本保持的4分鐘內完成1英里（約1.61公里）的賽事。

在麥迪遜廣場花園的那個晚上，史蒂芬‧柯瑞出現「熱手效

應」，也從此改變人生。2年之內，他就成為NBA最有價值球員。3年之內，他成為聯盟史上第一位全票通過的最有價值球員。4年之內，他就成為當今最有影響力的籃球運動員。勇士隊憑藉柯瑞的投籃能力，締造NBA王朝。在他人氣最高的時候，球迷們會提前幾小時來到勇士隊主場，觀看他的熱身練習。但當他們花錢親眼見到柯瑞時，他們真正期待的，是當晚能夠見證他展現摧枯拉朽的能力。在運動世界中，沒有什麼比目睹史蒂芬‧柯瑞火力全開更令人興奮的了。

如果你問柯瑞職業生涯最難忘的時刻是什麼，當他開始覺得自己已經實現小時候只能藉著打《NBA Jam》時才能想像的那些超凡時刻，他會告訴你有三個。第一個是他贏得第一座總冠軍的時候；第二個是他受白宮邀請與總統巴拉克‧歐巴馬（Barack Obama）一起打高爾夫球的時候；但如果沒有第三個時刻：他火力全開的那一刻，這一切都不可能實現。

5

一個尋常的夜晚，當我走進一家位於聖地牙哥附近的濱海餐廳時，衝浪者們正在等待日落前的最後一道浪。天空是粉紅色的，柔和的微風從窗戶吹進來。空氣中瀰漫著鹹味、青草味和汗味。但我總有種揮之不去的感覺，覺得有些事情不對勁。我終於明白為什麼。這是一個多麼令人感到愉快的夏夜，所有

人都放下手機盡情享受。唯一對此刻感到不安的人,就是與我共進晚餐的那個人。

馬克・特梅爾現在已經50多歲了。就他的身高來說,他足以成為一名籃球運動員,但身材就不好說了,他淡褐色的頭髮修剪得很短,彷彿像是在為多年來留著垂到肩膀以下的長捲髮而懺悔。特梅爾坐下來,點了一個只有起司的起司漢堡,就像他喜歡漢堡王的雞肉三明治一樣。他拿出iPhone,瀏覽他在網路上認識的妻子的照片,這似乎符合他的作風。他娶了一個因為電腦而出現在他生命中的人。不久後,他跟我介紹他這陣子在忙的事。這也是他近40年來一直在做的事。特梅爾仍在製作電玩遊戲。

他當時在線上遊戲公司Zynga工作,這家公司開發了《拼字接龍》(*Words with Friends*)和《開心農場》(*FarmVille*)等令人上癮的遊戲,他的工作就是讓人們自然而然地、無意識地黏著電腦和手機不放。他在工作中表現出色。特梅爾本可以利用人們在Zynga遊戲上浪費的時間,來建造一座真正的農場。

當特梅爾被公司聘用時,他的老闆請他製作一款「農場」遊戲,但他有另一個更加雄心勃勃的想法。

他發表的第一款遊戲名為《漫遊泡泡》(*Bubble Safari*)。該款遊戲具備街機的所有經典元素,並且非常適合擺放在丹尼斯電玩店,畢竟這是所有人都能遊玩的遊戲。主角是一隻名叫巴布斯(Bubbles)的猴子,他的任務是救出被盜獵者抓走的女友。巴布斯在他的探險旅程中的唯一任務就是蒐集水果,而他

蒐集水果的唯一方法是射出泡泡將水果周圍的保護性氣泡打破，然後再做配對。基本上遊戲方式不難。整個遊戲的方式就是蒐集水果。

《漫遊泡泡》於2012年5月上線。這款遊戲在6月成為臉書（Facebook）上遊玩人數成長最快的遊戲。到了7月分，該款遊戲比《開心農場》和《拼字接龍》還受歡迎，更催生了《漫遊泡泡海洋版》（*Bubble Safari Ocean*）——這款遊戲與原版類似，但背景設定在海洋而不是叢林，並且主角是小螃蟹而不是猴子——到了1月分，這款遊戲也同樣變得大受歡迎。曾經有一段時間，全球總共有超過3,000萬人都在玩《漫遊泡泡》。

臉書上最受歡迎的遊戲，是關於一隻猴子在拯救另一隻猴子的途中蒐集椰子和草莓的故事，這並不像聽起來的那樣離奇——至少對特梅爾來說不是。這讓他想起早年的一段經歷。《漫遊泡泡》與《NBA Jam》有很多令人驚訝的共同點。

「其實遊戲機制是一樣的，」特梅爾說，「在這飽和市場中取得成功的關鍵，是在每個步驟都充滿創新、驚喜和愉悅。」

《NBA Jam》遊戲中有祕密武器和瘋狂扣籃；《漫遊泡泡》則有黏性炸彈、油漆飛濺和雙彩虹。還有一件事是兩者共有的。

當《漫遊泡泡》的玩家成功3次配對到水果時，巴布斯的泡泡彈藥就會變成籃球的顏色。他不再射出普通泡泡打水果了，他會開始噴射出火泡泡。射爆所有泡！巴布斯猴子火力全開！在《NBA Jam》取得成功後，特梅爾發願他將在今後開發的每

款遊戲中都安排「熱手」設定。這個童年時期喜歡火的男子，仍然在玩火。

金州勇士隊球員的表現優劣，與丹尼斯電玩店內的孩子相比是更加重要的嗎？當然。但馬克·特梅爾的偉大洞見在於，史蒂芬·柯瑞和某個口袋裡揣著幾枚硬幣、長滿粉刺的青少年一樣都在追求同樣的事情。他們都想利用控制他們周遭環境的規則，來超越他們所處世界的地位。《NBA Jam》玩家的獎勵是短暫的無敵感和聽到提姆·基茨羅喊出一堆有趣的口號，而柯瑞的獎勵則是贏得NBA總冠軍。

很多人畢生致力於研究為什麼NBA球員可以繳出如同《NBA Jam》遊戲裡的表現。馬克·特梅爾一直忙於製作電玩遊戲，無暇了解這一點。他其實對這個稱做「熱手」的概念不太了解。而且，他也不知道自己究竟有多麼不明所以。

CHAPTER 02

熱手法則
THE LAW OF THE HOT HAND

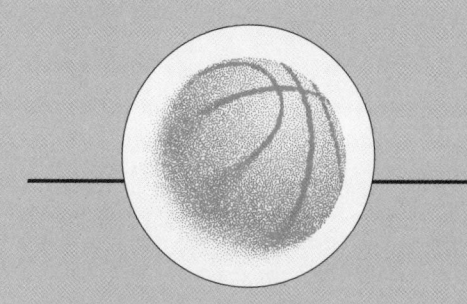

時運不濟

1

　　時間是1605年1月,英國女王正在尋思一個消磨時光的方式。當她決定邀請一位外國賓客晚上一起到劇院時,這看起來像是一個萬無一失的計畫。女王不僅是一位忠實的藝術贊助者,她對當時的劇作家也有著敏銳的鑑賞力。身為女王,作為皇室成員的特權之一,就是在任何時候都能坐在劇院前排——除了這一夜。

　　在這特別的一個夜晚,劇院裡沒有任何劇目可以讓她感興趣,因為所有劇目她都已經看過了。

　　在英國歷史上的這一特別時刻,即使是女王陛下也只能欣賞舊劇,但這是有原因的,因為在她那個時代最可靠的劇作家,最近沒有寫出多少新劇。威廉·莎士比亞(William Shakespeare)正處於創作低潮期。

　　但他的創作低潮期不會持續太久,因為他即將迎來一生中最令人難以置信的一段創作高峰。在一年的時間裡,他陸續寫出《李爾王》(*King Lear*)、《馬克白》(*Macbeth*)和《埃及豔后》(*Antony and Cleopatra*)。一些文學評論家認為,他寫出的演出期最久的3部戲劇作品,是在短短2個月內完成的。短短2個月!甚至有些果汁排毒療程,都還比2個月長。正如文學學者約翰·里茲·巴羅(John Leeds Barroll)所寫的那樣,從1605年初到1606年底這段不算短的時間,無疑是「莎士比亞創作生涯中一個高度集中的創作能量爆發期,比他職業生涯中的任何時期都

要強大」。

或者，正如馬克・特梅爾可能會說的，莎士比亞當時正處於創作的火力全開狀態。

那位在1605年初無法再忍受舊劇重演的女王，突然在1606年底得以連續欣賞到莎士比亞的3部最偉大作品首演。這是一段如此燦爛而出乎意料的文學成功期，自然讓人忍不住想知道，到底是發生了什麼事。

是他自己突然靈感源源不絕地湧現，還是他周遭的世界發生了什麼變化？

2

這一章主要是想探討人們如何進入熱手狀態。由於完全不同的原因，這種情況也會發生在不同職業的不同人身上。但就莎士比亞來說，我們對他也會懷抱著同樣問題：不是曇花一現的成功，而是不斷寫出賣座作品的原因是什麼？是他自己突然靈感源源不絕地湧現，還是他周遭的世界發生了什麼變化？兩者都有可能，但理想情況下是兩者兼具。這是因為「熱手」狀態並不是隨機發生的，是由於天賦、環境，甚至是一點運氣的相互碰撞所致。

蕾貝卡・克拉克（Rebecca Clarke）確實很有才華。她不可能知道——而且直到為時已晚——她才知道自己是否處在一個幸

運的時代。

蕾貝卡·克拉克於1800年代末的倫敦郊區出生,她是一名中提琴演奏家,後來成為一位專職作曲家,這對世紀之交的女性來說是一個相當罕見的決定。但她顯然太過才華洋溢,以至於一位傳奇教授不遺餘力地培養她,儘管他從未指導過一位女性作曲家。1916年她搬到美國,不久之後,克拉克就迎來她剛起步的職業生涯中的第一首熱門樂曲。1918年2月13日下午,她在紐約伊奧利亞音樂廳舉行獨奏會。克拉克演奏3首作品,包括首演英國作曲家安東尼·特倫特(Anthony Trent)為中提琴和鋼琴搭配演奏而創作的作品《莫斐斯》(*Morpheus*),以及她創作的兩首中提琴和大提琴二重奏。一位評論家特別讚揚了她在中提琴演奏方面的才華,並盛讚道「作為一名作曲家,這位年輕女子同樣光芒四射。」

蕾貝卡·克拉克的未來顯然是光明的,甚至比伊奧利亞音樂廳中任何人可以想像得到的還要光明。其實觀眾並不知道她隱瞞了一些事:蕾貝卡·克拉克,其實就是安東尼·特倫特。她並非為該場獨奏會創作2首作品,因為她創作了3首。「我覺得在表演中三度演出我自己作曲的作品,是一件愚蠢的事。」克拉克說。她選擇發明了一個筆名,而不是接受她應得的榮譽。

有一件對安東尼·特倫特有利的事情,是蕾貝卡·克拉克永遠無法體會到的:他是一個男人。克拉克對於她以一個男性名義譜寫的這首《莫斐斯》並不特別感到自豪,只是讓她對聽眾的反應更加困惑。「它比我寫的曲子受到更多關注,」她說,

「這簡直就是個笑話。」女性雜誌《Vogue》甚至發表了一篇文章，提到安東尼・特倫特是一位值得受到更多關注的作曲家。在《Vogue》同一篇文章中，還刊登了一張克拉克抱著中提琴的照片，該文點評「人們不應該錯過克拉克小姐譜寫的有如置身畫作的創作」。但她並不是因為自己「有如置身畫作的創作」而受邀拍照，全因她有幸表演了安東尼・特倫特的原創作品。安東尼・特倫特得到充分的讚譽，因為他不是女性。

這就像是在她臉上打了一巴掌，任何置身於她這種情況的人，應該都會想找個地洞鑽進去。但對克拉克來說，這樣的發展也無可否認地是令人感到鼓舞的——即使她只能瞇著眼看到一絲希望。安東尼・特倫特獲得的高度讚揚，確實是對她的才華的肯定。

她的下一次成功是絕佳的機會的結果，這個機會本應永遠改變她的人生。克拉克與慷慨贊助古典樂的伊麗莎白・斯普拉格・庫立吉（Elizabeth Sprague Coolidge）關係良好，庫立吉不僅每年舉辦室內音樂節，更贊助1,000美元作為中提琴奏鳴曲作曲比賽的獎金。她鼓勵克拉克參賽，這將是一場僅根據作品而不是作曲家性別來評判的匿名比賽。這看起來幾乎是專為像克拉克這樣具有音樂才華的人而設立的比賽。庫立吉深知1900年代早期，女性在古典音樂界的傳統劣勢，她不想讓其他人也成為這樣的人。克拉克還沒有創作出一首完整的奏鳴曲，但她不能錯過這個機會，尤其是在得到庫立吉本人的鼓勵之後。

世界上最有成就的作曲家們紛紛參加這場比賽，而克拉克

譜寫的奏鳴曲是初選入圍的73首作品之一。最後只有2名參賽者闖進決賽名單，並提交給專業評審團投票。評審團中的音樂家們分成兩派，於是他們要求庫立吉投出決定性的一票。當評審們打開信封揭曉獲獎者時，他們念出一個熟悉的名字：著名作曲家厄內斯特‧布洛赫（Ernest Bloch）。但就在第二位作曲家即將被歷史所遺忘時，評審們要求庫立吉也打開第二個信封，他們對這位他們公認足以與布洛赫平起平坐的作曲家身分感到好奇。假如他們得知的名字是安東尼‧特倫特，他們不會感到驚訝，但沒想到信封裡的名字是蕾貝卡‧克拉克。

「當他們得知居然是一個女人時，你應該看看他們臉上的表情。」庫立吉說。

克拉克很快就參加了另一場由庫立吉舉辦的鋼琴三重奏匿名比賽。當她再次獲得第二名時，這讓庫立吉留下了深刻印象，以至於她成為克拉克的贊助者。當環境條件也符合時，她的天賦自然也會綻放光芒。

回想起來，毫無疑問地，這應該是蕾貝卡‧克拉克職業生涯的轉捩點。但在創作出安東尼‧特倫特的作品、中提琴奏鳴曲和鋼琴三重奏之後，她再也沒有寫出膾炙人口的曲子了。她像是完全停止了音樂創作，從公眾視野中消失，忙著編織和打橋牌。「我把作品放在抽屜裡，甚至談論它們我都感到很尷尬。」她說。克拉克後來將她在庫立吉匿名競賽中取得的巨大成就，稱為「我一生中獲得的小小成功」。

那麼，到底出了什麼問題呢？

1976年,當羅伯特・謝爾曼(Robert Sherman)前往蕾貝卡・克拉克位於紐約市上西區的公寓時,他或多或少地想到了這個問題。時光已經過去近60年了。如果有人還知道她是誰的話,那就是像謝爾曼這樣的著名音樂評論家了,他也主持一個每天早上介紹2小時古典樂的廣播節目。

他從來沒聽過她,直到在準備一位英國女鋼琴家的特輯節目時,他才驚訝地發現,另一位曾與這位鋼琴家合作過的英國女性還活著,而且就住在離他不遠的地方。當他打電話給克拉克時,她已經89歲了,需要靠助行器代步。她拖著腳步走到衣櫃前,伸手去拿一份表演節目簡介,以回憶謝爾曼特地前來探訪的有關這位鋼琴家的一些故事。謝爾曼忍不住注意到該表演節目中的一些曲目,正是坐在他對面的這位女性寫的。他知道克拉克是一名中提琴樂手,但不知道她也是一位作曲家。「哦,那是很久以前的事了,」克拉克說,「沒有人記得。」

在謝爾曼的催促下,克拉克才開始講述她那段被遺忘的過去。謝爾曼很快便意識到,有個更棒的故事就在眼前。他與克拉克約定下一次會面,而這次話題將完全是關於克拉克的。

「為什麼您不再寫曲了?」他問。

「嗯,這是一個非常關鍵的問題,對吧?」她回答道。

克拉克擁有成為二十世紀當代最偉大作曲家之一的天賦,但她的際遇與她的才華並不相符。克拉克生在一個錯誤的時代,她所處的環境不允許她利用「熱手」。她的家人對她的工作感到不滿,並對那些有一天會受到讚揚的創作加以嘲笑。

「家族成員對她創作的音樂嗤之以鼻。」一位親戚說,「在家裡,她的作為被認定為荒謬至極。」但實際上,他們的反對只因為蕾貝卡‧克拉克是女性,而對女性來說創作音樂在當時被公認是不夠莊重的舉動。由於她遭遇到這些不利條件,即使有庫立吉這樣的富有贊助者支持,她也無法保持專心地創作。她的事業在本該大起的時候卻陷入停滯,而她選擇接受自己的處境。

「我沒有⋯⋯我似乎失去了興致⋯⋯我⋯⋯」克拉克試圖向謝爾曼解釋,「我沒辦法完整地告訴你到底是怎麼一回事。」

但曾經有一段時間,她可以。她甚至在未出版的回憶錄中,描述了「熱手」這個神祕現象。「很多時候我陷在困境時,每件事都會突然就定位,就像電燈打開一樣。」她寫道,「在這些時刻,儘管我對自己作品的價值不抱任何幻想,但我還是被一種潛在力量的美妙感覺所淹沒。奇蹟讓一切都變成可能。每位作曲家、作家或畫家,都肯定熟悉這種難以言喻的感覺。這是一種榮耀,幾乎沒有任何事可與之媲美。」

克拉克到現在仍然深刻記得那種感覺,縱使她最後一次得到那樣的感受已經過了幾十年。

「世界上沒有什麼事比這種感覺更令人覺得興奮的了。」她告訴謝爾曼,「但這不是誰想得到就能得到的,除非──至少我辦不到;也許這就是女人的不同之處──除非這是我每天早上醒來時想到的第一件事和每晚入睡前想到的最後一件事,

否則我做不到。」

「你需要那種強度和專注。」他說。

「是的，」她解釋道，「否則我做不到。」

她的自卑感十分強烈，以致於她對於她有過的成就並不眷戀，她甚至想完全忘記。她的未竟之業，為她帶來的傷害太大。「大多數人甚至不知道我曾經寫過曲子，因為我不喜歡提起。」她說。

謝爾曼與一位中提琴家、鋼琴家和室內樂三重奏者分享了克拉克的故事，他們查看了她從衣櫃裡拿出的樂譜，並在廣播節目中演奏了她的3首已知作品。1976年8月30日，當這段訪談播出時，背景音樂是幾乎沒有人聽過的樂曲。「這段訪談很好，她的朋友們也很喜歡，但最重要的一點是，」謝爾曼說，「事情以我們都無法預料的方式發展。」所有在家聆聽這段訪問的中提琴手、鋼琴家和室內三重奏都驚訝不已，他們不知道她是誰，也不真的在乎。經過了這麼久的時光，他們就像匿名比賽中的評審一樣，不帶偏見地初次聽著她譜寫的樂曲。他們很快就得出類似的結論：蕾貝卡‧克拉克是一位堪稱典範的作曲家。

那些擱置在她衣櫃深處幾十年的作品又重新開始發行。很快地，她的奏鳴曲和三重奏的新唱片上市了。廣播節目播出後不到1年，克拉克的中提琴奏鳴曲在林肯中心演出。《紐約時報》（*The New York Times*）的一位評論家在一篇滿是讚揚的文章中寫道：「在當時的時空背景下，如果不是因為她的女作曲家

身分使她的才華被忽視，克拉克小姐今日可能早已名滿天下。」這位評論家更讚賞克拉克創作的奏鳴曲，「是一首充滿迷人旋律的美妙作品，每段旋律裡都帶著創作者的熱情與創意。」甚至後續還出版一本收錄她的採訪和關於她的文集，名為《蕾貝卡・克拉克讀本》（*A Rebecca Clarke Reader*），由蕾貝卡・克拉克協會主席、音樂學家莉安・柯蒂斯（Liane Curtis）擔任編輯。對於謝爾曼來說，一開始，只是採訪一位和善的老太太，請她回想美好往事，最後演變成一位被嚴重低估的藝術家的全面性東山再起。「在她去世之前，」謝爾曼說，「蕾貝卡・克拉克的作品全面翻紅。」這一切的事件發展中最令人驚奇的部分是，他無意中促成一位被世人遺忘的作曲家的再起，只因為他需要更多內容來補充一個甚至完全與她無關的廣播節目。

「這是意外和偶然情境下的結合。」他說。

又是這個詞：「情境」。直到1979年克拉克去世前夕，她才開始在經典曲目中獲得應有的位置。她沒能利用自己的「熱手」，這並不是她的錯。誰知道如果情況發展對克拉克有利而不是密謀反對她，會發生什麼事？有些作曲家一生沒沒無聞，直到去世時都沒有人知曉他們的名字，也沒有人聽到他們作的音樂。不過他們的處境也不算過於悲慘，因為他們大多數人都沒有天賦。但蕾貝卡・克拉克有。而她的必然命運又是她無法不去考量的。她甚至沉迷於塔羅牌，時不時地就為自己算命。

「我自己算過很多次，」蕾貝卡・克拉克說，「但每次的結果都不一樣。」

3

距離蕾貝卡‧克拉克在美國舉辦第一場音樂會的一個世紀後,一位名叫王大順(Dashun Wang)的統計物理學家發現自己對於像她這樣的人感到興趣,儘管他不知道她是誰。他對一個他熟悉的人更感興趣。

王大順聚焦研究阿爾伯特‧愛因斯坦(Albert Einstein)成功完成光電效應研究的那一年,該研究後來為愛因斯坦贏得一座諾貝爾獎。那時,愛因斯坦本可以就此結束學術生涯並把時間花在自學約德爾歌唱法(yodel)[1];相反地,他接著發表了狹義相對論、布朗運動研究(Brownian motion),以及科學史上最著名的方程式:$E = mc^2$。他在幾個月的時間裡,就達到職業生涯的至高成就。他在1905年所提出的科學研究成果,如今被稱為是一個「奇蹟之年」。

但當王大順仔細端詳這一連串的科學進展時,他開始好奇到底那一年有多神奇。透過研究愛因斯坦,他提出一個重要科學發現:熱手法則(the law of the hot hand)。

王大順認為,愛因斯坦連續提出科學創見或蕾貝卡‧克拉克連續寫出3首名曲,並不是巧合。這就是創造力的運作方式,成功是可以有連續性的,好的作品會不斷出現。這種能力的提

---

[1] 譯註:一種歌唱技巧,透過快速切換真音和假音製造出獨特音效。起源於瑞士阿爾卑斯山,最初是牧民用來呼喚牲畜或在山谷間傳遞訊息的方式。

升,是從科學家到電影導演,這些人能夠不斷拿出傑作的關鍵。這些人的職業生涯成就,都是由他們的熱手時期所決定的。「他們在熱手時期所發生的事情,」王大順說,「我們都記得。」

有一位電影導演實際執導的第一部電影,是一部以一個平庸英國搖滾樂團為主的虛構諷刺紀錄片《搖滾萬萬歲》(This Is Spinal Tap)。導演羅伯・萊納(Rob Reiner)為了拍20分鐘的預告片,他不斷洽詢是否有工作室願意接案,期間也不斷地被告知他的這部偽紀錄片永遠不會成功。最後,他終於從父親其中一位老朋友那裡得到所需的最低限度資金,並在5週內以微薄預算拍完整部電影。這部電影在院線票房上的成績只能說差強人意,但在影評界卻引起轟動。影評巨擘羅傑・艾伯特(Roger Ebert)給了這部電影4顆星,並稱《搖滾萬萬歲》是「今年最有趣、最發人深省、最具原創性的電影之一」。光是這篇評論,就使羅伯・萊納正式成為一位備受期待的電影導演。接下來他要做的,就是開始執導下一部電影。

對於處在他這個位置的人來說,合乎邏輯的下一步應該是謹慎行事,輕鬆進入主流圈,但他卻決定再拍一部他其實不應該拍的電影。這部電影的主題是以一個更大膽的前提為主軸:一部成人角度的青春浪漫喜劇。《校門外》(The Sure Thing)推出後也大受歡迎,這次他終於靠電影賺了一些錢,也贏得拍第三部電影的機會。所以到底羅伯・萊納之後做了什麼?他選擇拍另一部他不應該拍的電影。演藝界資深人士紛紛表示,《站

在我這邊》（*Stand By Me*）注定會是一場票房災難，這部電影是根據恐怖小說家史蒂芬·金（Stephen King）的作品改編的，但其實這不是一部恐怖電影，萊納和金似乎是刻意聯手推開他們最忠實的粉絲。而且萊納好像覺得這還不足以讓這部電影徹底失敗，他甚至選了一群無名演員擔綱演出。但這部電影仍然成為票房怪物。

如今，人們對他的導演功力不再有任何質疑了。羅伯·萊納取得了巨大的成功，並且具有非常高的商業價值，這就像花生醬和果醬一樣強大的好萊塢組合。電影製片商終於開始明白這一點，他們不斷遞給萊納劇本，只為了看到後續的好評和隨後的大量資金湧入。但誰能怪他們呢？羅伯·萊納的電影充滿了令人愉快的矛盾。「他之所以成功，並不是因為他製作了所有人都認為會大受歡迎的電影，」一位報刊記者曾經這樣評價萊納，「而是因為他製作了沒人認為會大受歡迎的電影。」所以你可能會認為一些腦子動得快的製片人，會甘願賣掉自己的腎臟，以求得自己的名字放在萊納的電影上面。但並非如此。萊納與一位工作室高層的某次交談過程，是這樣的。

「我們喜歡你的電影，」製片商主管說，「你下一步想做什麼？」

「你不會希望我做我想做的事。」萊納回答。

「不，那不是真的。我希望你做你想做的事。」

「不，你會希望我做你想做的事。」

「不，我希望你做你想做的事。」

製片商高層最終要求萊納告知他的下一部電影名稱。

「《公主新娘》(*The Princess Bride*)。」
「好吧，除此之外什麼都可以。」

讓我們回顧一下史蒂芬‧柯瑞表現出色時所發生的事。

他出現「熱手效應」。他的球隊開始組織進攻，以讓他獲得更多投籃機會，教練團則要求他不斷嘗試投籃。由於柯瑞取得分數的可能性變大了，所以結果就是他的得分也會變多。如果你是一位擁有「熱手」的導演，類似的事情也會發生。編劇、演員和工作室都希望能與你合作，他們想在你身邊工作，他們想確保你能命中目標。因為你銳不可擋，所以你會得到更好的機會。成功帶來成功，這就是「熱手」的簡單力量。

還記得柯瑞說過的關於「熱手效應」的話嗎？「一旦出現，你就必須擁抱它。」蕾貝卡‧克拉克當初沒有辦法擁抱它。而事實證明，羅伯‧萊納做到了。

當柯瑞手感火燙時，他是個截然不同的球員。他投籃的距離更長了，他投籃的難度更高了。如果他沒有察覺到自己的狀態極佳，他也不會嘗試這些高難度投籃。柯瑞甚至為這些荒謬的投籃選擇起了一個名字：「熱度檢查」(heat checks)，因為柯瑞知道如果他投丟了，沒有人會怪他。而羅伯‧萊納的「熱

度檢查」，就是《公主新娘》。

　　《公主新娘》是好萊塢的大白鯨（great white whale）[2]。這是一部有打鬥場面和真愛劇情的童話故事，一部給大人看的充滿傻甜氣息的童話電影，一部成功將浪漫、懸疑、喜劇融為一體的劇情片。但這部電影也像是注定躲不過詛咒，即使在連續3部電影成功之後，萊納也知道拍攝《公主新娘》會很棘手。直到那時，他才知道這早已被證明是不可能成功的，如果他能夠事先得知這部電影背後令人望之生畏的歷史，他可能會選擇執導一部不同題材的電影。

　　法國導演法蘭索瓦・楚浮（François Truffaut）和諾曼・傑維遜（Norman Jewison）曾嘗試拍攝《公主新娘》，勞勃・瑞福（Robert Redford）則曾試圖製作並擔任主演。傳奇編劇威廉・高曼（William Goldman）喜歡告訴大眾，多位製片廠的負責人在承諾製作他的電影後立即被解雇。這很奇怪。任何想成為熱門製片廠的工作室都應該聰明地遵循一個簡單公式：拍高曼參與的電影。他是《虎豹小霸王》（*Butch Cassidy and the Sundance Kid*）和《大陰謀》（*All The President's Men*）的編劇。他寫的劇本非常有價值，以至1980年代初期，沒有人會指責好萊塢高層翻遍他的垃圾袋或者購買他的庫存作品的版權。但他的地位卻讓《公主新娘》背後的故事，更加令人感到撲朔迷離。

---

2 譯註：引申為相當罕見的事物。

製作一部電影需要做的事情太多了，所以任何電影的製作都是一個奇蹟。從理論上來說，蕾貝卡·克拉克創作整部交響曲應該比羅伯·萊納執導《公主新娘》來得更容易。畢竟如果創作音樂是屬於一種個人的追求，那麼執導電影就是一種集體的努力。但就在這時，萊納意識到自己擁有「熱手」，他試著利用這股力量來改變環境。

當他決定冒著導演生涯的存亡來製作這部電影，並花費他憑著推出幾部熱門電影所賺來的資金時，萊納去說服高曼，讓高曼相信他是可以信任的人。萊納按了高曼公寓的門鈴，高曼打開門時嚇了一跳。「《公主新娘》是我寫過的作品中最喜歡的，」高曼打開門後說，「我想刻在我的墓碑上。」萊納闡述他對這部電影的願景，並向高曼展示他之前電影作品的剪輯。他後來將這次獲得高曼授權的會議，稱為其導演生涯中的最偉大時刻。一旦獲得拍攝許可，萊納還需要一樣東西：錢。《公主新娘》的劇本需要劍術、巨大的齧齒動物和酷刑室，以及包括西西里駝背男、世上最美麗的女人，和巨人在內的一系列角色。這是一部大製作，而大製作也代表很貴。萊納最後說服諾曼·李爾（Norman Lear，電視劇《全家福》〔*All in the Family*〕的製作人，也是萊納父親的朋友）打開他的支票簿，借給他足夠資金來製作這部電影。直到那時，電影公司二十世紀福斯（Twenty Century Fox）才出現並同意發行萊納的電影——即使這部電影是《公主新娘》。萊納至今仍感嘆製作《公主新娘》是多麼困難，而「熱手」是這部電影拍攝計畫可行的唯一原

因。

　　我們都很幸運能看到這部電影。如果有某種方法可量化觀看或喜歡任一部電影的人數，那麼《公主新娘》將名列榜首。最具有代表性的指標之一，是影院評分（CinemaScore）給的評價。影院評分是一家研究公司，其蒐集的電影相關數據可追溯到幾十年前，憑藉著龐大的歷史數據和可靠性，使得該公司的評級有一定的指標性。如果一部電影的影院評分評價不錯，那麼這部電影就不是一部雷片。如果一部電影擁有出色的影院評分評價，那麼幾乎可以肯定這將是一部必看不可的電影。但如果一部電影獲得A+評價，就會立刻成為一部經典。

　　即使只是擁有1部電影獲得A+評價，也可以說是達到一個意義非凡的成就。歷史上只有10位導演擁有2部A+電影。但有一位導演拍了3部A+電影。這3部電影在5年內推出，除了導演是同一人之外，幾乎沒有任何共同點。羅伯・萊納於1992年拍了《軍官與魔鬼》（*A Few Good Men*），1989年拍了《當哈利碰上莎莉》（*When Harry Met Sally...*）。而他連續奪得A+評價的開端，起於一部沒人希望他開拍的電影。

　　是哪部電影？《公主新娘》。

4

　　要了解王大順和他的同事發現了什麼，首先得從他們是如

何發現的開始。王大順的團隊想要在藝術品味、學術影響、電影好壞等模糊概念背後加入一些數字，他們開始尋找可幫助他們量化主觀感想的客觀數據。他們研究的目的不是將學者與執行長進行比較，甚至不是將學者與學者或執行長與執行長進行比較。他們只是為了將愛因斯坦的作品進行比較，他們想要確定創意何時達到頂峰。他們能做到這點的唯一方法，就是讓受試者自己與自己進行比較。

他們蒐集的數據夠多夠廣，足以得出一些有趣結論。他們研究了3,000位藝術家的作品拍賣價格、2,000位學者的Google學術搜尋（Google Scholar）和引文索引資料庫（Web of Science）的引用情況，以及6,000位導演的網路電影資料庫（IMDb）電影評價。當他們看到這些數字時，他們發現自己看到一個令人驚訝的模式：91%在經濟層面上達至成功的藝術家、90%發表論文的科學家及82%電影上映的導演，在他們的職業生涯中至少經歷過一段「熱手」期，他們銳不可擋。最昂貴的畫作、具有影響力的研究和受人喜愛的電影，都不是獨立事件，它們都是創造力的副產品。

雖然王大順只在藝術家、學者和導演領域中找到「熱手效應」的證據，但他確信也會在其他行業中找到。他相信這是普遍的現象。當人們擁有「熱手」時，他們的工作量可能是相同的；但從經驗上看，工作品質更高。這些都是長期的職業成功，他們的表現甚至超越了自身的預期。他們利用自己擁有的優勢資源，在順風的時候變得更順。這些文化名人和學術名流在

「熱手」期時，都是最佳狀態的自己。這與籃球運動中「熱手效應」的一閃即逝，有著本質上的差異。這不是短期動能的問題。他們的職業生涯巔峰持續了3到5年，而他們持續不斷推出熱門作品的方式，意味著手風順是可能長期持續的。

「如果我知道你有好作品，我就會知道你什麼時候會推出第二個好作品，什麼時候會出現第三個好作品，」王大順說，「那是你的『熱手』期。」但這段時期並不是線性發展的，而是不規則的。「你的表現會以一定水準持續前進，然後突然間躍升到另一個層次，」王大順解釋道，「你已經不再是原本的自己。你的產出並沒有比平常還多，但在那個時期，你產出的品質卻更好。」也許他發現的最引人入勝的事，實際上是他所沒有發現的事：目前還沒有辦法預測一個人何時會進入這樣的高峰狀態。「你的全盛時期隨時可能到來，」王大順聲稱，「我從自己的研究中得到的發現其實相當令人振奮。因為任何人都可能處於這樣的火熱狀態，而唯一確定可以阻絕的方法，就是你停止目前正在做的事。所以，如果你繼續努力，你的輝煌時期就會在未來的某一天出現。」

但你怎麼知道你是否已經擁有「熱手」了？你不會知道，也不可能知道。如果你向王大順尋求建議，他可能會告訴你，你的外在情境條件如何並不重要；對蕾貝卡‧克拉克或是羅伯‧萊納來說也都不重要。無論你的「熱手」期即將到來還是已經過去，都無所謂。

「答案是一樣的，」王大順說，「你應該繼續堅持下去。」

王大順對於「熱手」的看法始終保持樂觀態度，以至於他很容易忘記這樣的想法可能會適得其反。這是一種極度危險的哲學，因為自信可能會變成傲慢，而傲慢可能會變成無知。你的內在能力只能讓你走到這一步。這並不意味著你只是因為無法進入NBA而必須退出社區籃球隊，但這確實意味著你不應該欺騙你自己。史蒂芬・柯瑞確實體認到所有條件已經逐漸成熟並形成「熱手」狀態，但蕾貝卡・克拉克卻不認為如此。這就是王大順所提出的「熱手法則」的漏洞。在許多行業，人們的內在節奏（internal cadence）都受到外在力量的支配。有時，這些外在力量會助我們勇敢破框，結果就像拍出《公主新娘》一樣神奇。有時，這些外在力量會摧毀我們的抱負。天賦固然重要，但外在情境條件也不可或缺，因為要是沒有外在情境條件搭配，那麼外在情境條件終將使天賦被埋沒。

但之所以認為王大順所說的並非毫無道理，以及他提出的「熱手法則」值得參考的原因，是因為外在情境條件也有可能在最意想不到的時候出現。

事實上，這種狀況以前就曾經出現過。

5

1564年的一個夏日，在王大順、羅伯・萊納、蕾貝卡・克拉克，甚至在安妮女王（Queen Anne）出生之前，英國一個小鄉

村因一名織布工學徒的驟死而騷動不已。這起悲劇也在該地的歷史中記上一筆。該織布工學徒的名字旁邊註記一句令人毛骨悚然的拉丁文：Hic incipit pestis（瘟疫自此開始）。

　　瘟疫對這座城鎮造成很大的傷害。這是一個不分青紅皂白的殺手。在織布工學徒死亡後接下來的6個月內，200多人相繼死去。誰活著、誰死了，似乎只是一個偶然的問題。瘟疫可能會摧毀某一個家庭，但讓隔壁的另一個家庭倖免於難。亨利街的一棟房子裡有一對年輕夫婦，他們已經在之前的幾波瘟疫中失去了2個孩子，他們剛出生的兒子3個月大，他們鎖上門、封上窗戶，防止瘟疫再次入侵這個家。他們從這場不幸中得知，嬰兒特別容易感染這種疾病。他們也許比亨利街上的任何人都更明白，如果兒子能活下來，那將是一個奇蹟。10個嬰兒中約有7個在瘟疫肆虐之年死亡。這就好像每個家庭都在擲一枚硬幣，正面朝上，而反面則押注孩子的生命。

　　當這場瘟疫結束後，這對在英國埃文河畔史特拉福（Stratford-upon-Avon）居住的夫婦鬆了一口氣，因為他們的小男孩還活著。威廉・莎士比亞是一個奇蹟，他長大後會做出如奇蹟般的事。

　　莎士比亞有可能因為在嬰兒時期接觸過瘟疫，而產生了某種免疫力，但這種猜測直到幾個世紀後才開始，因為瘟疫對莎士比亞來說一直是個持續不斷的憂煩。他的傳記作者之一喬納森・貝特（Jonathan Bate）寫道：「瘟疫是影響他和同時代人生活的最強大力量。」

由於曾經經歷過瘟疫肆虐時期，莎士比亞非常清楚瘟疫發病的症狀。首先體溫會升高，接下來是頭痛，然後疼痛開始蔓延到背部、腿部、腹股溝、腋窩和頸部，不久之後全身都會感到痛楚。任何此時試圖走路的人，看起來和聽起來都像是剛剛猛灌了一瓶龍舌蘭，他的呼吸會變得非常困難，以至於無法在不含糊其詞的情況下說話。從此情況只會變得更糟。皮膚會開始變成潰瘍——與瘟疫相關的詞都不禁令人感到毛骨悚然——到那時，結果就已經注定了。最後一個階段的折磨是腦部崩潰，病患在生命的最後幾個小時處於瘋狂的狀態。整個過程令人恐懼萬分，足以讓人一輩子都擔心自己會不會以這樣的方式死去。

　　對莎士比亞的寫作生涯來說，瘟疫自然是個禁忌話題，不太會出現在他的作品裡。即使這是每個人心裡唯一的擔憂，也沒有人願意去談論。倫敦人前往劇院看戲，就是為了可以暫時擺脫對瘟疫的恐懼。如果劇院裡上演一部關於瘟疫的戲，就像在3萬5,000英尺高空觀看一部關於飛機失事的電影一樣令人倒胃口。

　　但瘟疫也是莎士比亞的祕密武器，他並沒有選擇忽視。他把令人羨慕的才華和悲慘的外部情境相結合，轉變成「熱手」。

　　這讓我們不得不深入了解《羅密歐與茱麗葉》（*Romeo and Juliet*）這部戲背後的恐怖歷史。

　　當你第一次讀到這部戲劇時，很難真正領會到其荒誕的本

質。各位可能還記得一些基本的情節：羅密歐和茱麗葉出生在相互敵對的家庭；羅密歐與茱麗葉墜入愛河；羅密歐與茱麗葉都死了。但你是否還記得這一切究竟是如何發生的？也許不會。而各位是否知道最終導致羅密歐和茱麗葉分開的原因其實是瘟疫？我賭各位並不知道。也許各位仍舊依稀記得全劇唯一明確提及瘟疫的一句台詞：「你們兩家都得瘟疫了！」（A plague o' both your houses!）但其實，瘟疫在《羅密歐與茱麗葉》這部戲中無所不在。

容我帶各位重溫這部莎翁名劇的一些劇情。不知各位還記不記得，《羅密歐與茱麗葉》第三幕中有一場死亡。是謀殺！羅密歐殺死他的對手提伯爾特，而提伯爾特恰好是茱麗葉的表弟。茱麗葉本該嫁給帕里斯伯爵，但她愛上了羅密歐，這變成一個問題，因為羅密歐的家族是茱麗葉的家族的死對頭。這也是一個問題，因為羅密歐在殺死提伯爾特後被放逐了。茱麗葉不知道該怎麼辦，於是她求助她的精神導師勞倫斯修士，他認為只有一種方法可以讓蒙塔鳩和卡普萊特兩家和好。為了化解這兩家的深仇，他必須讓羅密歐和茱麗葉結婚。勞倫斯修士策畫讓茱麗葉喝下一種能讓她陷入長時間沉睡的藥水，以至於她的家人將別無選擇，只能認定她已經死了。同時，勞倫斯修士給羅密歐寫了一封信，信中詳述這個瘋狂的計畫，並請約翰修士將信送到曼圖亞鎮。這封信指示羅密歐偷偷回到打開的棺木前，然後偷走茱麗葉，這樣他們兩人從此就可以幸福地在一起生活了。

這是一個相當糟糕的計畫，結果也很糟糕——但原因卻不是你想像的那樣。茱麗葉喝下藥水，她的家人斷定她已經死了。羅密歐也確實偷偷回來看她。到目前為止，一切都如預期地發展。但整件事卻因為這個荒謬計畫中最可靠的部分而慘遭失敗：約翰修士並未及時抵達曼圖亞鎮，因此勞倫斯修士的信也從未送到羅密歐手中。

　　接下來發生的是一連串非常不幸的事件。羅密歐認為既然茱麗葉已經死了，於是便自我了斷。茱麗葉從假死中醒來，得知羅密歐真的死了，傷心欲絕的她也自盡殉情。沒有比茱麗葉和羅密歐的遭遇更悲慘的愛情故事了。

　　不過且讓我們回顧幾個場景。我們來看一下約翰修士如何向勞倫斯修士解釋為什麼他沒有及時抵達曼圖亞鎮。我們來弄清楚這個計畫是怎麼走向失敗的。

　　勞倫斯修士：「辛苦你從曼圖亞鎮趕回來。羅密歐怎麼說？如果有書面信件，那就給我吧。」

　　約翰修士：「我找了一位同門的赤腳修士與我同行，因按規定，我不可出行離家。該修士當時在此城幫病人看病，但城裡的檢疫人員發現了他，懷疑我們倆都在一所染病的房子裡診治，於是鎖了門，不讓我們出去。所以我受阻無法前往曼圖亞。」

　　勞倫斯修士：「那麼，是誰幫忙把我的信交給羅密歐呢？」

　　約翰修士：「我送不出去，這是原信，我也無法派人把信送還給你，因為他們都非常害怕被感染。」

02 熱手法則 時運不濟

勞倫斯修士：「真是時運不濟！」

請大家再看一下這幾句話：

在一所染病的房子裡診治/於是鎖了門/他們都非常害怕被感染。

約翰修士為什麼沒有把勞倫斯修士的信交給羅密歐？因為瘟疫。瘟疫是這個故事的轉折，將有史以來最著名的愛情故事變成一齣悲劇。

約翰修士從未帶著給羅密歐的信到達曼圖亞鎮，因為他被隔離了，在莎士比亞的時代，沒有人敢質疑這樣的限制。因為他們知道，違抗隔離禁令會被當局鞭打，而帶著瘟疫病毒在城裡走來走去可能會被處死。這是一種令人遺憾的死亡方式：你在瘟疫中倖存下來，卻因此被殺。這就是為什麼約翰修士不明白勞倫斯修士怎麼會對他如此不快。他當然不知道，因為他沒有意識到這場瘟疫即將導致羅密歐和茱麗葉的死亡。

這場修士之間的對話是全劇最短的場景之一。大多數高中生在讀到這一段時還沒反應過來到底發生了什麼事，對話就已經結束了。但這段對話至關重要，因為整部戲就是圍繞這一段而展開的。各位可能直到此刻才知道，瘟疫是如何成為影響莎翁名劇的情節發展關鍵。事實證明，這就是莎士比亞的用意。他故意使用隱晦的方式寫作，因為在當時這樣的潛台詞是顯而

易見的,他不需要多加解釋。莎士比亞筆下的瘟疫,就像我們現代人發一則只寫「悲傷」兩字的貼文,不需要任何進一步解釋。「它無處不在,」哥倫比亞大學(Columbia University)教授詹姆斯・夏皮羅(James Shapiro)說,「當時的每個人都能準確地理解那一、兩句話背後的含義。」

《羅密歐與茱麗葉》並不是莎士比亞最後一次用瘟疫作為劇情鋪陳。直到不久前,人們還認為莎士比亞每年出產2部戲劇作品。但當夏皮羅開始研究這位劇作家的一生時,他發現他的文學學者同行還真的不是統計學家。他們會得出這個結論,只是簡單地將他寫的戲劇作品數量除以他寫作的年數。根據他們的計算,如果莎士比亞在5年內寫出10部戲劇作品,那麼就等於他每年寫2部。自從跟莎士比亞同一時代的人,將他的劇作合集《第一對開本》(First Folio)以類別(喜劇、悲劇或歷史)而非按年分整理後,這些戲劇的實際發表年代順序就被忽略了。但這種可疑的數學計算,卻數百年來一直沒有受到質疑。等到夏皮羅成為教授時,「莎士比亞每年寫2部戲劇」的觀點幾乎成為一種信條。但問題在於,這根本不是真的。

「事實證明,莎士比亞的寫作方式一直是有靈感的時候就寫,」夏皮羅說,「我花了一些時間才明白這一點。因為我一直相信一個其實未經證實的說法,即他每年規律地寫出2部戲劇作品。但他從來沒有這麼做過。」

莎士比亞有時候多產,有時候一部戲也寫不出來。他的戲劇產量並沒有均勻地在他的職業生涯中誕生,而是會集中在某

個時期。如果王大順研究的是劇作家而不是電影導演和藝術家，那麼他就會以莎士比亞為案例，這正是詹姆斯・夏皮羅所做的事。他密切關注導致他在1606年創作靈感大爆發的外在情境條件。「一旦你開始發現這些戲劇真的集中在一個時期，你會不禁想問：『那麼，是什麼原因導致他在很短的時間內創作出這麼多戲劇作品？』」他說。

當然，這個問題也可以用另一種方式問：「為何莎士比亞擁有『熱手』？」

1606年，莎士比亞在短暫閉關後，立即進入了創作能量大爆發的時期。但當英格蘭在國王詹姆士一世的統治下經歷國家轉型時，他又開始閉關。因為他所認知的世界已經不是原來的樣子。但除了伴隨政治動盪而生的各種常見的恐懼和焦慮之外，還有其他事情在莎士比亞的腦海裡盤旋，因為那一年也是瘟疫之年。

這種可怕的疾病對倫敦地區的致命襲擊，對這位劇作家來說卻可能是最好的事情。莎士比亞以一種王大順應該會欣賞的方式，利用這樣的外在情境條件。他沒有停止寫作，他選擇繼續創作。他的才華即將與最奇特的外在情境碰撞，本來可以殺死莎士比亞的事，確實讓他變得更強大了。

瘟疫導致倫敦的劇院關閉，迫使莎士比亞所屬的劇團國王劇團（the King's Men）思考該怎麼繼續表演工作。演員們不得不上路巡迴演出。但當他們走遍英國鄉村，在沒有遭受瘟疫侵襲的小鎮停留時，莎士比亞卻獨自留下。因為他年紀太大了，

不能繼續巡迴演出行程,而且他對表演也不再那麼有興趣。他覺得寫作才是他可以更善用時間的方式。「這意味著他自1590年代初期以來,第一次可以自由地與其他劇作家合作。」夏皮羅在自己的著作《李爾王之年:1606年的莎士比亞》(*The Year of Lear: Shakespeare in 1606*)一書中寫道。

莎士比亞也以一種不太光彩的方式從疫情中受益:瘟疫除掉了他的競爭對手。到了1600年代初,男孩劇團比像莎士比亞這樣的成人劇團更加受到歡迎,因為孩子們從莎士比亞的對手劇作家那裡拿到了好作品,畢竟才華會互相吸引,這是莎士比亞無法打破的循環。他正在為成年人寫悲劇。除了安妮女王之外,觀眾都想看以兒童為主角的諷刺劇。但在炎熱的夏季,瘟疫每周都會奪走上千人的性命,而最容易受到感染的人,恰好是那些搶走莎士比亞生意的人。拜這種殺死大量年輕人的疾病所賜,最終,國王劇團得以喚回他們的觀眾和劇作家。瘟疫創造了一個有助莎士比亞發揮的環境。世界已經朝著有利於他的方向發展。而他所要做的事,就是適應。

於是,莎士比亞迎來一個契機。他緊抓這個發揮「熱手」的機會。就在那個時期,他接續寫出《李爾王》、《馬克白》、《埃及豔后》3部偉大作品。

「3部不朽的悲劇作品,」夏皮羅說,「我總是對這種玄妙的事情感到興趣,即充分理解某一個人所處的世界,並能夠詮釋和表達到底這樣的現象是怎麼發生的、為什麼會發生。」學者們經常會試圖透過莎士比亞個人生活的視角,來審視他職業

生涯中的某些時刻。但這一系列研究的問題,在於他們仍然對莎士比亞的生活不太了解。「我們完全不知道他當時的感受,」夏皮羅寫道,「我們對1606年由囓齒動物傳播的瘟疫是如何改變莎士比亞的職業生涯、改變並重振他的劇團、打擊他的競爭對手、改變他鎖定的目標觀眾(進而改變他的創作類型),以及使他能夠與眾多才華洋溢的樂手和劇作家合作等層面比較了解。」

莎士比亞從來就不是一個規律地寫出作品的作家。他的創作方式是突然地大爆發,然後連續不停地寫出作品。這次的創作高峰期,完全仰賴一股他無法掌控的力量:瘟疫竟成了他一生中最意想不到的契機。正是因為瘟疫,他才能將一個社會巨變期,轉化為完全不同的情況:他的「熱手」期。

以莎士比亞的才華,無論他的處境如何,他都能取得一些成功,蕾貝卡·克拉克也是。但他將1次成功,變成2次和3次,完全是因為這些條件對他有利。他寫出膾炙人口的戲劇作品既不是單純幸運之神眷顧,也不是曇花一現。一部戲寫完接著寫另一部,寫完再寫另一部,之後可能會一直下去。莎士比亞利用自身外在情境的能力,是蕾貝卡·克拉克這樣的天才所不具備的一種力量。

所以,究竟是他天縱英才,還是時勢造英雄?兩者都是。

因為世界先發生改變,所以威廉·莎士比亞才有機會改變世界。

CHAPTER 03

隨機播放
SHUFFLE

不 就 是 隨 機 的 嗎 !

1

　　Spotify出了點問題。從幾乎所有的指標來看，這家公司都取得巨大成功。這家新創公司誕生於斯德哥爾摩郊外的一間破舊公寓，現已成為世界上最受歡迎的串流媒體音樂服務商之一。有數以百萬計的人們在他們的電腦上打開Spotify，點擊手機上的Spotify圖示，體驗一種奇蹟：能夠在幾秒鐘內，聆聽幾乎任何想聽的歌曲，但使用者們仍然不滿意。即使該公司已經走上全球統治地位的道路上，Spotify仍然不斷聽到大量被激怒的客戶抱怨。一位名叫盧卡斯・波拉切克（Lukáš Poláček）的Spotify工程師說：「使用者問：『為什麼隨機播放不是隨機的？』我們回答對方：『您好，我們的隨機播放是隨機的！』」

　　就這樣持續了一段時間。Spotify的使用者堅持認為，隨機播放並不是隨機的。Spotify工程師向他們保證，情況並非如此。甚至有一個陰謀論表示，這些演算法偏向某些藝人，以獲得其所屬唱片公司青睞。真相其實不那麼戲劇化，但同樣有趣。但是隨機播放功能變得如此令人不滿意，以至於Spotify的用戶認為唯一合適的回應是指責公司辜負了他們，甚至可能欺騙了他們。

　　從公司成立之初，Spotify就對其隨機播放按鈕使用了相同的演算法，該演算法被稱為「費雪—耶茨洗牌演算法」（Fisher-Yates shuffle）。它以發明該演算法的兩位統計學家的名字命名，他們潦草地寫了三行代碼，可以隨機化任何有限序列，這是一

個優雅的解決方案,近一個世紀後仍然受到工程師的歡迎。對於某些極客來說,費雪—耶茨洗牌演算法就是他們心中的「蒙娜麗莎」。這些極客中有很多人為Spotify工作,但是就算沒有資訊工程學位,也能理解或欣賞費雪—耶茨洗牌演算法的簡單之美。

該演算法的運作方式如下。假設播放清單中有9首歌曲,稱之為「現有序列」,每首歌會被分配一個從1到9的數字。接著從中隨機選擇一個最多為9的數字(稱為n),並從現有序列中移除第n首歌,作為新序列的開端。然後重複這個過程,在剩餘的8首歌中任選一個n(最多為8),再移除第n首歌,依此類推,直到現有序列中沒有任何歌曲為止。整個演算過程會像這樣:

n	現有序列	新序列
4	1, 2, 3, 4, 5, 6, 7, 8, 9	4
1	1, 2, 3, 5, 6, 7, 8, 9	4, 1
5	2, 3, 5, 6, 7, 8, 9	4, 1, 7
1	2, 3, 5, 6, 8, 9	4, 1, 7, 2
2	3, 5, 6, 8, 9	4, 1, 7, 2, 5
4	3, 6, 8, 9	4, 1, 7, 2, 5, 9
1	3, 6, 8	4, 1, 7, 2, 5, 9, 3
1	6, 8	4, 1, 7, 2, 5, 9, 3, 6
1	8	4, 1, 7, 2, 5, 9, 3, 6, 8

這當然看起來很隨機，不是嗎？但現在想像一下，有一個家庭開著車去公路旅行。他們為這次旅程創設一個Spotify播放清單。每個人都可以選擇3首歌，爸爸挑選比利・喬（Billy Joel）的3首歌，媽媽挑選了披頭四樂團（The Beatles）的3首歌，女兒挑選了碧昂絲（Beyoncé）的3首歌。我們將給每首歌曲一個數字：比利・喬的是1、4、7，披頭四樂團的是2、5、8，碧昂絲的是3、6、9。

現在讓我們回到播放清單——由隨機生成器創建的播放清單，讓我們看看4─1─7─2─5─9─3─6─8的序列，聽起來像什麼：

比利・喬
比利・喬
比利・喬
披頭四樂團
披頭四樂團
碧昂絲
碧昂絲
碧昂絲
披頭四樂團

等等！現在這個播放清單看起來並不是很隨機的，對嗎？你知道確實是這樣。但這確實是不假他人之手所自行創設的。

這不是我們被訓練去思考隨機分布的方式。這個家庭希望披頭四樂團、比利・喬和碧昂絲在播放清單中是平均分布的，他們不想要連續聽三首比利・喬的歌，以至於當〈Let It Be〉開始播放時，車裡的某人很有可能會開始尖叫。

簡言之，這就是Spotify的問題。用戶對連續聽到同一位歌手的三首歌並不感到興奮。這個問題並非Spotify獨有，它是如此普遍，以至於幾年前一家企業發現自己在為完全相同的問題而苦苦掙扎。

起初iPod是一個讓人感到與有榮焉的配備，它讓人們能夠在口袋裡放一台攜帶式自動點唱機。但不是每個人都對於這款蘋果公司的最新產品感到興喜。許多人懷疑他們手中的iPod有缺陷──隨機播放鈕壞了。他們耳裡的隨機音樂，實際上並不是隨機的。「這真的是隨機的，」史蒂夫・賈伯斯（Steve Jobs）在2005年iPod Shuffle發表後的第一次主題演講中說，「但有時隨機意味著你會連續聽到兩首來自同一位歌手的歌曲。」

賈伯斯那天非常賈伯斯。他穿著黑色高領毛衣和牛仔褲，說話時帶著令人陶醉的自信，就像一個看到未來蘋果產品將充斥整個社會的人在做簡報。但是，即使是最引人注目的公眾演說家也無法說服任何人，iTunes的隨機播放功能確實是隨機的。他之所以在台上談論隨機性，是因為蘋果公司當天推出一項稱為「智慧隨機播放」（Smart Shuffle）的新功能，它讓iPod使用者可以控制他們連續聽到同一位歌手作品的頻率。智慧隨機播放確保不會連續出現三首比利・喬的歌曲。當賈伯斯解釋該功能

是如何運作時,忍不住嘲笑這種荒謬。

「儘管人們會認為它更隨機,」他說,「但實際上它不那麼隨機。」

這個曾經需要賈伯斯關注的問題,現在在Spotify的時髦辦公室裡變得無法忽視。該公司總部有一些獨特的瑞典特色,建築師們在辦公室規畫足夠空間給fika——瑞典傳統的咖啡和糕點休息時間,Spotify鼓勵員工與其他部門的人打成一片。Spotify試圖增加偶然相遇的機會,以及將導致創意想法如異花授粉般迸發的即興互動——工作場所版的隨機播放功能。

Spotify是那種不會對將棘手問題委託給沒有為Spotify工作的人有所遲疑的公司。當時盧卡斯·波拉切克還是瑞典皇家理工學院(KTH Royal Institute of Technology)的學生,而且沒有每天都待在Spotify的辦公室。他選擇自己想做的專案,並只專注於他認為自己可以有所作為的領域。「我只是在尋找我想改進的項目。」波拉切克說。當他注意到關於隨機播放問題的內部討論時,他仍然在尋找他想改進的項目。波拉切克當時正在學習理論電腦科學(theoretical computer science),碰巧正在研究隨機演算法。這是一種讓他在電腦科學方面的專業知識變得不那麼理論化的方法。波拉切克自告奮勇地幫忙。

他在這件事上的專業知識很少,但這就是Spotify希望像他這樣的人加入團隊的原因。但是,當他告訴其他同事他在改善隨機播放功能時,他們紛紛感到困惑。「有什麼可做的?」他們說,「不就是隨機的嗎!」從某種意義上說,他們是對的。沒什

麼可以做的，一切都是隨機的。

波拉切克需要工作一整天和大約15行代碼來編寫拯救Spotify的演算法。這並不是一項讓他感到自豪的技術工程壯舉。這位在Spotify派對上被稱為「隨機先生」的人，只是將同一位歌手的不同歌曲或多或少地平均分配在播放清單中。他的工作是確保Spotify用戶永遠不會有連續聽到三首比利·喬歌曲的不快。Spotify從蘋果公司的劇本中撕下一頁。只有一種方法，可以讓他們的播放清單感覺更隨機：讓它們不那麼隨機。

然而，在他們決定隨機性是否過於隨機之前，Spotify的工程師必須回答一個更緊迫的問題：「為什麼需要這麼做？」他們指派一個小組進行調查，並讓一位名叫巴巴爾·查法爾（Babar Zafar）的產品經理負責。他確定Spotify別無選擇，只能盡快重新改良隨機播放功能。採取任何其他行動方案都只是在迴避這件不可避免的事。真正的問題是再多錢或工程人才也無法解決的，事實上人類在理解隨機性方面的知識非常匱乏。隨機性使人類思維癱瘓的方式超出Spotify、蘋果公司，或任何其他價值數十億美元的公司的控制範圍。「我們的大腦是一個性能極佳的模式比對（pattern matching）裝置，」查法爾說，「它會在沒有任何模式的地方找到模式。」

我們頭顱中的這台強大機器，也是我們相信「熱手效應」存在的原因，即使實際上根本沒有「熱手效應」發生。

2

在湯姆·吉洛維奇（Tom Gilovich）的記憶中，矽谷在變成現在的矽谷之前是一個神奇的地方。在1950和1960年代，當科技還沒有改變他的故鄉面貌時，他會在春天爬上山丘，發現自己被杏子、李子和櫻桃包圍著；冬天他會在外面閒逛，在後來成為蘋果總部的廣闊土地上射擊BB槍。他畢業於加州大學聖塔芭芭拉分校（California at Santa Barbara），雖然他是家裡第一個上大學的人，但吉洛維奇並沒有覺得自己比那些富裕孩子低等。當他決定在大學畢業後攻讀研究所學位時，他渴望回到他的故鄉天堂。任何一個像吉洛維奇的人會選擇史丹佛大學（Stanford University）讀研究所的原因有很多，但引導他的那股力量與他童年時所重視的力量是一樣的：人。

史丹佛大學心理學系的教職員工，是吉洛維奇和許多其他像他一樣的人選擇就讀的主要原因，即地球上沒有比這更好的地方來研究人類為什麼會這樣了。他也很開心地發現，史丹佛大學心理學系的人與他從小一起長大的那些人非常相似，除了一個非常奇怪的例外——他們很有名。當他和這些教授在一起時，年輕的湯姆·吉洛維奇像是站在這些學術搖滾明星旁的路人。

史丹佛大學心理學系的崛起，恰逢史丹佛大學本身的崛起。在1950和1960年代，該大學開始實施一項曾被描述為「在精心挑選的領域中精心挑選教師」的戰略。這個計畫背後的擘

畫者弗雷德‧特曼（Fred Terman）對史丹佛大學心理學系的成功特別感興趣。他是一名受過專業訓練的工程師，但他的妻子是史丹佛大學心理學系的研究生。事實上，她是特地來師從史丹佛大學一位著名心理學家：特曼的父親。身為1950年代史丹佛大學的教務長，年輕特曼的任務是加強史丹佛大學的學術課程，他將學校的聲譽建立在他所謂的「卓越頂尖學科」之上。他的理論是，史丹佛大學應該重點培植一定數量的學科，並用資源來豐富它們。如果他選對了，那麼那幾個科系就可以提升整所大學地位。特曼指出硬科學中一些明顯的卓越之處：航空工程學、數學密碼學、太空物理學、核武器和化學武器研究等。當時美國正在從第二次世界大戰的創傷中復原，並為冷戰做準備，政府很高興向能夠協助軍工複合體（military-industrial complex）的研究人員提供資金。從事國防工作的人，有一大筆錢四處晃蕩。

　　心理學系並不是最明顯的卓越頂尖學科。無論如何，這都是一項了不起的投資。根據一項對頂尖研究所的調查，史丹佛大學心理學系在特曼成為教務長後立即在全國排名第5；但7年後當美國教育委員會（American Council on Education）再次進行這項調查時，該系排名第1。當吉洛維奇在1970年代後期抵達時，史丹佛大學就像是占據心理學領域的中心地位。在一棟大樓裡有這麼多該領域的核心人物，以至於在教職員工午餐會上吃到一些糟糕的炸魚玉米餅會讓該領域的進展延遲幾天。許多心理學學科以前分散在大學校園裡：社會心理學在一個地方，

認知心理學在另一個地方，發展心理學又在另一個地方。但史丹佛大學把心理學系整合到一棟大樓裡，時機真是再好不過了。即將到來的心理學革命將把這些不同分支整合，而心理學專業的整合將首先發生在史丹佛大學。「我們就是革命本身。」史丹佛大學心理學家李‧羅斯（Lee Ross）說。

當吉洛維奇入學時，革命基本上已經結束了，史丹佛大學取得勝利。為什麼吉洛維奇選擇史丹佛大學是很明顯的，但目前還不清楚為什麼史丹佛大學選擇了吉洛維奇——或者其他任何人。當像他這樣的人申請研究所時，心理學家會查看這個人的過往成績、測驗分數和推薦信。「但我們主要是想看看這個人是否有想法。」羅斯說。「你有什麼想法？」他所說的「想法」是指一種聰明的小改變，可以衍生更遠大的影響。史丹佛大學心理學研究所的審查人明智地得出結論，吉洛維奇很適合。「湯姆在擁有簡潔的想法和對現象的敏銳度方面，確實堪稱典範。」羅斯說。

巧合的是，吉洛維奇在史丹佛大學第一學期的第一門課不僅由這些教授授課，而且是一門完全關於這些教授的課程。這堂課名為「與教授見面」。羅斯想出一個好方法，把研究生介紹給他們某些令人望之生畏的新同事，而不是把雙方關在一個房間裡，強迫他們進行尷尬的閒聊。取而代之的是，他們會討論史丹佛大學心理學系的一位教授所寫的一篇經典論文，而文章作者就坐在身旁。這就像一個討論《傲慢與偏見》（*Pride and Prejudice*）的讀書俱樂部，並邀請珍‧奧斯汀（Jane Austen）主

持。

但在課程的第一堂課上,羅斯給研究生們帶來一個驚喜。他們那天要讀的文章作者不是史丹佛斯大學心理學系的終身教授。作者是兩位以色列人,他們對世界的看法很有趣。吉洛維奇從未聽說過他們,也從未讀過他們的論文,他一度感到失望。這兩位史丹佛大學的客座講師,並不是他所期待見到的人。

「為什麼我們不能親耳聽到知名人物的見解?」他心想。

不過在這兩位以色列人開口後不久,他的失望之情一掃而空。

「這真是太神奇了!」他心想,「這兩人是誰?」

那天主持課程的人是阿莫斯・特沃斯基(Amos Tversky)和丹尼爾・康納曼(Daniel Kahneman),他們很快成為認知心理學史上最著名的人。

1957年,丹尼爾・康納曼第一次看到阿莫斯・特沃斯基時,他忍不住注意到這個瘦弱又蒼白,頭上戴著一頂紅色貝雷帽的男人。特沃斯基正在參加耶路撒冷希伯來大學(Hebrew University of Jerusalem)最競爭就讀的研究領域所需的考試:心理學。商業財經作家麥可・路易士在《橡皮擦計畫》(*The Undoing Project: A Friendship That Changed Our Minds*)書中對康納曼和特沃斯基的友誼關係,進行了精湛的描述。該學科之所以如此競爭,是因為在二戰結束後的以色列,如果你是一位年輕、聰明的以色列人,你很有可能想了解人類思想的變幻莫

測。

　　阿莫斯・特沃斯基年輕，聰明，也是以色列人。他曾是部隊的傘兵，這解釋了他頭上的紅色貝雷帽，當他的部隊進行一場致命的訓練演習時，他被拔擢為排長。演習的目標是在鐵絲網上炸出一個洞，計畫是在柵欄附近放置一枚手榴彈，點燃引線，然後撤退。但計畫沒有按照預定的進行：特沃斯基的士兵未能撤退。他愣住了，如果他不是排長，這將是他在地球上的最後一秒。隨著時間流逝，他的上級命令他停下來，特沃斯基衝向他的士兵，將他從地雷中拖走，並在地雷爆炸前用自己的身體蓋住對方。他在短短幾秒鐘內挽救了這位士兵的性命。「當過兵的人都知道，這種行為是一種幾乎令人難以置信的判斷和勇敢。」康納曼在以色列軍方授予特沃斯基最高榮譽多年後說道。特沃斯基20歲時，已經是一位功勳卓著的英雄。

　　這不是特沃斯基所贏得的最後一個榮譽。在他獲得軍事嘉獎很久之後，他獲得的獎項之一是麥克阿瑟基金會獎學金，它通常被稱為「天才獎學金」。但這項天才的正式認定其實是多餘的：每個認識他的人，都已經知道他是一個天才。親友間樂此不疲的一個軼事是，甚至有一個智力測試是以他的名字命名的。該測試測量了你花了多長時間，才意識到特沃斯基比你聰明。如果你用特沃斯基測試來衡量智力，那麼史丹佛大學的人非常聰明。在這座集高智力人才最豐富的建築裡，他們意識到自己都在努力跟上這位客座教授的步伐。

　　康納曼是最早認識到特沃斯基才華的人之一。康納曼在巴

黎長大，納粹入侵時逃往法國南部，戰後移居以色列。他在耶路撒冷希伯來大學學習心理學，在以色列軍隊服役後，於1958年移居美國攻讀研究所。大約10年後——在加州大學柏克萊分校（University of California, Berkeley）取得博士學位，回到希伯來大學任教，在密西根大學（University of Michigan）度過學術休假（sabbatical）後，在哈佛大學繼續他的研究——康納曼回到以色列。

在1968年春天，他再次遇到那個十年前等待被希伯來大學心理學系錄取、戴著紅色貝雷帽的年輕傘兵。他們在美國大學相遇了。但是當康納曼前往哈佛大學時，特沃斯基則回到故鄉，成為希伯來大學的新任教師。當時康納曼正以人類的判斷品質為研究焦點，他邀請特沃斯基在一個關於判斷力的研討會上發表演說。康納曼認為特沃斯基非常聰明。他們下課後一道去吃午飯，然後開始了一場輕鬆的交談。這是往後持續數十年的一系列對話中的第一次。那天的午餐，開啟他們長達數十年的判斷和決策研究。

他們最初的合作成果之一，是他們在1969年美國心理學會的一次會議上發表的一項調查。康納曼和特沃斯基對他們訓練有素的科學家同事進行調查，發現了一些令他們驚訝的事情：他們對隨機性的直覺，使他們誤入歧途。不僅僅是普通人難以理解隨機性，那些工作上需要並專門培訓其他人理解隨機性的人也無法，包括康納曼和特沃斯基。

他們從問卷中得出的結論是經典的康納曼和特沃斯基風

格,甚至早在這種風格成為「經典的康納曼和特沃斯基」之前。現在讀著這些論文,就像聆聽某支樂團早期在德國漢堡的骯髒酒吧中的粗糙錄音,然後一點一滴地辨認出這支樂團就是後來的披頭四。即使在康納曼和特沃斯基合著的第一篇論文中,他們也不像典型的心理學家那樣寫作,他們蔑視傳統格式的引言、方法、結果和討論;取而代之的是,他們將其實證結果組織成一個更大的敘事,描述並分析他們所觀察到的現象。儘管他們大膽地表達主張,但他們從不顯得態度傲慢,他們不會這麼做。他們嘲笑所發現的每一個人性偏見和謬誤,因為他們自己也陷入同樣的偏見和謬誤。事實上,這是最有趣的事。

當他們在《心理學公報》(*Psychological Bulletin*)上發表第一篇論文時,他們拋擲硬幣來決定誰的名字會先列出,因為他們的貢獻被分成兩部分,而接受隨機性似乎是解決主要作者問題的唯一公平方法。他們的第一篇論文由特沃斯基和康納曼撰寫;下一篇論文是由康納曼和特沃斯基撰寫。他們交替使用雙方的名字順序,列名後來的每篇論文。

他們合作的突破是1974年在著名的《科學》(*Science*)期刊上發表的一篇論文(由特沃斯基和康納曼撰寫),該論文後來簡稱為「科學論文」(the *Science* paper)。他們花了一年時間,反覆修改數十次草稿。每個字都很重要。在效率極好的一天,他們寫下一句話。這是他們撰寫製作技術性學術論文的過程。「如果最初的想法是好的,你最終會得到一些無法進一步改進的東西,而阿莫斯幾乎總是這樣。」康納曼後來寫道。

「科學論文」中有很多好想法，這篇論文寫得如此仔細，以至於很難想像它如何能被進一步改進。他們的基本論點是，人類依靠某些規則做決策。這些規則通常是有用的，但並不是沒有例外。「有時它們會導致嚴重的系統性錯誤。」這兩位以色列科學家寫道。這篇論文描述了那些令人痛苦的人為錯誤——愚弄你我的認知偏見與錯覺。他們定義了人們應該如何做決定和實際如何做決定之間的區別。

他們探索的偏見之一，稱為「小數法則」（law of small numbers）。大數法則表明，大型數據集不太可能被異常值所扭曲。但小數法則說明了人們傾向從太少中推斷出太多——正如他們所說，我們傾向於「對基於小樣本的結論的有效性，有著極大的信心」。換句話說，認為小樣本的結果適用於大樣本，可能是錯誤的，因為扭曲小樣本的異常值在大樣本中消失了。但是很少有人能不被小數法則影響。康納曼和特沃斯基的研究表明，即使是一些專家在他們的專業領域，也容易出現這種偏見。他們從心理學界到以色列軍隊都發現小數法則存在，而且只要他們進一步選擇想探究的任何領域，就會毫無例外地發現其存在。

「想像一個科學家，他按照小數法則生活，」他們寫道，「這個科學家可能是氣象學家、藥理學家，也可能是心理學家。」

上述那一句話有些俏皮，但這也是有其目的。因為這強烈地提醒我們，康納曼和特沃斯基不是在研究氣象學家或藥理學

家。他們的研究工作非常令人耳目一新,因為他們正在研究自家心理學領域的同事。在某種程度上,他們是在研究自己。「他們選擇了一個具體的研究案例,來實現他們的想法。」羅斯回憶道。

湯姆・吉洛維奇在史丹佛大學心理學系就讀時,對康納曼和特沃斯基並不熟悉,但他在研究所就讀第一天的第一門課程中學到的第一件事,就是「科學論文」。他立刻被深深吸引了。吉洛維奇不停地想著這些人,他們告訴他,他一直在以錯誤的方式看待世界。

特沃斯基很快地成為史丹佛大學的教授,而吉洛維奇將選修他開設的判斷和決策課程。特沃斯基向吉洛維奇推薦一篇關於隨機性的論文,該論文闡述人們如何為無稽之談賦予意義,並在沒有秩序的地方發現秩序。吉洛維奇開始思考大腦可以透過其他方式以欺騙我們。

我們在月球表面看到幾個斑點,於是認為宇宙正在發送資訊;我們聽到同一位歌手的幾首歌,於是認為Spotify的播放清單很糟糕;我們著眼於成功的投資者,於是將運氣與技能混為一談。這種錯覺最著名的例子是德國人在二戰期間向英國投擲炸彈,於是倫敦人開始說服自己,德國人投擲炸彈的地方必有一些規律或原因。沒有,這完全是隨機的。

特沃斯基曾經說過,「人們在沒有模式的地方看到模式,並且創造理由來加以解釋。」

如果這篇關於人們在隨機性中看到模式的論文是正確的,

而且如果只是因為特沃斯基很確定這是正確的，那麼吉洛維奇懷疑他們會到處發現這個現象。吉洛維奇特別想到一個領域尋找這種現象：籃球界。

他不必向他的導師解釋為何他認為籃球界可以成為一方研究沃土的想法。阿莫斯・特沃斯基熱愛籃球，這是可讓他滔滔不絕的少數話題之一——與以色列政治、大爆炸和天體物理學並列——就像他自己的研究領域一樣。在數以百萬計投入到籃球運動的人當中，特沃斯基無疑是最聰明的。吉洛維奇緊隨其後，他也是一名非常出色的球員。有一年，史丹佛大學心理學系籃球隊（有些外援是吉洛維奇挑選的）一路打進史丹佛大學校內錦標賽決賽。他們輸給以史丹佛美式足球隊為班底所組成的籃球隊的一記壓哨球。史丹佛美式足球籃球隊的明星球員，正是未來成為職業美式足球聯盟四分衛的約翰・艾爾威（John Elway）。

吉洛維奇實在太過害羞，不敢宣告籃球中的隨機性值得特沃斯基花時間和精力探究。特沃斯基是一位無與倫比的思想巨人，他可以選擇任何主題，並且可能會因此揭示一些關於人類思想的有趣概念。康納曼曾經說過，「阿莫斯在選擇問題方面的品味簡直完美，他從不浪費太多時間在任何注定無關緊要的事情上。」

因此，當吉洛維奇在研究所第一天上課的幾個月後造訪特沃斯基的辦公室時，他只提到隨機性在籃球界中可能會被誤解。他認為人們糟糕的直覺會讓人看見不存在的現象。他的理

論是,籃球員和球迷可能會對「熱手效應」過於誇大。這一見解觸及「科學論文」的許多基本觀點,不需要太多說服,特沃斯基就會認定「熱手效應」應該是一種迷思。

按照特沃斯基的典型風格,他自己已經嘗試驗證過這個想法。他甚至嘗試藉由記錄波士頓塞爾提克隊的比賽來蒐集數據,並追蹤球員在看起來手感發燙的時候是如何投籃的。但是,他不斷遇到一個讓其他「熱手效應」研究人員感到困擾的問題:如果不對數千小時的籃球比賽進行編碼,就無法對「熱手效應」進行嚴謹分析。特沃斯基後來不太把心力放在分析籃球界。但吉洛維奇得知有一位統計學家長年記錄費城七六人隊的數據,他希望這位專業阿宅能夠擁有他們需要的數據,來妥善地研究「熱手效應」。不過吉洛維奇並沒有建議繼續進行這項研究,實際上他只是在編造一個藉口能夠待在特沃斯基身旁。如果那天特沃斯基把他請走,吉洛維奇就會忘記「熱手效應」了。特沃斯基本可以告訴吉洛維奇自己犯了錯,當然「熱手效應」是真的,而吉洛維奇會相信他。

「我沒有足夠信心說我是對的,阿莫斯是錯的。」他說。

然而特沃斯基並不認為吉洛維奇錯了。他觀看籃球比賽的經歷,使他在感情上支持這個研究生的想法。但他的假設略有不同,特沃斯基並不認為「熱手效應」是誇張的。他認為這個效應本身並不存在,但也認同這種可能性有研究的價值。

「它顯著地呈現阿莫斯獨特的工作方式。」羅斯說,「他會開始思考『人們對隨機性有著錯誤觀念,並認為自己在平均機

會分布的場合中見證到非隨機性』的現象。」

「這不是一個清楚且令人難忘的聲明，」他繼續說道，「至少無法與『籃球迷們隨處都看到熱手效應，但統計分析並不能證明這點。』」相比。

這就是特沃斯基喜歡吉洛維奇的建議的原因，即看看籃球界中的「熱手效應」。這是將一個想法付諸實際行動的過程。因為籃球界盛傳的「熱手效應」，並不是真的存在於籃球運動之中。這是關於行為的。這就是為什麼吉洛維奇很快就收到一條改變他職業生涯的簡訊：「阿莫斯想見你。」

3

一位認知心理學家研究了「熱手效應」，並思考：「我們為什麼會犯蠢？」一位演化心理學家研究了「熱手效應」，並認為：「如果我們實際上並不愚蠢呢？」

「我不想把北美籃球視為熱手謬誤（hot-hand bias）的起源，」安德列亞斯·威爾克（Andreas Wilke）說，「我個人對這樣的說法不滿意。這不僅僅是因為我是一名演化心理學家，也因為我是一個德國人，比起籃球，我更關注足球。」

身為位於紐約州北部的克拉克森大學（Clarkson University）的教授，威爾克對「熱手效應」是否為真並不感興趣，他更感興趣的是為什麼人類始終無法擺脫這種偏見。「難道這可能不

是一種偏見，而是演化所遺留下來的產物嗎？」他說。

威爾克認為這不是人類大腦的缺陷，而是一種天性。這是我們識別模式和處理資訊的動物本能，以幫助我們生存。這是一種達爾文主義式的天性，在2,500萬年的演化過程裡變得根深柢固。

事實證明，演化有利那些追尋「熱手效應」的人。

理解「熱手效應」如何成為一種認知適應而不是認知錯誤，有助理解識別模式的最初目的。作為一名演化心理學家，威爾克習慣向歷史尋找有關形成現代行為的線索。當他思考「熱手效應」的出現及人類為什麼相信時，他猜想我們的祖先依靠「熱手效應」來找尋食物。他們日常生活中需要的資源通常不是隨機分配，也不是按比例分配，而是集中的。集中成群是自然界常態。成堆的食物，一方水源，一片避難之地，一大群的人，一連串的消息。成群之上還有一群。對於發現它們的早期人類來說，將能帶來存活的獎勵。

從那時起，世界發生變化，不再那麼集中了。但我們人類卻沒有隨之改變。即使我們的環境實際上變得多元，我們仍在尋求模式。

至少這是他的理論。對於威爾克來說，這是一個很難加以測試的問題。對他來說，要把時間倒流數百萬年，回到原始社會做研究是很困難的。威爾克既沒有錢也沒有技術專長，來建造一台時間機器。

但他其實不必這麼做。威爾克與人類學家克拉克‧巴瑞特

（H. Clark Barrett）合作。巴瑞特習慣在遠離實驗室的地方進行實地研究，研究對象並不是需要得到心理學學分的大學新生。這項特別的研究，研究了我在科學研究中所知道的差異最大的兩群人：生活在亞馬遜森林裡的原住民舒阿爾族（Shuar）和加州大學洛杉磯分校的學生。這些在自然環境中的覓食者是威爾克最接近探究他的祖先的人，這是解決演化心理學家固有問題的巧妙方案。

巴瑞特乘坐公共汽車前往厄瓜多，然後再換乘公車，再換乘卡車，沿著一條泥土路到他的測試對象所在地。他忍受長時間的蚊蟲叮咬，向他們展示一種在這個偏遠村莊居住的當地人尚未見識過的科技：他的筆記型電腦。螢幕上是一系列測試，這些測試將衡量他們對「熱手效應」的信念有多強。舒阿爾族人和加州大學洛杉磯分校的學生玩的是同一種電腦遊戲。這項任務對一個群體來說是令人興奮的，但對另一個群體來說卻是稀鬆平常。巴瑞特向他們展示了一連串共100次由命中與沒中組成的序列。他們必須猜測下一個結果是成功還是失敗，並且每正確預測一次就會獲得現金獎勵（加州大學洛杉磯分校的學生獲得的獎金兌換率比舒阿爾族人更高）。

遊戲的設計讓命中或沒中的機率都是50%，原住民和學生基本上是在拋硬幣時猜正面或反面。其中一次實驗遊戲中的物體也真的是一枚硬幣，他們要在硬幣翻轉前就下賭注。然而在另一個實驗中，硬幣變成一棵樹，賭注是下一棵樹是結實累累的還是一顆果實都沒有。

威爾克和巴瑞特注意到加州大學洛杉磯分校的學生和舒阿爾族在計算拋硬幣結果時，存在差異。加州大學洛杉磯分校的學生意識到拋硬幣是隨機的，並做出了相應行為，但舒阿爾族人卻會試圖猜測連續出現正面或反面。拋擲硬幣的結果就像他們心目中認知的果樹和其他自然資源一樣，都是成群的。

然而，當研究人員查看果樹結果實驗時，發現兩組之間的行為表現沒有差異。加州大學洛杉磯分校學生的行為方式與舒阿爾族人相同。對這些生活在城市的大學生來說，自然資源是非常不自然的一件事。當前一棵樹上有果實時，他們更有可能押注下一棵樹也有果實；當前一棵樹沒有果實時，他們更有可能押注未結果。前一棵樹有果實，下一棵樹也會有；前一棵樹沒果實，下一棵樹也不會有。舒阿爾族人和加州大學洛杉磯分校的學生的共同點──也許是他們唯一的共同點──是他們對「熱手效應」的共同信念。

威爾克和巴瑞特寫道，「熱手效應」不僅僅是「系統故障」（glitch in the system），或是「西方工業文化的副產品」。它之所以存在，是因為其存在對演化帶來實質好處。「熱手效應，」他們總結道，「是人類思維的一個普遍特徵。」

但是非人類呢？

這是羅切斯特大學（University of Rochester）教授班·海登（Ben Hayden），開車去見威爾克時想到的問題。海登長期以來一直對「熱手」的概念很感興趣，這不僅僅是因為他是一名認知神經科學家。在就讀研究所的最後一年，海登幾乎每天都會

打籃球。「我身材高大，跑位速度慢，」他說，「但當我很常去打球時，我其實是一個相當不錯的外線射手。」在那一年的某些日子裡，他的表現比相當不錯還要好很多，或者換句話說，他是一個不太靈活的史蒂芬・柯瑞。海登注意到，當進入心流狀態時，這種感覺往往會延伸到他日常生活的其他部分。如果他在實驗室度過美好的一天，那麼他在籃球場上的表現也會不錯。他曾經和一位堅信「熱手效應」的人一起打壁球。海登告訴他，他真的是瘋了。為了證明所言不假，他的壁球搭檔開始追蹤他們的比賽結果。「數據是正確的，」海登說，「數據佐證了他的說詞。」

像任何優秀的科學家一樣，海登忠於數據，數據是他成為一名科學家的原因。他是一名化學系畢業生，正在研究所攻讀他所謂的「分子相關科目」，當時他終於在大四的第二學期選修一門人文課程，以達成畢業門檻要求。這門課的名稱是心靈哲學（Philosophy of the Mind）。他覺得這門課既有趣，也很令人惱火。令他感到沮喪的是，在關於自由意志的討論中，完全缺乏客觀證據。「如果能在電極大腦插入電極，就可以很容易地回答這些問題，」他回憶道，「只要取得一些數據，就能解決人類自希臘時代以來一直在進行的愚蠢哲學辯論。」雖然他後來獲得分子與細胞生物學博士學位，但海登被他上過的這門哲學課所啟發，以至於他後來專注在決策心理學研究，特別是專注在動物和認知。他的學術關注焦點是猴子和人類如何應對不確定性。當威爾克邀請海登到校園演講時，這就是威爾克希望

他分享的研究主題，之後他們一起吃午飯，席間聊到一個涵蓋他們所有研究領域的話題：熱手效應。

「我們應該用猴子來測試一下！」海登說。

像海登和威爾克這樣的科學家喜歡以猴子為研究對象的原因是，這有助他們了解這些偏見在人類的演化歷史中存續了多久。「這是與生俱來的嗎？」海登說，「或者在人類歷史的某一刻發生的？」

為了回答這個問題，海登從羅切斯特大學的實驗猴群中挑選3隻幼年恆河猴。他已經知道人類傾向在隨機性中找尋模式，他想知道人類的共同祖先是否也是如此。他真的很想知道，讓人們變得愚蠢的傾向，是否曾經是一種睿智。

但首先，他必須讓他的猴子感到開心。而會讓牠們感到開心的，也是同樣在人類大腦運作的快樂中心。「讓牠們開心很重要，因為牠們將會提供更多和更好的數據，」他說，「但不只是提供牠們食物，而是要讓牠們進行覓食。你得經常去五金行買一些材料建造解謎裝置，讓牠們進行覓食。」

恆河猴們坐在海登實驗室測試間中符合人體工學設計的椅子上，該測試間被漆成黑色、電絕緣、完全靜音，以阻絕任何干擾。實驗開始。猴子們盯著電腦螢幕。有兩張並排的自然景觀照片。猴子被指示透過將眼睛向左或向右移動，來選擇其中一張照片。如果猴子選擇了正確的目標，也就是海登和其他人類希望猴子選擇的照片，猴子將獲得水和櫻桃汁當作獎勵。

猴子做了上千次選擇，而人類則從另一個房間觀察。這就

像在停車場裡看著交通擁堵狀況一樣枯燥。「前5分鐘真的很刺激，」海登說，「但歷時3個小時真的會感到無聊。」不過實驗的每一天都會得到一些不同的結果，這就是為什麼這項針對猴子的研究與人類息息相關。讓猴子獲得更多果汁的照片會不斷換邊。有些日子的變換率是10%，有些日子的變換率是90%，但每天的變換率都是固定的。這應該足夠給每隻猴子時間來適應並做出決定，以獲得最多果汁。

猴子的目標是盡可能獲得最多果汁，而人類的目標則是觀察牠們是否先選擇集中的資源而不是分散的資源。

當照片在50%以上的時間維持在同一邊時，猴子的最佳策略是一直盯著那一側。猴子很容易將牠們的大腦著重在這種策略上。牠們在做的事就是尋覓集中型資源。當電腦螢幕上的照片維持在同一側時，3隻猴子分別有90%、87%和84%的時間啜飲果汁。當遊戲鼓勵牠們擁抱「熱手」時，牠們沒有遇到任何麻煩。

但是，當「熱手效應」並非最好選擇時，牠們的表現顯得相當差勁。這時，海登的猴子們都口渴不已。原本有90%機率喝到果汁的猴子，表現下降至71%；原本有84%機率喝到果汁的猴子，表現下降至70%；而那隻原本有87%機率喝到果汁的猴子表現最差，暴跌至33%。

即使眼前是豐盛又美味的獎勵，猴子們也無法讓自己選擇分散的資源。觀察猴子表現的研究人員不禁心想，自己與猴子其實沒有太大區別，我們都對「熱手效應」堅信不移。「牠們也

都和人一樣擁有那種奇異的思維偏誤。」海登說。

4

1982年的某一天,湯姆‧吉洛維奇和他的研究助理走進一家體育館,拜訪一群高大又汗流浹背的實驗對象:費城七六人隊。

職業籃球員在練習後的某一天被帶去跟心理學家見面,進行由哈維‧波拉克(Harvey Pollack)所設計的實驗。就像來自史丹佛大學的這些訪客一樣,波拉克也非常喜歡籃球運動,並對「熱手效應」很感興趣,但他並不是學者,他是費城七六人隊的統計學家。波拉克比大多數人對統計學投注更多熱愛,當時他甚至被起了一個「超級統計」(SuperStat)的綽號。他正是吉洛維奇要找的人,波拉克掌握吉洛維奇和他的助手所需要的資訊。事實上,他是唯一一個擁有這些資訊的人,因為他是NBA中唯一一個願意遵照實驗要求而追蹤投籃結果的人。吉洛維奇突然打電話給他,問他是否可以幫忙研究一下「熱手效應」。波拉克很高興地把他的手寫紀錄影本寄給這些負責進一步研究的史丹佛大學研究人員。阿莫斯‧特沃斯基、湯姆‧吉洛維奇和羅伯特‧瓦隆(Robert Vallone),突然擁有了費城七六人隊在1981年賽季主場比賽中的投籃紀錄。

讓NBA球員成為實驗對象而不是老鼠的好處在於,當被問

到問題時,他們可以回答。吉洛維奇和研究助理向朱利葉斯‧厄文(Julius Erving)和達里爾‧道金斯(Darryl Dawkins)等明星球員提出很多問題。但大多數情況下,他們想知道球員是否相信「熱手效應」。

他們有沒有連續投進幾球後,就覺得自己下一球也不會失手?費城七六人隊的球員們都回答「是的。」他們是否認為在連續進球後,投進下一球的機率大增?「是的。」他們在連續進球後,投籃的次數會變更多嗎?「是的。」他們是否認為將球傳給出現熱手效應的球員,是正確的進攻策略?費城七六人隊的球員們堅定地給予正面回應。

這正是吉洛維奇期待他們說的話。事實上,他已經用同樣問題調查100位籃球迷。他們提供了與費城七六人隊的球員們相同的答案,他們絕對相信「熱手效應」的存在。但事情還沒結束。之後,吉洛維奇向這些球迷們展示了一個不存在的球員,他的投籃命中率為50%。他要求他們預估,在投籃命中和投籃不中之後,這名球員的投籃命中率是多少?這項調查的參與者是來自史丹佛大學和康乃爾大學的聰明籃球迷,但他們的回答卻與機率理論背道而馳。他們預估,一個原本50%命中率的射手,在投進一球後就會變成命中率61%的射手;但在投籃不進後,就會變成42%的射手。這完全沒有任何數學根據。他們對「熱手效應」的信念是如此強烈,以至於似乎影響了他們的思考。

如果證據證明與他們的直覺相反,他們抱持的信念就具備

認知偏誤的所有典型跡象。事實證明，吉洛維奇、瓦隆和特沃斯基早已擁有這樣的證據。他們查看波拉克給他們的費城七六人隊投籃數據，並計算每個球員在投籃命中和投籃不中後的即時投籃命中率。如果真有「熱手效應」，投籃命中的機率會更高。但事實並非如此。他們所分析的球員，比起進球，在投籃不進後更有可能嘗試下一次投籃。當他們認為自己狀態極好時，通常並非如此。當費城七六人隊球員連續投進三球時——如提姆・基茨羅的合成背景聲所說：「他們火力全開！」——他們的投籃表現，比連續投丟幾次投籃時還要糟。

吉洛維奇、瓦隆和特沃斯基，未能在費城七六人隊中發現任何連續投籃命中的跡象。但不僅僅是費城七六人隊，他們還獲得波士頓塞爾提克隊的罰球命中率，其中也沒有一絲證明「熱手效應」的跡象。為了消除剩下的一點疑問，研究人員安排在一個更可控的環境中進行實驗，他們將一個籃球場改造成他們的實驗室。有一天，他們邀請康乃爾大學男籃隊和女籃隊的26名球員到體育館，並確認了在無人防守的情況下，他們約有5成進球命中率的投籃位置——他們的進球命中率，就像是拋擲硬幣的機率。每個球員都嘗試從各自的位置投籃100次，並在每次投籃之前預測是否會進球。

由於他們將因準確的預測而獲得報酬，因此他們有明確動機去做正確的預測。受試者被要求在自己身上下注——他們的投籃能力和他們的直覺一樣。在每次投籃之前，他們必須下注：一次成功得到5美分，未命中得到4美分；或一次成功得到2

美分,未命中得到1美分。當他們感覺自己的狀態越好,他們的賭注就會越大。但他們並不是這個實驗中唯一的賭徒,吉洛維奇還從他們的防守好手那裡蒐集賭注。他想測試旁觀者是否更擅長預測投籃結果。

實驗結果,就像是將火燙雙手浸入一桶冰水中。如同預料的,射手們在猜測他們哪些投籃會命中及哪些投籃會投丟方面的預測,一如既往地表現很糟,即使他們覺得自己毫無疑問有一雙熱手。他們的防守好手的表現也好不到哪去。射手和防守好手也更有可能僅因為前一次投籃命中,而增加對下一球也會投進的賭注。他們偏向於相信「熱手效應」,他們讓這些偏見影響他們的賭注。

吉洛維奇、瓦隆和特沃斯基,現在已經看過費城七六人隊、波士頓塞爾提克隊和康乃爾大學籃球隊的數千次投籃。他們沒有看到任何跡象表明籃球員相信「熱手效應」是正確的。然而,為了理解他們為什麼相信,研究人員不得不進行最後一次實驗。他們回頭去找他們調查的100名學生身上,向他們展示一連串看起來像是一對青少年情侶簡訊內容的連續投籃序列:

XOXOXOOOXXOXOXOOXXXOX

學生們查看了6個連續投籃序列,這些序列與展示給舒阿爾族的序列沒有太大區別。總共有21個X和O,其中有11個X和10個O──但交替率各不相同。有些序列的排列更像是其

XXXOOO而不是XOXOXO。學生們被要求研究這些X和O，並猜測研究的序列所代表的是隨機投籃命中（chance shooting）還是連續投籃命中（streak shooting）。隨機投籃命中就是指進或不進的機率完全是隨機的，而連續投籃命中是指我們可以用技術控制是否進球。

下圖展示了他們如何回應：

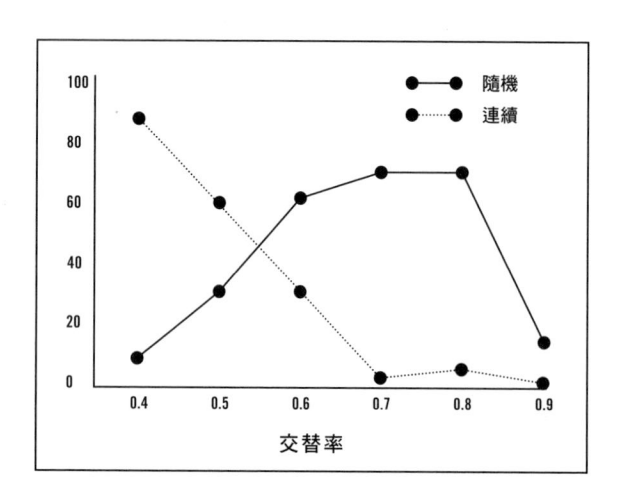

在圖表左側部分，交替率較低的序列（如XXXOOO）被學生視為連續投籃命中，這樣的序列被認為是技術的展現。圖表右側部分的序列具有較高交替率，學生們認為這些序列（如XOXOXO）代表了隨機投籃命中。不出所料，他們將出現連續幾次進球的序列歸因於技術。

吉洛維奇、瓦隆和特沃斯基將注意力集中在0.5上方的兩個

點上。那時的交替率是完全隨機的50%，X變成O的機率就像拋擲硬幣。這是最純粹的隨機投籃命中表現，但大多數學生卻不這麼認為：62%的人將隨機投籃命中解釋為連續投籃命中。他們眼看著完美的隨機性，卻自認目睹了「熱手效應」。

為什麼會這樣？這背後的解釋可以追溯到湯姆・吉洛維奇所參加的「與教授見面」課程中的「科學論文」，以及阿莫斯・特沃斯基在他的判斷和決策研討會上提出的隨機性研究。人們會預設從長遠來看是隨機的序列，在短期內也會是隨機的，但事實卻並非如此。也許最令人感到意外的事實是，專家比任何人都更容易受到偏見的影響。在這個特殊實驗裡的專家是那些籃球員。他們一直記得他們狀態最好的時候，他們拒絕接受烙印在他們記憶中的片段只是一種隨機事件。也許正如特沃斯基經常掛在嘴邊的一句話：「很多時候，在與人有關的事件中，尋求解釋往往是對隨機性的否定。」

吉洛維奇、瓦隆和特沃斯基已經有了一種明確的想法，他們認為人類的直覺可能是錯誤的，人們系統性地誤解了隨機性，而這種偏見將導致我們走向各種奇怪的方向。現在他們有證據了，這意味著是時候公諸於世了。

幾年後，他們發表的學術論文引起轟動。隨之而來的騷動，幾乎完全是因為他們論文的結論：什麼都沒有。但這才是正確的，什麼都沒有。他們的研究有三個主要發現。首先，籃球界中並沒有什麼「熱手效應」這樣的東西；其次，人類基本上高估了連續性的存在，並且對於「手感發燙」的概念抱持一種誇

大的認知;第三,人們有一種不好的習慣,即傾向在隨機性中尋找模式。「目前我們得到的數據,顯示出一種強大且廣泛存在的認知錯覺,」吉洛維奇、瓦隆和特沃斯基如此宣稱,並做出結論,「因此,對『熱手效應』的信念不僅是錯誤的,而且可能代價高昂。」

他們的論文結論實在令人難以置信,以至於大多數人乾脆選擇置之不理。他們的研究發現,幾乎對每一個行業都帶來深刻的影響。它開啟了窺探人類心智的一扇窗。它是反主流觀點、易於理解且簡潔明瞭的。它是用連籃球教練都能理解的語言所寫成的。基本上,它具備了我們對一篇論文的所有期望。然而,很快地這篇論文被《科學》雜誌拒絕刊登。

吉洛維奇、瓦隆和特維爾斯基以他們的研究闖入了理性思維的堡壘,這項研究結論幾乎顯得過於反直覺。既然《科學》雜誌的審稿人對他們的論文做出這樣的回應,那麼我們便可以想像,當這項研究發表在《認知心理學》(Cognitive Psychology)期刊上時,籃球教練們的反彈會有多大。

不過我們可以省去猜測的工夫。一位幸運的記者有幸與波士頓塞爾提克隊的傳奇教頭「紅頭」奧拜克(Red Auerbach)分享這三人的研究結果。奧拜克並沒有被特沃斯基嚴謹的學術論述和他聲稱「熱手效應」只是一種想像的主張所動搖,「這個人是誰?」奧拜克冷笑道,「對於他的研究,我一點興趣都沒有。」我想像著奧拜克在辦公桌上熄滅他的雪茄,然後氣沖沖地走出辦公室。

籃球界的反彈頗為激烈，但這卻讓特沃斯基感到無比欣喜。那些有動機去糾正錯誤的專家們卻拒絕這麼做。事實上，他們甚至聲稱這根本就不是一個錯誤。在特沃斯基的判斷和決策研討會上，在吉洛維奇當研究生時也參加過的課程上，特沃斯基將他關於籃球「熱手效應」的開創性研究留到了課程最後。他喜歡在上最後一堂課時，以一場關於「熱手效應」的演講來做結──包括引述紅頭奧拜克的發言。特沃斯基喜歡講述奧拜克是如何不願相信這些數據，卻在不知不覺中證明他們論文中所提出的觀點。人們認為「熱手效應」是真實的程度，並沒有讓「熱手效應」變得更加真實。「有很多很好的理由可以解釋為什麼『熱手效應』會存在，」特沃斯基常說，「但唯一的問題是，它並不存在。」

1996年春天，關於「熱手效應」的研究，成為特沃斯基在該學期最後一次授課的內容。在學期結束後，他因癌症去世，享年59歲。

就在幾個月前，負責頒發諾貝爾經濟學獎的瑞典委員會祕密修改規定，這些規定對於該委員會來說至關重要。該委員會改變了經濟學獎的定義。任何在更廣泛的社會科學領域──社會學、政治學，尤其是心理學──有所貢獻的人，如今都有資格獲得這座諾貝爾獎。

當他們能夠頒發獎項給特沃斯基時，已經為時已晚。諾貝爾獎並不會追授。第一位獲得諾貝爾經濟學獎的非經濟學家是丹尼爾・康納曼。毫無疑問地，康納曼會希望與他的學術夥伴

分享這項榮耀,以至於當特沃斯基在諾貝爾經濟學獎頒給康納曼的引文中被提及時,這是諾貝爾獎有史以來第一次,也是唯一一次在引文中提到非獲獎者的情況。康納曼為特沃斯基所寫的悼詞,被附在諾貝爾獎得主的官方自傳中。從來沒有人如此有資格獲頒一座諾貝爾獎,卻實際上沒有真正獲獎。

但無論如何,特沃斯基從來都不在乎獎項。他在乎的是思想。他留下令人驚嘆的著作,眾多仰慕者將使他的思想得以延續。

阿莫斯・特沃斯基深受愛戴。他擁有一種令人羨慕的特質,那就是身邊總是圍繞著崇敬他並推崇他的朋友,即使這些朋友對他感到畏懼。那些最了解他的人都知道,幾乎不可能在論辯中贏過他。不僅僅是湯姆・吉洛維奇沒有信心,幾乎所有與特沃斯基互動過的,認為自己是對的而他錯了的人,都有這種感覺。他們覺得如果告訴特沃斯基他錯了,就像是在教導史蒂芬・柯瑞怎麼投籃一樣。

但是在他有生之年,有個話題連他自己都無法讓這些人改變主意。他曾經告訴一位朋友,自己從未遇過比這更強烈的反彈聲浪——那是當他寫下那個難以捉摸、極具爭議又邪門地引人入勝的概念時,也就是「熱手效應」。

「我參與過無數次辯論,」特沃斯基說,「每一次論辯的結果都是我贏,但我卻從來沒能成功說服任何一個人。」

CHAPTER
04

孤注一擲
BET THE FARM

原則勝於模式

熱手效應

1

詹姆斯・奈史密斯（James Naismith）在加拿大一個偏遠農村的農場長大，他每天得在樹林裡走5英里才能抵達學校。他後來放棄上學，選擇成為一位伐木工人。年輕的奈史密斯砍樹、劈木頭，直到他做了幾年，覺得終於該認真學習的時候。當他再次開始每天在樹林裡走5英里時，他發現他其實很喜歡學校，於是他順利上了大學。奈史密斯在學校花了很多時間讀書，以至於有一天有個學長來到他的宿舍房間，對他說：「你花太多時間讀書了。」

不久之後，奈史密斯碰巧路過足球訓練場。他沒想到自己會參加比賽，當然也沒想到自己的生活會偏離他原先的規畫。身為一個虔誠的基督徒，他本來計畫在神學院學習完畢後，成為一名牧師。但是，當一名足球員摔斷鼻子時，奈史密斯突然發現自己在球場上取代他的位置。他對自己喜歡踏在球場的心情感到矛盾。他認為自己不應該浪費時間在運動上，尤其是足球，因為對一個虔誠的信徒來說，足球是魔鬼的誘惑。他的朋友們擔心如果他接納了這種撒旦安排的活動，他們有天得聚集在一起為他的靈魂祈禱。但其實奈史密斯不必在運動和學習之間做出選擇，他可以兩者兼而有之。「我認為除了講道之外，可能還有其他有效的行善方法。」他後來寫道。他勇敢地與一個懶得為他的靈魂祈禱的人分享這個想法，並且奈史密斯得知在麻薩諸塞州春田市的一所學校，正以這樣的概念教育年輕

人。「我下定決心,」他說,「我將不會成為一個牧師,我會去嘗試做其他工作。」

他在新工作中遇到的第一個人,是一位受人愛戴的校長,名叫路德‧古利克(Luther Gulick)。古利克是位有著一頭顯眼紅頭髮和一雙藍眼睛的男士,負責春田市國際基督教青年會培訓學校(Springfield International YMCA Training School)的體育教學工作。他當時面臨一個難題。基督教青年會在秋季規畫足球課程,在春季規畫棒球課程,但卻沒有任何運動項目可供學生在冬天學習。這便是古利克當時所遇到的困境,他需要一種能在室內進行的競技比賽。

他的挫敗感在1891年秋天的一次會議上達到頂點。古利克曾針對體育運動的本質進行一次廣泛調查,而他告訴奈史密斯和其他教職員工,這項調查結果相當令人沮喪。因為他能得出的唯一結論就是,每種競技運動都在某種程度上借鑒了另一種競技運動,也就是說所有新的競技運動項目都是舊項目的簡化改編版。這個看似顯而易見的結論,對奈史密斯來說卻是一個深刻的洞察。他思索著,原來他可以透過簡單地融合已經存在的運動項目元素,來發明一種新的運動。古利克授權讓他放手去做,但奈史密斯卻遲遲沒有採取任何行動。但無論他如何拖延,無論他找多少藉口,無論他聲稱自己有多忙,他的上司始終拒絕讓步。冬天即將到來,學生們越來越焦躁不安。古利克把奈史密斯拉到一邊,對他說:「現在就是你著手開發新運動項目的好時機。」

當他終於開始進行開發時，進展卻並不順利。事實上，進展可說慘不忍睹。奈史密斯回憶道：「我多麼討厭跟我的同事們承認，在試過所有的方法後，我也失敗了。這比輸掉一場比賽的感覺還要更糟。」不過在這個絕望時刻，他才真正地意識到自己在構思這項新運動時有哪些思考盲點。奈史密斯一直把精神放在對美式足球、足球和袋棍球進行微幅調整上。但真的只是微調而已。這就像是特地把一顆漢堡拿掉麵包，並將肉排稱為菲力牛排。

一天晚上，他坐在辦公桌前，試圖找出自己思考中的缺陷。他過於關注個別運動項目的具體細節，但運動競技普遍來說有哪些共通點呢？他想得越深，就越意識到自己喜愛的運動項目其實有很多共通點。都有一顆球，都有一個目標，而參賽者的任務就是將球帶往那個目標。就在那時，奈史密斯想到一個好主意。

他理想中的運動實際上聽起來像是橄欖球，但橄欖球不能在室內進行，因為橄欖球員可以擒抱對手，而允許擒抱是因為球員可以帶球跑動。奈史密斯在椅子上挪了挪身子。如果球員不能帶球跑動，就不需要擒抱了；而如果不需要擒抱，那麼像橄欖球這樣的運動不就可以在室內進行了。他打了個響指，高喊：「我想到了！」當時他身旁沒有任何人可以擁抱。

在他的靈光一閃之後，整個運動項目的概念如泉水般湧現。那天晚上入睡時，他在腦海中模擬了第一場比賽。第二天早上，他興沖沖地走向辦公室，他手上抱著一顆球，並問基督

教青年會的負責人是否有任何舊箱子在大樓裡。「儲藏室裡有兩個舊桃子籃,如果對你有幫助的話。」對方說。

那些桃子籃正合他意。奈史密斯找來一把錘子,將這些桃子籃釘在體育館牆上。當時快到上課時間了,他拿起筆記本,草擬這款運動項目的13條規則,並交給速記員打字。就在學生們到達體育館前,奈史密斯把這些規則掛在館裡。

奈史密斯發明的新運動只剩下給出一個合適的名稱。他所帶領的班級已經玩了這項運動好幾個星期了,這時一個學生向他提出兩個建議。第一個建議是將這個運動命名為「奈史密斯球」,奈史密斯對他顯露一抹微笑,這個建議顯然行不通。但在聽到學生的第二個想法後,奈史密斯開懷大笑,第二個想法是個好主意。

「為什麼不命名為籃球(basketball)呢?」

2

大衛・布斯(David Booth)在堪薩斯州勞倫斯的奈史密斯大道(Naismith Drive)長大。他對籃球這項運動的熱愛,就像是與生俱來的一種權利。

他童年的家離堪薩斯大學(University of Kansas)的體育館只有半英里,他經常在放學後走過去觀看籃球訓練。但是,儘管布斯熱愛籃球,但籃球卻沒有對他投以回報。他和附近的男

孩一樣喜歡打球，但他注定不會進到NBA。相反地，他投身經濟學研究，他被經濟學之美所吸引，就像他被他最喜歡的運動之複雜性所吸引一樣。他在堪薩斯大學多待一年以獲得碩士學位，那時他已經在堪薩斯州待了一段不算短的時間，他知道是時候離開堪薩斯州了。他也知道，自己想去向何方。

在讀研究所的時候，布斯上過一門金融課，讀了一篇名為〈股票市場價格的行為〉（The Behavior of Stock-Market Prices）的論文。「多年來，以下問題在學術界和商界一直是持續爭論的根源。」這是該論文的第一句，他被這個句子吸引，忍不住一直往下讀。「在多大程度上，可以利用普通股的過往股價歷史，對未來價格做出有意義的預測？」這篇論文，就這樣開始論述長達71頁的經濟理論。布斯實在對這篇文章愛不釋手，這幾乎可說是他讀過的最引人入勝的文章。市場是有效的，價格反映了某一資產的所有已知訊息，這個想法對布斯來說，比其他他曾聽過的關於市場運作方式的解釋都更有道理，即投資者可以利用資訊落差，穩當地低買高賣。布斯告訴他的金融學教授，他有多麼欣賞這篇論文，他得知該文是由一位在芝加哥大學（University of Chicago）任教，名叫尤金・法瑪（Eugene Fama）的年輕學者所寫。1960年代的芝加哥大學經濟學系，就像是1970年代的史丹佛大學心理學系。「芝加哥，是一個什麼事都可能發生的地方。」他的教授說。布斯將他所有東西都塞進他的敞篷車裡，從奈史密斯大道開9個小時的車到芝加哥。

對於一位經濟學家來說，在地球上最多經濟知識分子聚集

的地方成為其中一員，是一個令人振奮的時刻。作為芝加哥大學的博士生，布斯見證了現代金融的曙光。除了他在課堂上學到的一切之外，他還發現自己並不是唯一一個認為法瑪擁有真知灼見的人。法瑪是西西里移民的孫子，出身自波士頓郊區的一個卡車司機家庭，他上的是一所天主教高中，和湯姆·吉洛維奇一樣，是家族中第一個上大學的人。法瑪主修羅曼語（Romance languages），本來打算未來在高中任教和擔任運動教練。直到他無法忍受再多讀一頁伏爾泰時，他才開始去上經濟學課。沒過多久，他就放棄了當高中體育老師的夢想，並成功獲得芝加哥大學獎學金。當他打電話給學校的院長時，對方手邊卻沒有他的申請紀錄，但當他們掛斷電話時，院長已經為他預留下一屆研究生的名額。不久之後，法瑪開始他的博士論文撰寫工作，而這篇論文最終將大衛·布斯召喚至此。

在法瑪早期的教學歲月裡，布斯是眾多擠滿課堂的熱情學生之一。當時，法瑪的年紀並不比他的學生大多少，但他的體能遠勝於他們。他騎自行車、打高爾夫、玩風帆衝浪；他早上5點就起床，開始看瓦格納的歌劇。他甚至還加入了布斯也參加的籃球校隊。「我們的戰績還真的是很差。」法瑪說。不過，他的言行舉止依舊充滿威嚴，以至於學生們根本無法想像，他們和這個地位如半神般的教授之年紀相差沒幾歲。「我以為法瑪已經是個老頭，」布斯回憶道，「但他當時才30歲。」布斯選擇偶像的品味無疑是高明的。許多年後，當法瑪真的成了一個老頭時，他獲得諾貝爾經濟學獎，成為該領域的傳奇人物。

在他的課堂中，法瑪引入一整套全新詞彙和術語進入經濟學的詞典之中。其中之一便是稱為「市場效率」（market efficiency）的有趣概念。這個概念認為，市場價格已經反映所有與股票相關的資訊。試著假裝這不是真實情況，只是浪費時間——沒有任何單一投資者的聰明才智，勝過眾多投資者所在的市場。這是一個相當令人著迷的想法，以至於法瑪的學生們迫不及待地閱讀他在每堂課分發的影印講義。當時，法瑪正在寫那本日後幫他贏得諾貝爾獎的書，而他的學生們拿到的便是初稿。這一切是如此激勵人心，以至於充滿激情的法瑪會在芝加哥的寒冷冬季打開教室窗戶，因為汗水已讓他的襯衫濕透。布斯對他十分崇拜。

「我在電視上見過最有好勝心的人是麥可‧喬丹，」布斯說道，「但我身邊最有好勝心的人是尤金‧法瑪。」

當我問他為什麼時，他戴著眼鏡看了我一眼。接著，他盯著我，彷彿我有九雙眼睛一樣。

「市場效率這個概念，想必是最不受華爾街歡迎的想法之一。」

法瑪面對一代代的大衛‧布斯們，設法讓他們相信每個經紀人背後的投資哲學或多或少都是一派胡言。那些聲稱能夠持續擊敗市場的人根本是在吹牛，沒有理由把錢交給他們。對於像法瑪這樣的學者來說，挑戰價值數萬億美元的傳統智慧，是一種智識上的勇氣，而且不足為奇的是，這使他成為全球最強大金融機構的生存威脅。他所傳達的核心訊息，在當時還沒有

人能如此清晰表達出來,那就是相信「熱手」這個概念是荒謬的。

這簡直是異端邪說。金融業的核心,就是假設你可以打敗市場。華爾街上的摩天大樓,建立在那些天才選股者的承諾之上。儘管公司在細則中必須聲明過去的表現不能保證未來的結果,但你幾乎可以感受到他們在背後偷偷將手指交叉,因為他們的行為表現可說完全相反。而且這一套體系運作得相當好。如果不是因為人類對「熱手」這一概念的堅定信仰,或許這一人類歷史上最富有國家的最富有地區,根本就不會存在。

布斯從小就被灌輸市場是有效的觀念。在這樣的成長環境中,認為「熱手效應」只是一種幻覺,對他來說並不困難。然而,芝加哥大學對布斯來說就像籃球一樣——他熱愛其中的一切。但從職業角度來看,它並沒有對他回以同樣的愛。他很快就注意到自己並不具備成為教授的個性。儘管他對法瑪的教學充滿熱忱,但他在第一次感恩節後差點輟學,因為他覺得火雞過得比自己還要快樂。到了聖誕節,他去了鄉下的親戚家過節。暫時擺脫自我厭惡的他環顧餐桌上的家人,他們的身體被曬得通紅,缺了不少牙齒,住在沒有室內管線的房子裡。可與他不同的是,他們很快樂。「這裡是怎麼了?」他想著。他像研究股票走勢圖一樣研究自己的家人,並得出一個連他認識的諾貝爾獎得主們都不會反對的結論。

「我意識到他們已經找到生活的真諦,」他說道,「而我才是那個需要弄清楚生活到底是什麼的人。這對我來說,是跟過

往道別的開始。」

　　大衛・布斯在那一刻決定，他與芝加哥大學的關係已經結束了。他退學了，沒有必要再為那張宣告他是博士的文憑浪費時間。多年後，當他賺得難以想像的財富，甚至能夠捐出一小部分讓芝加哥大學商學院以他的名字命名時，他才意識到他其實早已學到一切所需的知識。現在是時候把這些知識付諸實踐了。布斯挑戰自己，決心用他所受的教育做點什麼。

　　「在商學院所學的第一件事就是比較優勢（comparative advantage），」大衛・布斯說，「我的比較優勢不在於想出下一個偉大創意，而在於實施下一個偉大創意。」

　　等待實施的下一個偉大創意，就是這樣一個信念：並不是每個行業都存在「熱手效應」。大衛・布斯大膽地認為，對抗「熱手效應」可能是一種明智的商業策略。事實證明，他並不是唯一一個這麼想的人。

3

　　尼克・哈根（Nick Hagen）住在明尼蘇達州和北達科他州邊界的一個甜菜農場裡。他的三頭肌上有一顆甜菜的紋身，二頭肌上則紋有一段巴哈小提琴奏鳴曲的旋律。曾經有一段時間，他的飲食完全由菠菜、花生醬和雞蛋組成，這使得他成為一個雖然是種植小麥和甜菜的農民，但自己卻不吃小麥和糖。所有

這一切都說明，尼克・哈根絕不是一個普通農民。

但農業是他的家族事業。自1876年尼克的曾曾祖父伯恩特・哈根（Bernt Hagen）從挪威來到美國大陸最寒冷的地方，並在紅河岸邊的一塊土地上定居以來，哈根家族就一直從事農業。他在北達科他州大福克斯和明尼蘇達州東大福克斯之間的土地上建了一棟小木屋，後來木屋被燒毀了，於是他又建了一棟稍大的木屋。彷彿他知道自己的後代會在這裡待很久一樣。

尼克在伯恩特精心挑選的那塊土地上長大。他是第五代農民，住在父親家對面，而他的父親曾經也住在自己父親家對面。自小尼克就知道，只要他願意，他家的甜菜農場將永遠是屬於他的。他也明白，大多數農家子弟、孫子、曾孫及曾曾孫並沒有這樣的選擇。

尼克原本計畫成為一名音樂家。他申請了茱莉亞音樂學院（The Juilliard School）一個保留給長號手的名額。為了準備這所著名音樂學院的試演，他每天練習7個小時。由於他給自己的身體很大的壓力，以至於他患上了肌腱炎。在試演的當天早晨，他不得不在酒店房間的桌子上支撐著手臂才能演奏。「我希望在餘生中不必再說這句話，」他說，「但我從未對任何事如此確定、準備和充滿自信。」他順利通過試演，從東大福克斯搬到紐約市，並幾乎沒有離開過茱莉亞音樂學院周邊的街區。他透過不斷吹長號來排解思鄉之情，直到練習室在午夜關閉。他未來的妻子形容他為：「一個有著80歲老靈魂的年輕極致鄉巴佬。」尼克是一個偽裝成音樂家的農民。

他在畢業後短暫回到農場，因為他意識到自己不想從事自己一直在練習的工作。他最後沒有成為一名在管弦樂團裡演奏的長號手，而是成為每年秋天湧入紅河谷的數千名臨時工之一，這些工人在2周的忙碌期收割3,000萬磅的甜菜。這段時間非常愉快，但他並沒有完全相信自己適合務農，於是他在甜菜收割期後搬回紐約。

　　就在這時，他遇到了老同學葉莫莉（Molly Yeh）。她曾在茱莉亞音樂學院學習打擊樂器，之後也決定不繼續走音樂家之路。她以美食部落客的身分闖出名號，更籌畫了自己的網路美食節目。尼克和莫莉在學校裡偶然認識，契機是他們在卡內基音樂廳一起演奏過古斯塔夫・馬勒（Gustav Mahler）的第五號交響曲。她留意到他上臂的明顯紋身，他告訴她那是甜菜。她問他為什麼會紋上甜菜，於是他講述哈根農場的悠久歷史。他們開始約會。很快地，他們決定一起離開紐約。

　　他們決定一起共度餘生的地方是哈根農場。尼克的祖母年事已高，無法獨自生活，而尼克的父親也準備退休。如果他想成為一名農民，這就是最後的時機。他們選擇離開貝果之地[1]，回到製作貝果原料的硬紅春麥的地方。他的祖母搬出祖父所建的房子，尼克和莫莉則搬了進去。車庫裡有2輛別克轎車，前門外有糧倉。他們於12月在農場裡完婚，那時溫度降至零下。他

1　譯註：相傳貝果起源於紐約曼哈頓下東區，是1800年代住在該區的猶太移民的一種美食。

們有了雞和彼此。如果不是他們選擇的時機如此糟糕,這一切本可以如同一首田園詩般美好。

這是尼克‧哈根務農人生的起點。從事這項事業過程中最大的收穫,是他不會也不允許自己忘記的教訓,那就是永遠不要相信「熱手效應」。

尼克回到農場時,正值小麥和甜菜的期貨價格不再合理的時期。商品價格應該會上下波動才對,但價格卻只是上漲,這真是不可思議。他們遇上一個如此昌盛的市場,即便是他們的貓也能成為一位成功的農民。「只要看看田地,你就能賺取巨額利潤。」尼克說。他從小在農場長大,知道價格不會永遠上漲,縱使漲得再高也會跌下來。果然,價格在他回來後不久崩跌了。他趕上市場的衰退期,而不是繁榮期。湧入市場的投機分子被洗出場,那些買了新曳引機和閃亮皮卡車的人最先倒大楣。儘管在回到農場的頭兩年,甜菜農民遭受損失,尼克可以本可以輕易地認為自己犯了一個大錯誤,但他並沒有這樣看待。「我其實是在一個恰到好處的時機投入農業,」他說,「當時獲利的前景處於最低點。」他沒有一個牛市來充實自己的銀行帳戶,但至少那些隨之而來的偏見不會影響他的頭腦。他學會保持定力,學會節儉而不是揮霍,學會打長期抗戰。

這是尼克‧哈根投身農業所學到的第一課。

尼克從音樂到務農的轉變,就如同從鄉村搬到城市一樣令人震驚。他一直對A計畫相當執著,因為這種執著在音樂領域中是必要的。如果他允許自己考慮B計畫,那就相當於允許自己

失敗。他把B計畫看作是那些無法掌控A計畫的人所需要的東西。然而,當他回到農場時,他發現父親對B計畫非常執著。他考慮B計畫的時間比A計畫還多,這讓尼克不禁感到困惑。他花了很長時間才接受,他的農業生活將與他在從事音樂所設想的生活完全相反。音樂家必須是樂觀主義者,而農民則必須是現實主義者。

尼克曾是一位長號手,而身為一位長號手,意味著要努力成為最好的長號手。然而現在他身為一個農民,不能再以這種方式思考了。「在農業中,你不能成為最好的任何角色,」他說,「你會是一個還不錯的機械技師,一個還不錯的農業專家,一個還不錯的商人。我不得不接受一個事實,那就是『足夠好』才是追求的目標。」尼克必須接受「足夠好」的狀態。他不僅要接受失敗,還得擁抱失敗。「越是負面思考,我就越有信心,」在一個炎熱夏天他開車載我前往他的麥田時跟我說,「你會感到安心,覺得自己準備充足,可隨時迎接挑戰。沒有什麼事會讓你驚訝,因為你已經想過所有可能發生的糟糕事態。」

這是尼克‧哈根投身農業所學到的第二課。

「我為最壞的情況做好準備,」他說,「並希望能得到好一點的結果。」

他透過盡可能減少風險來做到這一點。雖然這看起來微不足道,但也因此才顯得格外重要。「你可以藉著基本上『沒有生活』來減輕風險。」尼克坦言道。尼克的生活很美好,但當4

月和5月種下甜菜，或8月底和9月初需要收割小麥，或從10月初開始一直到把甜菜全部收穫的這段時間裡，他的生活就不再輕鬆了。「如果我的土地適合種植，沒有一個農民會在正常思維的情況下說：『嗯，也許我們周末出去玩吧。』」尼克說，「關於農業，有一點很重要：你身處一個24小時不斷發展和變化的環境。」

在把卡車停在小麥田附近後，尼克在接下來的1個小時裡都在整理他的收割機。他不僅是過著幾乎沒有生活品質的日子，還藉由對預防性維護的極度執著來降低風險。在他耕種數百英畝土地之前，他會給收割機的齒輪上油，然後像西敏寺犬展（Westminster Kennel Club Dog Show）[2]的裁判檢查一隻獅子狗一樣仔細地檢視這台巨大機械。這一天他將在田裡工作6小時，然後再回到位於住家後面拿來養雞的院子裡工作坊，接著繼續工作幾小時。人們問他冬天都在忙些什麼，這就是他的冬季日常——修修補補，拆解每一件設備。他會把收割機送到修理店進行2周整修，還會雇用專業人士用他制定的上百項檢查清單來進行一次徹底檢查。

雖然這聽起來有些矯枉過正，但與尼克為採摘甜菜所做的

---

2 譯註：西敏寺犬舍俱樂部（The Westminster Kennel Club）成立於1877年，是美國歷史最悠久的犬類運動組織。該俱樂部舉辦的西敏寺犬展活動，是美國連續舉辦時間第二長的體育賽事，也是自1948年以來最長的全國電視現場直播狗展。

準備相比，這算不了什麼。當談到他珍貴的甜菜時，他的態度與其說是謹慎，不如說更接近偏執。一旦切掉每顆甜菜的頂部，就可從土地拔出，倒進收割機的後部，然後運送到最近的工廠，清洗、切片和加工，以獲得其中所含的17%糖分（種植甜菜就是為了將糖分從中提煉出來）。當尼克和他的團隊完成工作時，田地已是一片荒蕪，甜菜堆成的小山就像座小型阿爾卑斯山。在這充滿不確定性的行業，唯一可以確定的是，甜菜必須在霜凍出現和凜冬到來時已全數出土。

我們坐上他的收割機。這天天氣晴朗炎熱，伴隨涼爽微風，是一個適合小麥收割的美好早晨。我們被一望無際的金黃色麥田包圍著，似乎根本看不到地平線。尼克啟動引擎，開始駕駛，他在一年中最繁忙的時刻之一表現得異常輕鬆。前一天晚上，他帶我去了他最喜歡的披薩店，而那天晚上他還打算去看翻唱流行歌手王子（Prince）歌曲的樂團表演。小麥收割是件辛苦的工作，但甜菜收割則是全身心的投入。莫莉喜歡把甜菜採摘比喻成比小麥收割還瘋狂的怪物，當整個地區的經濟都依賴這個怪物時，事情就會變得有點瘋狂。

美國上中西部的這片區域，與明尼蘇達州和北達科他州接壤，占全國10%的糖產量供應，因為這裡的環境非常適合一種特定作物。尼克正好生活在甜菜的「香格里拉」，他的特定作物使他免受全球大宗商品市場劇烈波動的影響。尼克引用巴菲特的智慧來形容自己的好運：「我真的很幸運，中了投胎樂透，我家祖傳的農場恰好距離糖廠2英里，離小鎮1英里，並位於世

界上最肥沃的土地之一。」

但是,如果從事農業卻感到舒適,就意味著離危機不遠了。沒錯,種植甜菜確實比其他作物要安全得多,但這依然是農業。尼克擁有所有甜菜農所夢寐以求的優勢,但這些優勢卻讓他更加意識到自身的劣勢。

這也讓他學到農業的第三課。

「從事農業的重點就是防守,」他說,「因為最重要的變數都不在我的控制範圍內。我可以好好睡一覺,吃一頓豐盛早餐,計畫如何度過一天,但我一走出門就可能看到我的莊稼被冰雹摧毀,或在乾旱中枯萎,或被洪水淹沒。」

這情況從哈根家族開始務農以來,就一直是如此。當伯恩特·哈根的第一個農場被害蟲摧毀時,他收拾行李,把畢生積蓄塞進口袋,開始走遍全國尋找下一個農場的地點。最終他選擇的家園,幾乎就是他曾曾孫現在駕駛收割機的地方。尼克很早就學會敬畏天氣,遠在它對他日常生計產生影響之前。他上四年級時,一場毀滅性的洪水破壞大福克斯及其周邊地區。土地變成水面,樹木變成灌木,房屋變成碼頭。那場4月的降雨讓學校關閉,學年提早結束。這場一生一次的災難足以讓尼克明白農業的不可預測性。他不需要再來一次提醒,但他還是遇到了。在他回到農場的第一個季節,滂沱大雨淹沒了尼克的甜菜田。每隔幾天就下幾英寸的雨,尼克可以從幾英里外看到暴風雨到來。「當你看到天空變黑時,你的心就會跟著沉下去。」他說。他日夜不停地在泥濘的田地裡工作,結果那一年成為哈根

家族成員們所見過最糟糕的甜菜收成。尼克能理解他的曾曾祖父伯恩特的心情：伯恩特・哈根也曾在一場猛烈的風暴中失去所有莊稼。

只有傻瓜才會自欺欺人地認為在一個像天氣一樣不可測的行業中，自己有任何一點點的控制權。天氣是農業中最具影響力的因素，決定了這一年是豐收還是災年。整個甜菜種植業就像是史蒂芬・柯瑞試圖在一個隨時可能縮小、擴大或變形的籃球場上打球。「比賽場地永遠在變。」尼克說。農業是防守，籃球是進攻。「這是農業不是，也永遠不可能會是的樣子。」他說。

尼克所處的環境並不允許「熱手」存在。事實上，他的環境還積極地懲罰對「熱手」的信仰。

相信連續成功與自己的才能或環境有關，是沒有意義的。如果他真的這麼做，將會付出沉重的代價，他很可能會破產。尼克不能僅僅因為在麥迪遜廣場花園度過一個美好夜晚，就改變他的商業策略。如果他決定放棄甜菜，冒險將整個農場轉種植大豆，他需要購買更多播種機、收割機和卡車；他還得盼望大豆能持續獲利，同時甜菜連續幾年表現不佳；他甚至還要祈禱天氣之神能站在他這一邊。成本幾乎肯定會超過收益。最好的情況是，要花幾年的時間才能回本。「但到那時，轉種大豆的決定可能已經變得毫無意義。」他指出。在尼克轉向種植大豆的這些年中，農業趨勢可能又會轉回甜菜。即使是最新的農業技術和科學進步也無法幫助尼克。他可以研究農場的每一英

畝，注意到某塊土地的產量不佳，並在下一季重新分配種子。但他今年產量最差地點，明年可能會變成最佳地點。「這種情況經常發生，」他說，「每一年都是這樣！」他的容錯率就像穀殼一樣薄。「這就是農業的另一個特點。」尼克說，因為總是會有新鮮事發生。「每個季節都是前所未有的。」

小麥收割機在我們腳下嗡嗡作響。尼克一邊扭動身體轉方向盤，一邊俯瞰他的金黃色農田。還有數百英畝的農地等待收割，還需耗時幾個小時，他有足夠時間來反思自己學到的關於農業的終極課題。

「我認為必須堅信原則，而不是模式。」他說。

尼克必須不斷提醒自己，今年的甜菜收成對於下一年的甜菜收成，基本上沒有影響。成功並不會帶來成功——至少在農業中是如此。他無法認可「熱手」理論，即使是往他的臉拍打。

這種完全無法控制的狀態，是甜菜收成令人抓狂的原因之一。尼克在收成期間吃得很好，但在短短2周內仍然瘦了10磅。他的日常生活完完全全被打亂，當最後一批作物終於收成時，尼克感到精疲力竭。「你會一段時間內再也不想見到甜菜。」他說。在那些壓力重重的時刻，當他感到最無助時，他偶爾會想，這一切是否真的值得。但當他環顧四周，欣賞夜空中的繁星和卡車燈光，或者明尼蘇達州與北達科他州邊界的日出之美時，他專注地聞了聞甜菜所發出的香氣。尼克得出與他的父親、祖父、曾祖父和曾曾祖父相同的結論：當然，這一切都是值得的。

這就是他學到的有關農業的最後一課。

「奶奶、爺爺、曾祖母和曾祖父的故事，仍然是日常對話的一部分，」他說，「這些教訓將永遠都在。」

做好防守。記住比賽還很長。控制能控制的事。為最壞情況做好準備，並希望有任何稍好的結果。始終堅信原則，而不是模式。

尼克‧哈根不僅僅只是在重溫祖先的教訓，他也跟大衛‧布斯所持觀點相同。

4

大衛‧布斯的第一個辦公室，是他位於布魯克林的褐石公寓。這位未來管理超過5,000億美元（每天上下幾十億不等）的金融巨頭，拆掉了臥室裡的三溫暖設備，改裝上電腦終端機和交易機器。當他要求儘快安裝10條電話線時，電話公司甚至懷疑他是在經營非法賭博勾當。電話公司無法預見的是，布斯即將徹底改變投資界的運作方式。

這家在布斯家中經營的公司之聯合創始人，是少數幾個與布斯分享自己對市場運作看法的人之一。雷克斯‧辛克菲爾德（Rex Sinquefield）在一所天主教孤兒院中長大，原本應該在神學院致力於宗教研究，但他卻被股票市場所深深吸引。事實上，對金錢的興趣可能是他未成為神父的原因之一。相反地，

他進入芝加哥大學商學院就讀，並沉浸於市場效率的教義中。辛克菲爾德原本興奮地希望在芝加哥找到擊敗市場的祕訣，卻帶著另一個認知離開，那就是：祕密在於根本沒有祕密。

回顧過去，似乎布斯和辛克菲爾德必然會被尤金·法瑪的理論吸引，但事實並非如此。當時，美國投資者中的絕大多數認為法瑪的觀點完全是錯誤的。法瑪常說：「我會將選股者比作占星師，但我不想誹謗占星師。」有一次，我問法瑪，當他看著那些將錢交給這些專業選股者的人時，是否曾想過：「你們這些人是不是瘋了？」他回答道：「他們沒有瘋，只是不懂統計學罷了。」

法瑪幫助布斯在他輟學後找到第一份金融相關工作。布斯與一個名叫約翰·麥克鄺（John McQuown）的人成為朋友，而麥克鄺是少數相信法瑪是對的、銀行是錯的人之一。這是非常大膽的立場，特別是考慮到麥克鄺自己在一家銀行工作。當時，麥克鄺正在幫助開創如今被稱為指數型基金（index fund）的投資工具──這是一個投資者可將資金存入其中，隨著時間推移觀察其增長的安全地帶。布斯被招募來幫助他，而辛克菲爾德則在另一家競爭銀行進行類似的專案工作。這些指數型基金並不複雜，也不是故意設置得令人難以理解。它們只是跟蹤標準普爾500指數（Standard & Poor's 500），並或多或少地反映了相似的結果。但使它們成為當時金融業重大突破的是，它們與整個行業的建議背道而馳。銀行的根本錯誤在於，他們最聰明和最寶貴的人做了大量精細的工作，而這些工作實際上達到

的效果與什麼都不做的結果卻差不多。事實上，什麼都不做反而會更有利可圖。當他們扣除因「做事」（doing something）而收取的費用後，銀行實際上提供給了客戶品質更糟的產品。對於曾在法瑪門下學習的學生來說，提供一種能反映市場收益並收取比主動管理者更低費用的低成本服務，似乎是更聰明的選擇。金融體系的運作如此複雜，以至於他們願意將工作外包給市場本身來完成。然而，他們的同事們依然相信自己具備跑贏指數型基金的才能，儘管所有證據都顯示事實並非如此。

當布斯和辛克菲爾德厭倦了在銀行內扮演叛逆分子時，他們決定延用他們那種不夠花枝招展的投資思維，自行創辦公司。他們向潛在客戶推銷的理念是：藉由分散投資組合，增加小型公司的投資來維持市場。他們沒有聘請研究分析師或名人投資者，也沒有像華爾街巨頭那樣的全球總部——事實上，他們成立的德明信基金顧問公司（Dimensional Fund Advisers），當時的「總部」就是布斯的公寓。他們只是創建了一個由市場上最小的公司組成的指數型基金。但實際上，這並不簡單。他們運用了一些判斷力，同時深知對自己判斷力的產生過度自信，是危險的。布斯認為，「在其他任何行業，如果你更聰明且更努力地工作，通常會表現得更好。」但在他這個奇特的投資世界中卻不是這樣。這些聰明人如果能少去猜測市場，反而會做得更好。努力猜測市場不僅無效，反而適得其反。這就是布斯的看法，而他的績效最終讓人們不得不接受他的這種思維。布斯曾感慨：「第一次聽到這樣的想法，人們會認為那是不可能

的。現在，我們幾乎是主流。老天保佑。」

布斯也相信原則比模式更重要。他認為連勝（streaks）只是異常現象，押注這些連勝比遵循機率更冒風險。他相信被動投資遠優於主動投資，他也認為自己所信奉的理念並不算什麼創新。「對我來說，」他說道，「這就是經濟學入門課的程度。」這樣的想法需要布斯時刻保持謙卑。話又說回來，他來自堪薩斯州，從來就沒有需要控制的自負。「如果這世上有天才，那不會是我，」他坦承道，「這是我唯一知道的事。」

但是仔細想想，布斯確實認識一位天才。當他創立德明信基金顧問公司時，第一個打電話來的人就是法瑪。他請求這位前教授加入公司董事會，覺得如果要將法瑪的學說付諸實踐，最好還是讓法瑪掛名領薪。法瑪一直覺得布斯畢業後會混得不錯，但自從布斯退學後，他們就沒有聯繫過。布斯於1980年萌生創立公司的想法，德明信基金顧問公司於1981年春季註冊成立。到1981年秋天，法瑪恰巧正在指導一篇有趣的研究生論文。這篇論文發現了一個不太可能的投資機會：市場上最不起眼的股票。該理論認為從長遠來看，小公司的表現會贏過大公司。德明信基金顧問公司將這一理論轉化為策略。布斯的新創公司不再只是建議客戶分散投資，而是告訴他們：分散投資會帶來更高的預期回報。

在德明信基金顧問公司創立後，又有一項研究成果發表，進一步證明該公司的投資方針是正確的。這項著名的研究發現，隨便往《華爾街日報》的股票版面上投擲飛鏢所獲得的收

益，與雇用投資經理操盤差不多。布斯喜歡用一種誇張的譬喻來強調這一點：如果投擲飛鏢的，是一隻紅毛猩猩呢？

「每1,000隻紅毛猩猩，總有一隻會連續10年贏過大盤。」他說。

那隻紅毛猩猩將會被譽為先知。他將成為CNBC電視台的常客。財經媒體會刊登對他的讚美報導。毫無疑問，這隻紅毛猩猩擁有「熱手」。只有當你把「人類」換成「紅毛猩猩」時，這一系列事件才開始聽起來很荒謬。

「大多數的商學院碩士畢業生，都認為自己就是那隻不凡的紅毛猩猩。」布斯說。

大多數投資人都傾向相信這些人。這就是吉洛維奇、瓦隆和特沃斯基揭穿籃球「熱手效應」的意義所在。他們發現的「強大且廣泛共享的認知錯覺」之所以強大且廣泛共享，是因為它並不僅限於籃球。他們並不是在說這些紅毛猩猩不存在，當然，牠們是存在的！有一篇論文研究了1962年至2008年之間超過5,000檔共同基金，發現大約4%的基金享有無法僅用運氣解釋的連勝。這其中當然是有技巧的，但也有紅毛猩猩存在。「這正是人們難以接受的事實，」布斯說，「我該怎麼做？選擇那些表現糟糕的人嗎？如果我不查看歷史報酬數據，要怎麼挑選經理人？答案是，你根本不應該挑選經理人。」

布斯一生中已經多次陷入這種爭論，以至於現在他已經發展出一種技能：讀心術。他知道你在想什麼。「好吧，我選巴菲特，」他說，「但請告訴我另一個名字。」

即使是巴菲特,也不會想參與這種賭注。巴菲特曾與一位名叫泰德・賽德斯(Ted Seides)的對沖基金經理人進行一項100萬美元的賭注,而這位史上最成功的選股者採取了布斯的立場。這場對決於2006年在波克夏・海瑟威的年會上認真醞釀。巴菲特和他可信的夥伴查理・蒙格(Charlie Munger)在奧馬哈的舞台上亮相。有鑑於他們引起的尖叫聲,觀眾可能會把他們誤認為是約翰・藍儂(John Lennon)和保羅・麥卡尼(Paul McCartney)。在向崇拜的群眾概述他們的投資策略後,他們花了幾個小時回答問題,巴菲特的粉絲們不斷向他吶喊提問。然而,最後一個問題卻讓這位他們前來瞻仰的男人,給出最具啟發性的答案。這個問題本身相當平凡,是他被問過上千次的問題:巴菲特對那些想成為巴菲特的人有什麼建議?

巴菲特說,金融是一門有趣的行業,因為你被付錢去做的工作,實際上是你不應該做的事。當你有了孩子時,你會希望有個婦產科醫師在你身邊;當廁所堵住時,你會雇用一位水電工;當你在大半夜被鎖在外面時,你會打通電話給鎖匠。巴菲特說:「大多數職業都能提供超出普通人所能夠自己完成的價值,但投資業則無法做到這點。」

他用最典型的巴菲特風格,來展現他的信心:掏出錢包。巴菲特預測,長期來說,主動管理的表現將不如被動管理。對於一位選股者來說,這是一個令人出乎意料的立場。但他的理論,正是布斯抱持的理論,以及越來越多的指數型基金投資者的理論,是經理人收取的費用使他們變得更難為投資者創造利

潤。巴菲特認為管理費是行業的害蟲，對它的看法就像對待床蝨一樣，他把自己的錢放在嘴邊，宣告將投入一場為期10年的公開賭注。他選擇一檔無人管理的指數型基金，等待對沖基金經理人和選股者們證明他錯了。

「隨之而來的是一陣寂靜，」巴菲特後來寫道，「這些經理人敦促其他人押注數十億美元在他們的能力上。那麼，為什麼他們要害怕把自己的錢拿來賭呢？」

賽德斯是唯一一位勇於捍衛行業榮譽的人。他選了一組精心挑選的對沖基金，預計這些基金在10年內將超越證券市場的表現。巴菲特則充滿信心，甚至允許賽德斯根據市場的最新變化來調整他的投資策略。這幾乎就像巴菲特在鼓勵他的對手去追逐那些表現出色的投資者，然後拋棄那些表現不佳的。

他們的賭注於2008年1月1日開始，原定於2017年12月31日結束。巴菲特在還剩1年時宣布獲勝。這場比賽的結果相當懸殊，以至於賽德斯再也無法追趕上。由專家所挑選的黃金陣容對沖基金，投資100萬美元，報酬僅為22萬美元。而同樣金額，如果投資在巴菲特忽視了10年的普通指數型基金，則報酬為85.4萬美元。

巴菲特在一封著名的致股東信中，報告了這場賭局的結果。這封信幾乎像是在進行一場勝利遊行。他寫道：「我經常被問到投資建議，在回答過程中我學到不少有關人類行為的知識。我的建議一直是投資低成本的標準普爾500指數型基金。」巴菲特自己也深信這個建議。他的遺囑中明確指示，當他去世

後,要將他90%的現金投資於這些低成本的標準普爾500指數型基金。他曾經用一句話,來總結這一投資哲學,這句話無論是大衛・布斯還是尼克・哈根都會滿心歡喜:「忽視雜音,維持低成本,像在經營一座農場一樣投資股票。」

巴菲特並不是唯一一位贏得賭局的投資者,大衛・布斯也贏了。從未有人憑藉一個簡單的想法,變得如此富有。

布斯將辦公室遷移到洛杉磯,當時德明信基金顧問公司的規模已經大到布魯克林無法容納。隨著時間推移,公司的投資策略也在不斷演變。等到公司再次搬遷至奧斯汀時,這家公司已經成為全球最富有的資產管理公司之一。但布斯並不這麼看待,對他來說,這更像是一家連鎖三明治店。「我們大概只相當於18家Jimmy John's三明治連鎖店。」他自豪地說道。

大衛・布斯大多數時候並不像金融界名人那樣行事,他職業生涯中的大部分時間,也沒有被當作一個名人看待。他的工作時間是早上9點到下午5點。累了就回家。他曾經試過在辦公室坐在健身球上,但這只是讓他的下背部開始疼痛,於是他又換回普通的旋轉椅。他沒有擁有任何運動隊伍,也沒有在建造太空船。就像一個億萬富翁能夠做到的那樣,他的生活接近匿名狀態,這與他一直提醒自己要忽視自我意識的做法異常契合。在高級金融界之外的人第一次聽到這位討人喜歡的保守型投資家之名,是他向芝加哥大學捐贈3億美元,讓商學院以他的名字命名時。在《華爾街日報》報導這筆捐款的文章中,布斯被描述為「除了學術研究的精英圈之外,基本上不為人所

知」。甚至最具聲望的商業刊物,都不得不向讀者介紹他是誰。但為了回報那個最初訓練他形成這種思維的地方,他不再保持匿名的選擇是值得的。

「如果我們回顧投資界中最基本的問題,經過學者這麼多年的研究,從某種意義上來說,真正的問題是:就主動選股來說,真的有『熱手效應』嗎?」他說。

大衛‧布斯是最早回答「沒有」的人之一。

「我的結論是,最好的假設就是沒有,」他說,「當然可能有,但我們在事前無法辨別出誰是那個擁有『熱手』的人。我們不知道哪隻猩猩會是擲飛鏢的贏家。」

5

2010年12月一個寒冷的下午,當大衛‧雷登(David Redden)開始為最後一件拍賣品開標時,氣氛達到了高潮。對於蘇富比拍賣行來說,這天這可說是非常美好的一天。

拍賣官已經售出一本湯瑪斯‧傑弗遜(Thomas Jefferson)的著作《維吉尼亞州筆記》(*Notes on the State of Virginia*)的首刷版,巴布‧狄倫(Bob Dylan)為〈變革的時代〉(The Times They Are A-Changin')這首歌填詞的手寫原稿,以及威廉‧莎士比亞的戲劇全集。午餐後還有3件物品等待拍賣。第一件是羅伯特‧甘迺迪(Robert Kennedy)的《解放奴隸宣言》(*Emancipation*

Proclamation）副本，這麼如此顯而易見的珍貴藏品，以至於蘇富比甚至不必大肆宣傳。第二件是喬治・卡斯特（George Custer）軍隊的一面旗幟，蘇富比稱其為「從小大角戰場（Little Bighorn Battlefield）上發現的最重要和最具象徵意義的文物」。而當天下午的第三件，也是最後一件拍賣品，據蘇富比拍賣官說，這是一份「超越體育的檔案，它是美國文化創造的起源，與爵士樂一樣具有影響力，與好萊塢一樣無處不在。」即將拍賣的物品，是詹姆斯・奈史密斯的籃球原始規則。

雷登對於主持如此重要的拍賣會早已習以為常。他喜歡說他的專長涵蓋從太空飛船到恐龍化石的一切。這並不誇張：雷登曾賣出一艘月球飛船和霸王龍化石。他還拍賣過莫札特的交響樂、愛因斯坦的公式、法貝熱彩蛋和安迪・沃荷（Andy Warhol）的餅乾罐，以及當時最有價值的郵票和硬幣。他甚至還拍賣過被蘇富比稱為「世界上最重要的文件」的最後一份私人擁有的《大憲章》（*Magna Carta*）副本。

成功標到《大憲章》的贏家，是一位名叫大衛・魯賓斯坦（David Rubenstein）的富豪。他用個人財富中的一小部分，購買這張羊皮紙，並在事後表示，如果有必要，他願意支付超過1,900萬美金的價格（「我認為自由是無法用價格來衡量的。」他說）。魯賓斯坦蒐集歷史文物，就像少年們蒐集棒球卡和漫畫書一樣。他曾經形容自己的購買策略是：「我什麼都買。」這意味著不僅《大憲章》，他還擁有《獨立宣言》和《美國憲法》的副本。

幾年前,魯賓斯坦購得一份亞伯拉罕·林肯(Abraham Lincoln)親筆簽名的《解放奴隸宣言》(Emancipation Proclamation)紀念副本,並出借給了白宮,這份文件懸掛在巴拉克·歐巴馬(Barack Obama)辦公室內,馬丁·路德·金恩(Martin Luther King Jr.)的半身像上方。現在,他正在蘇富比大樓內的一間私人包廂裡準備競標另一份副本。但如果按照他的計畫,他本不必來此。魯賓斯坦曾直接聯繫過羅伯特·甘迺迪的遺孀艾瑟爾·甘迺迪(Ethel Kennedy),試圖以私人報價方式出價購買,但艾瑟爾仍然決定按計畫進行拍賣。她告訴魯賓斯坦,她認為藉由拍賣可能會讓價格提得更高。她是對的。雷登掀起潛在買家的競標狂熱,最後《解放奴隸宣言》的價格飆升至380萬美元。「這就好像林肯會再次出現,然後重新簽上名一樣。」魯賓斯坦說,「這遠遠超出我設想的價值。」魯賓斯坦最終退出競標。「我很沮喪。」他說。

魯賓斯坦在蘇富比的聯絡人試圖安慰。她知道魯賓斯坦喜歡籃球,也知道接下來的拍賣品,是奈史密斯的籃球規則。「為什麼不買這個呢?」她說道。

魯賓斯坦對這項運動的發明歷史略知一二,他認為這份規則,或許是無法將《解放奴隸宣言》納入麾下的一個不錯的安慰獎。這份規則並沒有廢除美國的奴隸制,但其本身也相當有趣。「有一天,這世界上還沒有籃球,」一位蘇富比拍賣官說,「然後第二天,籃球就誕生了。」魯賓斯坦同意留下來參加拍賣。

孤注一擲 原則勝於模式　　／ 04

「今天下午的第三項拍賣品，也是最後一項拍賣品。」雷登對著場中全神貫注的買家說道，出乎意料地，其中還包括魯賓斯坦。「籃球的創始規則！」

雷登以130萬美元起價開標。價格迅速攀升至140萬、150萬、160萬、170萬美元。拍賣官幾乎無法抑制自己的興奮之情。那些接連不斷投入巨額資金的競拍者的身分都是保密的，這樣的不確定性亦為拍賣帶來一種獨特的刺激感。出價人可能是像魯賓斯坦這樣的人，也可能是遠在千里之外的某間辦公室裡一個沒沒無聞的人。

「如果我想出價競標，」其中一位競標者在電話中詢問他的業務員，「你會建議我怎麼開始？」

「我們目前已經喊價到150、160、170，」電話裡的業務員說，「您方便以180的條件競價嗎？」

「是的，沒問題，拜託了。」

魯賓斯坦突然有了競爭對手。

「目前是190，」電話裡的業務員說，「先生，您要提價到200嗎？」

「是的。」

「我們目前幫您提價為200萬美元。」

「好的，我希望不會再有其他人出價了。」這位匿名競標者說。

「目前是210，」她說，「您要提價到220嗎？」

「是的。」他說。

「230了，」她說，「您願意出240嗎？」

「願意。」

「250了。您願意出260嗎？」

「願意。」

這份籃球的初始規則，現在比卡斯特軍隊的旗幟來得更有價值。隨著這兩位財力雄厚的競標者來回競價，蘇富比拍賣行裡的氣氛也逐漸升溫。價格越高，參與的人數就越少。能夠在一張紙上花費數百萬美元的億萬富翁，不過就那麼幾人。

魯賓斯坦在出價時顯得游刃有餘，然而另一位競標者，無論他是誰、身在何處、目的是什麼，卻也毫不猶豫地同意每次增加10萬美元的喊價，就像是在快餐店考慮要薯條還是沙拉當配菜一樣平常。魯賓斯坦參加過相當多次的拍賣會，他明白這意味著自己很可能會競價失敗。「如果有人在跟你競標，並快速地比你的報價更高，」他說，「那幾乎肯定對方會贏。」但目前還沒到那一步。魯賓斯坦將價格提高到270萬美元。

「您要提價到280嗎？」

「是的。」電話那頭的男人說。

「對方出價到290萬了，」電話裡的業務員說道，「您要出價300萬嗎，先生？」

「好的。」

魯賓斯坦對於究竟是誰願意花和《解放奴隸宣言》差不多的價格來買一份籃球規則，感到極度好奇。「有時候，當我買的是《大憲章》或《憲法》時，我大概知道也同樣看重這類文

物的人會是誰，」他說，「雖然很難確定到底是誰。」而這次更難猜了，因為魯賓斯坦素來並不是這類運動相關紀念文物的主要買家。他猜想自己可能在與耐吉（Nike）的創始人菲爾·奈特（Phil Knight）競爭，這是他唯一能想到的猜測。他忙著跟上這個神祕對手的腳步，這個對手把他幾分鐘前還沒考慮過要買的東西的價格拱上他的極限。「通常，當你進入拍賣時，你會想說這就是我願意支付的價格，結果最後卻付了兩倍的價格出去。」他說。這已經是幾百萬美元規模的大事了。而另一條電話線上的人，開始顯得不耐煩了。魯賓斯坦喊出310萬美元。

「您會提高到320嗎？」

「是的。」

「330了，」電話裡的業務員說，「您將提高到340嗎，先生？」

「是的，但如果可以的話，能否告訴對方加快速度。」

「對方提高成350。您要加價到360嗎？」

「嗯，讓我想一下，我不知道我願不願意這麼做。」電話那頭的男人想了很久，看起來好像他真的在思考這件事。

「好吧，360萬，我的對手會退出還是繼續出價？我不知道怎麼這麼複雜。他到底在想什麼？」

「對方出了370萬。」業務員回報。

「好吧，380萬。」他回應。

對魯賓斯坦來說，走到這一步就夠了。是時候讓這位神祕人物得到他如此渴望的東西了。「很顯然地，無論對方是誰，

他都不會輸。」他說。魯賓斯坦這次將空手而歸。他無法為自由付出代價,但他可以為一紙籃球規則定價,價格就是380萬美元。

「380萬,這是最終報價了嗎?」雷登說道,「確定沒有人要再出價了嗎?380萬。我的左手邊是最終報價380萬美元!」

「它是你的了,先生。」電話裡的業務員說道。

「好的,太好了。」匿名競標者說。

魯賓斯坦再也按捺不住好奇心。拍賣會一結束,他便急於打聽這位神祕的競標者究竟是誰?

當這位匿名得主揭露身分時,魯賓斯坦感覺好多了。這位競爭對手並不是魯賓斯坦所想的人,他比魯賓斯坦更有錢。

魯賓斯坦和這位電話上的超級富豪其實早已有關聯,他們都是芝加哥大學董事會的成員。正如超級富豪們會做的事,魯賓斯坦得知他的這位競爭對手想要買下最初的籃球規則,並將其捐贈給母校:堪薩斯大學。他在離校園非常近的地方長大,甚至可以說把學校當後院了。他童年時期的住家地址是奈史密斯大道1931號。

這位買下籃球初始規則的億萬富翁,正是大衛・布斯。

CHAPTER 05

賭徒謬誤
WHEEL OF FORTUNE

人生的機會與命運

1

「那個人，就是我！」這位著名的伊拉克雕塑家說。

在加州一個陽光明媚的日子裡，阿拉・阿薩法（Alaa Al-Saffar）在與他的小屋相連的藝術工作室裡，指著桌上一張褪色照片。這是他早年為一個殘暴獨裁者工作時所拍攝的照片。照片中的他穿著藍色牛仔褲，頭髮垂到肩膀以下，是滿屋子伊拉克官員裡，唯一沒有穿著西裝或軍裝的人。他看起來有些茫然，就好像他正要去畫廊開幕式的路上，卻偶然走進內閣會議。阿薩法的存在是如此令人感到困惑，因為如果你瞥一眼這張照片，你會先看到他，然後才會意識到站在他旁邊的人，是薩達姆・海珊（Saddam Hussein）。

阿拉・阿薩法發現自己為二十世紀最殘酷的領導者之一工作，這既不是一場偶然，也並非出自他的意願。每年阿薩法都會收到幾次裝滿現金的信封。他不需要展信閱讀，就知道這是來自伊拉克總統的邀請。「薩達姆是一個很好相處的人，」阿薩法說，「至少和我們藝術家在一起時。」但其實，不管從他個人或從專業角度對這個綽號「巴格達屠夫」（the Butcher of Baghdad）的男人的看法，一點都不重要。他已經習慣常被召喚晉見總統，他體認到尊重海珊的一時心血來潮，是伊拉克藝術家們偶爾必須處理的小問題，就像定期去看牙醫一樣。

他容忍海珊作為藝術贊助人，只因為這讓他可以專心從事藝術工作。身為一個畫家的兒子，阿薩法在巴格達學習藝術，

然後離開祖國到瑞士攻讀碩士學位,這也令他有機會造訪巴黎和羅馬,研究羅丹和畢卡索、夏卡爾和達利、米開朗基羅和達文西。他在1980年代回到巴格達,並立即因其雕塑、繪畫和素描等作品獲得一系列獎項而脫穎而出。他將永遠不會有穩定的工作和領固定薪水,而且他可能會有幾個月在巴格達家中的車庫裡工作,因為他負擔不起一間工作室的租金。但他對自己所做的選擇感到滿意。他承認,他對藝術的執著,需要一些犧牲。「他馬不停蹄地工作,」他的大女兒齊娜·阿薩法(Zinah Al-Saffar)回憶道,「他的夢想是在美國擺放一座大型雕像,或者在世界上最大的畫廊之一展出他的畫作。」

但就在那時,他成為獨裁者最喜歡的藝術家之一。伊拉克總統的關注就像是一台強大的放大器,足以成就或毀掉一個人的職業生涯,因此當海珊邀請藝術家們參加比賽時,他們會毫不猶豫地接受他的資金贊助。「這不是強迫的」,另一位伊拉克藝術家納蒂克·阿阿盧西(Natiq Al-Alousi)說,「你是否想參加,取決於你自己。但每個人都會想參加。因為這代表了工作和收入。而每個人都在找工作。」2002年底,也就是美國入侵他的祖國的前一年,當他被要求出席時,阿薩法已經習慣接受一個將藝術家們視為英雄,卻對自家人民使用化學武器的人之委託。他對這位即將鑽進滿是蜘蛛的洞穴中躲避的人,所提議的最後一個雕塑提案感到自豪。那是一件巨大的青銅雕塑作品,旨在反映他的民族自豪感。這將是他迄今為止最雄心勃勃的作品。在整個雕塑的頂端,會是一棵巨大的棕櫚樹,就像婚

禮蛋糕上的新娘和新郎公仔一樣。「伊拉克素來以棕櫚樹而聞名，」阿薩法說，「就像加州一樣。」

海珊認為這個雕塑提案幾乎完美無缺，但這位獨裁者有一些想法。他建議在這座雕塑中加入一件他認為缺少的物件：一尊巨大的薩達姆・海珊雕像。阿薩法知道該怎麼回答：「我說好。」他同意在雕塑上添加一尊站在棕櫚樹上的巨大薩達姆・海珊雕像。

但後來戰爭開始了，薩達姆・海珊因被捕而被處決。阿薩法的雕塑，永遠只存在於想像。

相反地，在海珊垮台後的日子裡，他花了幾天時間在他的花園裡鑿石頭，製作一些比較冷門的藝術品。當阿薩法獲得一項國家紀念雕塑的委託案時，他覺得自己即將迎來職涯的突破點，但這個專案的資金在他開始工作前就短缺，他的生活因此陷入困境。當他的名字因贏得這項委託案而在新聞中被提及時，他成為基地組織（Al-Qaeda）和叛亂武裝激進團體的目標，因為他們在海珊失勢後趁機崛起（事實證明，基地組織並不全是藝術愛好者）。突然間，阿薩法的處境變得危險。

有一天，他的女兒正準備送孩子去上學，她發現車庫門下方有一個信封。這個信封沒有塞滿現金，信上是對她父親所發出的死亡威脅。「這是要他停止繼續藝術工作的命令，不是請求。」齊娜・阿薩法說。

他的花園裡不會再有繪畫和雕刻了。如果他繼續工作，他就會被殺。「他們稱我為異教徒，叫我停下，」他說，「所以我

停了下來。」

齊娜很快地和家人一起搬到美國南加州，因為她的丈夫在戰爭期間為美國陸軍工作，她不得不遠遠地看著父親努力適應沒有藝術的生活。她可以想像他的處境有多麼岌岌可危。每次她打電話回家時，他都試圖讓她放心，說自己很安全。「但我知道不是這樣，因為當他收到這封信時我在場。是我發現那封信的。」她說。

她催促父親趕緊離開。「你不屬於那裡！」她對父親說，但他不聽。當她的父親終於來訪時，阿薩法以臨時簽證抵達洛杉磯。他的行程本來只是一段假期，直到他們發現不得不面對假期中最糟糕的部分：結束。齊娜無法接受父親冒著生命危險返家的想法。「爸，我認為你不應該回去，留在這裡吧。」她說。

他知道她是對的。在那一刻，他接受了自己的舊生活已經結束的事實。這位著名的伊拉克雕塑家在他60多歲時，決定是時候展開新生活了。

他提交了文件，告訴有關當局，他在家鄉處於嚴重的危險境地之中，他擔心如果回到祖國將會受到迫害，他請求美國提供保護。於是，這位來自巴格達的藝術家的庇護申請便開始了。而阿拉・阿薩法的新生活，也即將被「熱手效應」所主宰。

2

賈斯汀‧格利姆（Justin Grimm）不知道為什麼他被叫到老闆的辦公室。這是德州弗里斯科又一個令人感到沮喪的一天，這是格利姆自從被德州遊騎兵隊（Texas Rangers）選中以來，輾轉待過的小聯盟棒球隊的最新一站。他曾經為希科利螯蝦隊（Hickory Crawdads）和默特爾灘鵜鶘隊（Myrtle Beach Pelicans）效力。現在他是弗里斯科馴馬師隊（Frisco RoughRiders）的一員。他本來以為會在2A球隊待上一段時間，因為遊騎兵隊已經邀請幾乎所有有可能為他們效力的球員參加春訓，但他沒收到邀請。但最近他的投球表現很好，選拔他的那些人也持續在關注他，這就是為什麼他的經理需要在這個特定的周四下午見他。

德州遊騎兵隊在周六晚間對陣休士頓太空人隊（Houston Astros）的比賽中需要一名先發投手。球隊做了一個出乎眾人意料的決定，包括賈斯汀‧格利姆在內，該隊決定讓格利姆出席這場比賽。

在包括一位美國前總統在內的近五萬名觀眾面前，他很快發現自己雙腿顫抖著緩緩走上投手丘，電視播報員對著觀眾說：「不知道賈斯汀‧格利姆今天有沒有好好吃飯？」事實證明，格利姆緊張到一整天都沒進食。他站上投手板，深吸一口氣，告訴自己這場大聯盟的首秀，只是另一場普通到不行的賽事，只要盯著捕手做的球種手勢，然後投出一顆時速91英里

（約146公里）的快速球。他驚人的球速和精準度，是遊騎兵隊認為他有能力在2天內從2A直升大聯盟的原因之一，但他後來承認當球離開他的右手時，他根本不知道球會往哪裡跑。球精準地往好球帶前進，被主審判定好球進壘。賈斯汀・格利姆大聯盟生涯的第一球，表現得非常完美。

格利姆讓首位打者安打上壘，但他成功讓下一個打者出局。當傑德・羅瑞（Jed Lowrie）走到本壘板前時，他開始放鬆心情，漸漸忘記自己正在實現兒時的夢想，直到站上打擊區。

對於一名職業運動員來說，羅瑞是個異類。他可能是那個賽季戰績最差球隊中最好的球員。這位身高6英尺（約183公分）、體重180磅（約82公斤）的矮小游擊手，最引人注目的特色就是他那雙銳利的藍眼睛。他是聯盟中少數幾位擁有大學學位的職棒球員代表。而如果他沒有拿到大學學位，他就不會在那天站在打擊區面對格利姆。

羅瑞還在史丹佛大學政治學系就讀時，有個名叫西格・梅達爾（Sig Mejdal）的稀客來找他，對方是一位大聯盟球探。梅達爾在大學主修航空工程，在研究所時期則攻讀作業研究（Operation Research）和認知心理學，他藉由在當地賭場擔任二十一點荷官來賺取學費。他曾在國防工業承包商洛克希德馬汀（Lockheed Martin）和美國太空總署（NASA）擔任火箭科學家職位，後來他決定轉行到棒球界工作。他在棒球界的第一份工作是跟《夢幻總教頭》（*Fantasy Baseball*）遊戲有關：梅達爾在這個極具競爭強度的遊戲中，擔任一位偏執玩家的量化分析

師。這段寶貴的經歷，也讓他獲得聖路易斯紅雀隊（Saint Louis Cardinals）剛成立的統計部門的工作——這是一個在真實團隊裡的工作。梅達爾建立了一個模型，該模型根據球員在大學的表現統計數據，來預測他們在大聯盟中的未來。他的電腦顯示，美國最好的大學棒球選手，正在史丹佛大學就讀。

但是，當他親自去看那名球員時，羅瑞最引人注目的地方就是他的平凡。傑德·羅瑞看起來跟一般大聯盟球員一樣沒什麼差別，就像梅達爾看起來也不像一個精明的棒球球探一樣。梅達爾忍住將筆記型電腦摔爛的衝動，經過一番思索後他告訴自己不應該在乎羅瑞看起來的樣子，而是應該專注在羅瑞的表現，是否正如他的模型所預測的那樣。梅達爾懇求他的上司在選秀會上挑選羅瑞。當他們在首輪選秀放棄羅瑞時，羅瑞被波士頓紅襪隊選中。不久之後紅雀隊就會發現，當初真應該聽梅達爾的話。正如演算法所預測的那樣，羅瑞進入大聯盟，當梅達爾的上司老闆在2011年12月8日被任命為太空人隊總經理時，羅瑞正展露頭角。不到一周後，這位老闆透過交易得到羅瑞；不到一個月後，他挖來梅達爾。最終，他們在同一支大聯盟球隊碰頭了。

2012年6月16日下午，當羅瑞盯著投手丘上的格利姆時，羅瑞再次證明梅達爾是對的。在太空人隊的第一個賽季，他擊出的全壘打支數比他前四個賽季加起來的還要多。那個月他已經擊出8支全壘打，而他過去從未在一個完整賽季中擊出超過9支全壘打。但這主要是因為他從來沒有把全壘打當成他的目標。

當羅瑞就讀高中時，他打球的球場沒有圍欄，他沒有動機將球打得又高又遠。他能確保自己打出全壘打的唯一方法就是用盡全力擊球，讓球滾動的時間長到讓他繞完所有壘包。而這也成了他的目標：盡其所能地用力擊球。

但棒球運動當時正處於棒球版的三分球革命關頭，這種革命對於投手的三振和打者的全壘打給予極高的評價。在這場德州遊騎兵隊和休士頓太空人隊的例行賽中的這次打擊，意外地是一次對未來棒球運動發展的窺探。因為格利姆想要投出三振，而羅瑞則想擊出一支全壘打。

格利姆的父母被安排坐在球場裡最好的座位，就在本壘板後方，能夠即時看到他們的兒子向羅瑞投出第一球，並聽到主審比爾·米勒（Bill Miller）宣判這顆快速直球是好球。其實這次投球並不是什麼值得令人銘記的事件，只是賽季中出現的數十萬次投球之一。羅瑞在打擊區重新整頓擺好打擊姿勢，格利姆看著捕手比出的暗號，不去想他即將全力對著他的家人投出下一球。

就在這時，格利姆和羅瑞之間的對決，受到人類做判斷時反覆無常的偏見所影響。

格利姆一站上投手丘，就比羅瑞占有優勢。在一場比賽中，投手總是比打者更有優勢，即使是最好的打者，往往也是出局的次數多於上壘次數。但在這場特別的對決裡，格利姆的優勢甚至更加明顯。格利姆從未在大聯盟中投過球，因此不會有任何可靠的情蒐報告供羅瑞做參考。羅瑞不會知道球往本壘板的

飛行軌跡會是什麼樣子,直到它們向他迎面而來。「你不知道球會怎麼跑。」羅瑞說。格利姆的場上經驗不足,也意味著基本上羅瑞就跟戴著眼罩站上打擊區沒什麼兩樣。

當格利姆準備投出下一球時,這次對決的勝率更進一步地對他有利。捕手麥克・拿坡里(Mike Napoli)將自己的位置移到稍離羅瑞幾英寸遠的距離。他蹲在好球帶外角,試圖迷惑主審。如果球進捕手手套後捕手的接球動作沒有改變,那麼米勒可能會被迷惑,並宣判這一球是好球。格利姆和拿坡里密謀讓好球帶稍微擴大一點。結果,他們成功了。

格利姆將球投到捕手想要的位置:外角低。羅瑞看出球的位置偏低,而且在外角,並認為這應該被判壞球。但米勒確宣判為好球。羅瑞簡直不敢相信,他轉過身,用憤怒的眼神表達不滿。其實羅瑞極少對好壞球的判定提出異議,所以這樣的無聲抗議,相當於他在裁判面前大吼大叫。多年後,他對我說:「只有在那顆球很明顯是一個壞球時,我才會這樣。」

在米勒裁判生涯的這一階段,他早已對如羅瑞這般的不滿目光無動於衷。米勒幾乎是一個終生守候在本壘後方的裁判。當他還在上國中時,就開始考慮要成為一名裁判。他在高中時透過擔任少年棒球聯盟的比賽裁判,賺了一些外快;後來他退出大學棒球隊,成為一名高中棒球裁判,並開始去裁判學校進修,以便日後能在小聯盟工作。他在大聯盟已經服務了15年,他熱愛自己的工作。他喜歡在每次投球後做出判斷,尤其特別喜歡到德州執法,因為那裡的球場餐飲包廂的服務生總是確保

在他脫下裁判制服時,有成堆的巨無霸大蝦、牛腩和蘋果派等著他。他甚至習慣了裁判工作中唯一可能讓他不喜歡的部分:抱怨。對球的好壞進行抱怨,是比賽的一部分,有時候米勒工作的目的就像是判決好壞球後,然後被指責他工作做得有多糟糕。然而,一個好裁判必須勇於承認自己的錯誤,而米勒無疑是一個好裁判。

但米勒執法還有一個特點,使得他站在本壘板後方對格利姆來說,比對羅瑞更有利。他可說是所有投手的朋友。米勒擔任主審的比賽,每場比賽的好球數比平均數還要多4顆。事實上,他的好球帶是整個棒球界中最大的。著名棒球線上雜誌《The Hardball Times》對他的執法風格,有這樣的描述:「高球、低球、內角球、外角球、左打者的球、右打者的球——米勒幾乎總是在判好球」。

當米勒進入大聯盟時,尚未有明確的證據可以證明任一位裁判的判決是對還是錯。但後來出現了一個在每個球場都安裝高解析度攝影機,名為PITCHf/x的系統,該系統會精確地追蹤你想知道的關於任何一個投球的所有資訊:速度、軌跡,以及最重要的,位置。這項技術,將可能讓像米勒這樣的人變得多餘。人為錯誤一直是棒球運動的一部分,如果沒有其他原因,那它就必須存在,但現在不是如此了。除了守舊的比賽觀念之外,沒有什麼力量可阻止米勒被機器取代。與此同時,米勒的上司們開發一種稱為「區域評估」(Zone Evaluation)的方法,該方法使用PITCHf/x數據作為無可爭議的標準來確認像米勒這

樣的裁判判定好壞球的頻率。這是一個讓人感到壓力的提醒，因為機器人永遠不會錯。但在它們出現之前，好壞球仍然將由人類判斷。引進PITCHf/x的結果是，突然間，不僅僅是米勒或他的上司，而是所有可以上網的人，都能在球飛過本壘板的瞬間親眼目睹究竟是好球還是壞球。在這個特殊的情況下，裁判認為這顆快速直球輕輕擦過好球帶的外角，但實際上它以極小的差距偏離好球帶，而這樣的微小差距也讓一切變得不同。

這顆球被判為好球，但它應該是一顆壞球。傑德·羅瑞是對的，比爾·米勒錯了，賈斯汀·格利姆很走運。

羅瑞現在已經有2顆好球，格利姆看著捕手打出的暗號，他看到捕手伸出一根小拇指。無論是在大聯盟、2A聯盟及所有級別的棒球比賽，小拇指所代表的意思都是一樣的。在棒球的通用語言中，小拇指代表內角快速球。格利姆點了點頭，表示同意捕手。他們都覺得內角快速球是能讓羅瑞三振出局的最佳選擇。那天晚上，球場裡的攝像機記錄下這顆以每小時93英里的速度從內角邊緣呼嘯而過的快速球。對於這種投球，正確的棒球術語是：犀利的（filthy）。

如果裁判是一個根據機器邏輯做決策的機器人，根據只有機器人才看得到的在本壘板上的九宮格好球帶，在這樣的一顆犀利球被判好球之後，他會直接判定第三顆球也是好球，打者被三振出局。

但米勒不是機器人，他是一個普通人。而這位擁有比賽中最大好球帶的裁判，將這顆邊邊角角的球判定為壞球。

當喝醉的球迷老是對大聯盟的裁判大聲噴髒話時，很難體會到裁判的工作有多出色。他們大約能正確判定87%的好球和壞球，而且幾乎從不會錯過明顯的好球和壞球。對於那些輕而易舉就能判別的球，他們的成功率是99%。真正讓他們頭疼的，是那些在好球帶邊緣幾英寸內的球。即便是最可靠的裁判，對這些球的判定準確率，也只有60%。

但這並不是米勒把格利姆對羅瑞投出的球，判為壞球的唯一原因。幾年後，這顆球成為一組經濟學家分析的數百萬個大聯盟賽季中投出的球之一，這組經濟學家對專業決策者在高風險情境下的行為很感興趣。他們想知道的是，裁判在連續判兩顆好球之後，會採取什麼行動。他們真正想知道的是，這是否會對下一顆球的判決產生影響。

在一個完美的世界裡，這種情況不會發生。但大聯盟並不是一個完美的世界。如果裁判對前兩顆球都判為好球，那麼他對下一顆球判為好球的可能性會降低2.1個百分點。米勒的好球帶，在第三顆球時縮小了。事實上，米勒已經判了兩顆好球，而格利姆又投了一顆接近好球的球，這實際上對他不利。

格利姆沒有因為他的大聯盟生涯第一次奪三振機會被剝奪而表露出任何情緒。他抿了抿嘴，盯著捕手等候下一個暗號。他再次看到那個暗號：小拇指。他這次不需要點頭確認。當他看到捕手比出小拇指時，他立刻在投手板上就定位，投出另一顆內角快速直球。此時在一壘的跑壘員開始往二壘跑，捕手也精準地傳出一球，成功抓到跑者，完成第二個出局數。格利姆

再次呼了一口氣。他現在只差一球，就能結束這一局。

格利姆再次就投球準備，隨後投出一顆94英里的快速直球，直奔本壘板正中央。結果證明，這是一個極大的錯誤。羅瑞利用米勒沒有判定第三顆好球的再次打擊機會，迅速作出反應。他自高中時期就在沒有圍牆的球場上打球所訓練出的本能，在此時發揮作用了。他揮棒擊球。球碰到球棒後，向右外野和中外野之間的深處飛去。格利姆的母親驚恐地摀住嘴巴，但球仍在飛行。格利姆的妹妹在看到球被打出去後遮住眼睛，球依然在飛行，她最終在最糟糕的時刻偷看了一眼：球飛越圍牆。

傑德‧羅瑞不僅用力擊球，他還擊出一發全壘打。

3

格利姆、羅瑞和阿薩法的一個共同點是，他們的困境都可以用「去賭場一趟」來解釋。

賭場是研究決策的好地方，因為賭場是人們做出錯誤決定的地方。在這個充滿人性愚昧的實驗室，擁有實驗心理學家所渴望的控制條件，但它也吸引了那些真正用自己的錢下注的受試者，這就是為什麼輪盤上的每一次旋轉都具有對人類行為的生動研究素材。蕾秋‧克羅森（Rachel Croson）和吉姆‧桑達利（Jim Sundali）決定撰寫這項研究。

克羅森是一位專注於研究金融決策的行為經濟學家。人們在與金錢打交道時所犯的錯誤，正是推動整個賭場行業的認知偏誤。桑達利從親身經驗中知道這一點。在他成為管理科學學者之前，他曾是一名股票經紀人。當他回到學校攻讀博士學位時，他師從一位名叫阿姆農‧拉波波特（Amnon Rapoport）的以色列心理學家，是特沃斯基大學室友和形影不離的好朋友。他們在排隊等候註冊為心理學學生時相遇。

　　桑達利相當欽佩拉波波特，就像任何學生都會崇拜一位引領他們進入創意奇境的教授一樣。他們的關係也比大多數學生和教授更親近，例如當桑達利和他的大學朋友一起去跳傘時，拉波波特說他也想參加。「這本身就很了不起，因為他有嚴重心臟病，才剛因為心臟手術休息了一個學期，」桑達利說，「我不知道是否應該帶他去跳傘。」但他還是帶上拉波波特。這位學者和兩名前大學運動員一起擠進車裡，雖然這兩位運動員剛剛畢業，但已經找到在金融機構管理他人資產的工作。桑達利告訴他的朋友們，他在拉波波特的課堂上讀到一篇聲稱「熱手效應」是一個神話的論文，於是在他們剛開上高速公路時，朋友們便開始盤問這個學者。拉波波特被問得難以招架，終於脫口而出：「你們要看到什麼證據，才會相信這個現象不是真的？」桑達利的朋友們認為沒有任何證據，可以改變他們對「熱手效應」的看法。「我很高興你們有信念，我永遠不會貶低一個人的信念，」拉波波特說，「如果你心中有信念，證據就不是那麼重要了。」車子開進停車場停好後，他們拿到一紙免責

聲明。拉波波特吞了吞口水。這個曾經心臟病發作的人,無法如實回答該聲明上的相關健康問題。他把桑達利拉到一旁。

「我該怎麼辦?」拉波波特問。

「嗯,如果你想跳傘,就在聲明上全部勾選『是』,然後簽上你的名字。」桑達利說。

拉波波特無視客觀證據,選擇信念。

桑達利認為賭博研究值得他花時間的另一個原因,是他的工作地點是內華達大學雷諾分校(University of Nevada, Reno),校園附近的賭場和咖啡店一樣多。當他們著手發表關於賭博決策的系列論文時,克羅森和桑達利選擇研究哈拉斯賭場的快速輪盤下注模式。「我們拿到一大堆影印紙,上面記錄每個玩家的投注模式,」桑達利說,「我們知道他們下注的時間和金額。」桑達利後來接到一個學生的電話,對方在一家拉霸機製造商工作,並提供1,700萬台拉霸機的數據。「對賭客來說這不是好贏錢的遊戲,」桑達利說,「但對我們來說卻是最好的數據集。」但是,當桑達利的一名EMBA課程學生告訴他,他在當地的一家賭場工作時,他們中了大獎。桑達利提到,他準備派一名博士生去賭場在輪盤賭桌上記錄賭注,但他的學生承諾給他更好的東西──拿到賭場的監控錄影帶。「這位博士生很興奮地觀看,」克羅森說,「接著我們在地下室逐一格放地觀看錄影帶,然後把賭注輸入電子表格中。」現在,桑達利和克羅森也擁有一座金礦:對同一個輪盤賭桌進行18小時錄影的俯視鏡頭。他們握有139名賭客、904次旋轉和2萬4,131次投注的數據

可供使用。

他們開始觀察輪盤中的五五開賭注。這些賭注就像紅與黑——基本上就是正面與反面。在賭徒至少看過一次輪盤旋轉之後,他們進行的531筆投注,大致分為兩類:一是相同結果的賭注(紅色後再紅色),另一種是相反結果的賭注(紅色後是黑色)。這些投注大致是52%對48%。

但是,當桑達利和克羅森分析了連續兩次相同結果之賭注後,這個比例突然翻轉了:49%對51%,賭客開始傾向對相反結果押注。也就是說,在輪盤落在紅色之後,接下來的賭注中有48%是押黑色;但是在輪盤連續兩次落在紅色之後,接下來51%的賭注都是押黑色。這個比例在三次出現紅色後攀升至52%,在出現四次紅色攀升至58%,在出現五次紅色後攀升至65%,而在出現六次或更多紅色後則高達85%。「他們對連續結果進行投注時,很明顯地比起押注比對連續結果,更多地是選擇相反結果。」桑達利和克羅森寫道。

這就是「熱手效應」的必然結果:賭徒謬誤(the gambler's fallacy)。

賭徒謬誤一直在影響毫無防備的賭客大腦,讓他們不斷慷慨地將錢捐獻給賭場。第一個提出這個現象的人,是法國數學家、統計學家、物理學家,以及其他多種身分的皮耶–西蒙・拉普拉斯(Pierre-Simon Laplace)。他是比康納曼和特沃斯基早早數百年的先驅。如果他今天還活著,說不定會開設自己的播客節目,他可能會在出席一場TED演講後聲名大噪。也許他還會

不情不願地受邀參加世界經濟論壇（World Economic Forum）。但他很早就得出這些結論。在他1814年出版的經典著作《機率哲學論文》（*A Philosophical Essay on Probabilities*）的一章中，他用法國彩券的例子來描述賭徒謬誤，並指出人們偏愛那些有一段時間沒有被選中的號碼，是多麼愚蠢的一件事。「過去不應該對未來產生影響。」他寫道。這在那些騙取人們錢財的賭場遊戲中尤其如此——如輪盤遊戲。出於人們被彩券欺騙的同樣原因，人們也會對賭場中開出的連續結果反應過度。

不過賭徒謬誤與熱手謬誤（hot-hand fallacy）不同。史蒂芬‧柯瑞連續出手三次命中，球場裡的每個人都希望他能投進第四次，這就是熱手謬誤。但是輪盤連續三次停在紅色，賭場裡的每個人卻都把錢押在黑色，這就是賭徒謬誤。

問題在於我們如何看待那些我們覺得自己可以控制的結果（籃球），以及那些我們知道自己無法控制的結果（賭輪盤）。當出現違背機率的連續結果時，我們總認為後續趨勢會走向平衡，於是據此下注。我們內化了均值回歸（regression to the mean）的概念。但是，當我們自己在挑戰機率時，情況就不同了。當史蒂芬‧柯瑞追求連續第四次投籃命中時，我們相信他將暫時擊敗統計上的必然性。因為他火力全開！

我們甚至有可能同時相信熱手謬誤和賭徒謬誤。彼得‧艾頓（Peter Ayton）和伊蘭‧費舍爾（Ilan Fischer）想出一個巧妙的方法來說明這種矛盾。他們把一些心理學學生帶到一間講堂，並分發一份三頁的測驗，以獲得額外學分。每一頁上都雜亂無

章地寫著@和#符號,看起來就像有人不小心誤觸鍵盤發出一則訊息。

當學生們試圖釐清這些看似難以理解的序列時,他們被告知這些符號是教授們進行的六項實驗的結果:籃球投籃、擲硬幣、足球進球、擲骰子、網球發球和輪盤結果。但學生們沒有被告知的是,這些實驗從未真正發生過。這些序列是由一台計算機隨機生成的,其中包含11個@符號和10個#符號。艾頓和費舍爾將他們的假實驗分為兩類。他們將人類的表現(籃球投籃、足球進球、網球發球)與純粹的隨機(擲硬幣、擲骰子、輪盤結果)進行比較。學生們觀察了28個序列,這些序列中@符號和#符號的交替率各不相同。視覺上的差異非常明顯。以下是低交替率序列與高交替率序列的對比:

低:@@@@@@@@@#@##########@
高:@###@@#@#@@#@#@#@#@#@

艾頓和費舍爾告訴學生,每一串@和#符號都可以代表成功或失敗(如籃球投籃),也可能是紅或黑(如賭輪盤)。這幾乎是學生們所得到的全部資訊。學生們要自行判斷哪些序列代表什麼任務,教授們也會為那些表現優於班級平均水準的學生們提供額外的加分獎勵。

當時,艾頓已經研究熱手效應和賭徒謬誤很多年了。他寫的第一篇短文刊登在一本科普雜誌上,他試圖複製吉洛維奇、

熱手效應

特沃斯基和瓦隆的籃球論文在足球上。在研究了英格蘭足球超級聯賽（English Premier League）中頂尖射手的進球後，他得出同樣的結論。「任何對『熱腳效應』（hot foot）的信仰也是一種謬誤。」他寫道。他很快就經歷了同樣的騷動，他的文章在家鄉英格蘭引起軒然大波，以至於他被邀請在電台上與羅恩‧阿特金森（Ron Atkinson）就「關於球迷是否有理由抱持連續進球的信念」進行辯論。阿特金森長期擔任職業足球隊經理，他更廣為人知的名字是「大羅恩」（Big Ron）。大羅恩有一些意見想說。「你從來沒進過更衣室！」大羅恩喊道，「我一直在更衣室裡，我知道那是什麼感覺。」艾頓對大羅恩的憤怒感到高興，他在足球界得到與特沃斯基在籃球界所受到的同樣難以置信的反應。

但這個特別的實驗，與艾頓的大多數工作不同，因為他無法事先預測它是否會產生任何關於熱手效應或賭徒謬誤的有趣發現。「通常，當你進行實驗時，你非常確定會發生什麼，或者至少你認為自己是確定的，而這有時會讓你懷疑自己為什麼要進行實驗，」他說，「但關於這個實驗，我真的一點頭緒都沒有。」

接下來發生的事，不會讓拉普拉斯感到驚訝。學生們猜測連續的符號序列是籃球投籃的結果，而看似隨機的序列則是輪盤的結果。在他們心目中，@@@@@@是人類表現的產物，但@###@是純粹的隨機現象。當人類擁有控制權時，他們相信熱手效應；當他們只是旁觀者時，他們相信賭徒謬誤。

拉斯維加斯的輪盤賭桌在設計時，就考慮到這些旁觀者。在當今賭場的輪盤旁邊通常是電子記分板，每次輪盤旋轉後都會更新即時統計數據：紅色與黑色的比例、數字的分布，以及最重要的，過去20個數字。這是一個令人印象深刻的展示，但實際上完全沒有意義。這些炫目的螢幕對賭徒的幫助，就像觀看賭場門口的廣場水舞秀的現場直播一樣。「如果這是一個完全隨機的遊戲，就根本沒有任何理由顯示之前的數字，」桑達利說，「但他們明白賭客們會很想知道之前的數字。」

賭客們之所以想知道，是因為他們相信有些模式可以被破解。而賭場的目標，正是那些相信賭徒謬誤的客戶。賭場所提供的這些訊息，只是讓那些受這種心理偏誤影響的人做出令人遺憾的決定。那些電子記分板，就像是上面寫著：「請把你所有的錢都給我們」的霓虹燈廣告看板。

這就把我們帶到克羅森和桑達利的下一個研究內容：那些表現出賭徒謬誤的賭客，是否也相信「熱手效應」？他們確實相信。當那些玩運氣遊戲的人認為自己手氣正旺時，他們不會離開桌子，直到他們冷靜下來。他們會繼續點同樣的飲料，執行同樣的幸運儀式，只要他們能繼續贏。他們竭盡全力繼續參與遊戲，就像史蒂芬・柯瑞試圖繼續投籃的一樣：因為他們認為自己很「火熱」。

克羅森和桑達利觀察這個特定賭場的輪盤賭桌上的賭客，發現80%的受試者在輸錢後離開賭桌，但只有20%的人在贏錢後自願停止再玩。各位可能認為在贏錢後離開並趁機退出是合

理的,畢竟這是輪盤賭博!你最終會輸。明智的做法是把贏來的錢好好收進口袋,然後去吃一頓豐盛的牛排晚餐。也許這是你的想法,但賭場知道這不會是你的行為模式。

這並不是他們發現的關於「熱手效應」的唯一證據。克羅森和桑達利還發現,如果賭客贏了五五開的投注,他們會變得更激進。在下一輪的輪盤上,那些贏得五五開投注的輪盤玩家,會將他們的籌碼分散到14個數字上。

那些不幸輸了的倒楣蛋,在下一輪的投注只投9注。克羅森和桑達利在重播三個晚上的輪盤賭桌影片時,看見他們迄今為止最有趣的發現之一。常流連賭場的輪盤玩家相信熱手謬誤和賭徒謬誤是一回事,但久久玩一次的輪盤玩家呢?事實證明,根據賭徒謬誤下注的人,也會是根據熱手謬誤下注的。也就是說,如果你在黑色之後押注紅色,你也可能在贏得賭注後下注更多。「人們似乎相信人可以變得『火熱』,」艾頓和費舍爾總結道,「但認為無生命的設備不能。」克羅森和桑達利也強調了這四個字:「似乎相信。」我們實際上並不知道他們的信念是什麼,」桑達利說,「我們測量的只是他們的行為。」這就是他們將實驗帶到賭場的意義所在。他們可以評估受試者實際做了什麼,而不是他們說他們會做什麼。

但如果我們將賭徒謬誤的原則,擴展到賭場的霓虹燈之外呢?如果它們也適用於棒球裁判呢?而且,如果那些比評判好壞球更高風險的工作,也依賴賭徒謬誤來行事呢?如果這種偏見成為一位著名的伊拉克雕塑家是否能獲得美國庇護的決定

呢?

4

這篇論文名為《難民輪盤》(*Refugee Roulette*),是目前為止就美國移民問題方面最全面的研究,基於超過40萬個庇護案件,包括那些受託作出對他人生命中最重要決定的人:法官,所監督的案件。這是一篇具爆炸性的學術論文,撰寫該論文的法學教授確保它會被廣泛閱讀,因而給了它起了這樣的名字。他們對像阿拉‧阿薩法這樣的庇護申請者的分析,得出對正義運作方式的強有力駁斥。作者寫道:「庇護申請者是否能在美國安全生活,或被遣返回他所聲稱害怕受迫害的國家,可說受機會之輪的影響很大。」

他們的論點是對的,縱使他們不知道自己到底有多正確。

他們論文的結論是,移民一旦申請庇護,就等於把自己交給命運之輪。他們留在美國的機率,會根據他們無法控制的情況而產生變化。根本沒有所謂公平的競爭環境。事實上,相同的申請很容易產生不同的結果。在亞特蘭大,尋求庇護的中國人申請成功的機率為7%,而在奧蘭多則為76%。一位移民法官批准庇護的案件為6%,但同一法院的另一位移民法官批准的案件則占了91%。在邁阿密、紐約和洛杉磯等城市,32%的法官之裁決,與平均值相差甚遠。這些異常值不是例外,而是常態。

研究人員寫道:「從一個官員到另一個官員,從一間辦公室到另一間辦公室,從一個地區到另一個地區,從一所上訴法院到另一所上訴法院,從一年到下一年,決策存在顯著的變異。」

這項令人不安的研究中最讓人吃驚的一點是,在案件審理中,沒有什麼因素比法官更重要了——不是尋求庇護的申請者,不是他們來自哪個國家,也不是他們將為美國貢獻什麼樣的技能,甚至不是他們當初逃離的原因。在分配法官的過程中,存有很大的隨機性。一個可能為美國帶來巨大貢獻的符合資格之移民,很可能僅因為在亞特蘭大碰上一位嚴格的法官,而不是在奧蘭多那位比較寬容的法官,而被拒絕庇護。

但這個過程對尋求庇護的人來說尤其殘酷,因為它不僅關乎是誰和在哪裡,還關乎是何時。

他們留在美國的機會,取決於被隨機分配到的法官,最近是否在一個完全不相關的案件中批准庇護申請。這完全毫無客觀性,庇護法庭基本上就是一個賭場。

還記得那些寫過關於棒球裁判的論文的經濟學家嗎?棒球裁判並不是他們研究賭徒謬誤跡象的唯一對象。實際上他們還研究了一批重要專家的決策習慣——庇護法官。

布魯斯・恩洪(Bruce Einhorn)是他們的研究對象之一。在成為美國移民法庭法官之前,恩洪曾在司法部工作,在那裡他實際上參與了美國國家庇護法的起草工作。起初,他是哥倫比亞大學的一名本科生,對那種可能影響法官所謂公正判決的心

理學因素感到好奇。「我覺得這些東西很有趣，」他說，「我不認為所有的法官都這麼想。」恩洪在史金納箱（Skinner box）[1]裡訓練實驗室的老鼠，並研究牠們的行為。他最終在此過程中，得到一些感悟。「我體認到，我不想成為箱子裡的老鼠。」他說。

恩洪在法官席上的20年裡證明了一點：他是一位寬厚的法官，他的庇護批准率高於大多數同僚。他並不是對每個站在他面前的人都說「批准」，但他說「批准」的次數足夠多，以至於會讓人以為他不會說出「不批准」。「拒絕總是比批准容易。」他說。說「不」，竟然出乎意料地簡單多了。任何像恩洪這樣經常說「批准」的人，都是冒著將自己置於挑戰官僚主義的敏感神經風險中。「你有可能會被認定是個懦夫，」他說，「而不被承認是個正直的法官。」

即使是被賦予聯邦法官權力的人，對於相同案件也可能得出各種不同的結論，這樣的情況使得一位名叫凱莉・蘇（Kelly Shue）的經濟學家，開始質疑他們是否也容易受到認知偏誤影響。她告訴同事托比・莫斯科維茨（Toby Moskowitz）和丹尼爾・陳（Daniel Chen），她手上有一些與庇護法官有關的數據。她想看看這些在現實世界中具有實質影響力的人，是否也會受到賭徒謬誤影響。由於案件的分配完全是隨機的，而且法官們

---

[1] 譯註：用來研究動物行為的實驗裝置，由美國行為學家伯爾赫斯・佛雷德瑞克・史金納（Burrhus Frederic Skinner）所發明。

被鼓勵在最短時間內完成盡可能多的案件,這也使得庇護法庭成為偏誤孳生的溫床。

理論上,一個庇護案件的結果應該不會影響下一個案件的結果。但問題在於,理論並未考慮到穿著法袍的人的情緒波動。法官不是機器人,他們和大聯盟裁判比爾·米勒一樣,都是普通人。

法官在社會上扮演著複雜的角色,我們賦予他們像神一樣的權力,他們是我們選擇的自然秩序的執行者。但是,當他們覺得自己的工作是要平衡一切時,他們就變成與那些希望不斷連續進球的籃球迷完全相反的角色。法官的職責是忽略連續相同的結果,並做出公正判決。然而,他們往往也沒能堅守這一標準。他們注意到連續相同結果的存在,他們認為不應該如此,因此他們斷絕了連續相同結果的判定。

蘇、陳和莫斯科維茨分析了357名庇護法官超過15萬件裁決,他們計算出平均批准率為29%。但當他們查看案件的順序時,發現了平均批准率的變化。他們發現,法官在上一個案件中核准庇護後,會更不願意立即在下一個案件中批准。這是令人沮喪的,這意味著一位需要庇護的移民——一個已經經歷可怕困境、難以想像的痛苦,並克服極其困難的生存考驗的人——會因為與申請無關的因素,而無端受到懲罰。更令人沮喪的還在後頭,這些統計數字顯示,如果一位法官在連續兩個案件中核准庇護,無論下一位申請人的申請情況如何,他在這一案件中批准的可能性,會比在連續拒絕兩個案件時低了5.5個百分

點。這些法官受賭徒謬誤影響的程度,其實與棒球裁判和喝醉酒的輪盤玩家一樣。而像阿薩法這樣的人,則可能會因這種隨機因素影響而受到不公平的對待。

「法官們知道案件是隨機分配給他們的,但一旦你提到隨機這個詞,我們對隨機的理解就會變得非常奇怪,」莫斯科維茨說,「我們大多數人對它都不是太理解。他們認為隨機意味著如果我今天有6個案件,應該有一半是正面判決,一半是負面判決,他們不認為會出現3個連續相同類型的案件,接著是3個連續不同類型的案件。他們認為案件應該是交替的,但事實並非如此。」

如果有人要求莫斯科維茨修正這個系統,他會提出一個簡單的調整建議:改變案件分配給庇護法官的方式。他認為每位庇護申請者,都應該由兩位法官聽審。「一位法官做決定,另一位法官審核這個決定,」莫斯科維茨說,「但他們應該以不同的順序來查看案件。」這樣可以消除兩位法官因其中一位剛批准庇護申請而另一位剛拒絕申請所造成的差異。儘管這個方案在實際操作中可能不太可行,因為法官們的案件已經很多,不可能再增加一倍的工作量,但這仍然是正確的解決方案。

莫斯科維茨非常喜歡這個想法,以至於他在自己的生活中也實施了這種行為調整。當他的助教批改考卷時,他確保每份考卷都被批改兩次,然後他再將兩次的分數平均。但是,在思考如何克服賭徒謬誤的方法後,莫斯科維茨意識到了自己的系統中之缺陷。「可能會有一些偏見,」他說,「當你連續看到幾

份很棒的考卷,這可能會影響你對下一份考卷的給分。」他毫不遲疑地進行修正。現在,他的助教們要批改同樣的一批考卷,但順序不同。「這才是一種相當公平和公正的評估方式。」他說。

但阿薩法得不到這樣的待遇。在他的庇護申請中存在多個變數:他遇到的是哪位法官、在哪裡遇到的,以及在何時遇到的。這就是人性中賭徒謬誤的影響。這些法官們並不是在賭黑色或紅色,也不是在判定好壞球。他們在決定的事,是阿薩法的生死。

5

阿薩法申請美國庇護後不久,就搬進南加州的一個老年社區。他把自家車庫改造成一個狹窄的藝術家工作室,然後開始創作。

他的搬遷喚醒了他內在的創作能量。「我必須將腦海中滿滿的想法釋放出來。」他說。最省錢的表達方式,就是繪畫。他創作了一系列名為《可愛的舞者》(*Lovely Dancers*)的作品,該系列是一組不同的豐滿女性處於各種裸露狀態的畫作。「在我的國家,如果我這麼做,他們會殺了我。」他說。但是一旦他可以隨心所欲地創作,他就想做一些自己從未被允許去做的事。

當我在一個炎熱的夏日午後拜訪他時,阿薩法正在適應他

不太可能的、模糊的美國生活。我在《聖地牙哥聯合論壇報》（*San Diego Union-Tribune*）上讀到一篇關於他的故事，現在我坐在他對面。他拿著一瓶水和兩杯星巴克星冰樂——香草和摩卡來迎接我，堅持要我選一個。他穿著藝術家般的制服，寬鬆的黑色T恤、黑色褲子和襪子與涼鞋。我聞到了一股濃厚的香菸味。他坐在桌子後面，桌子上放著一個菸灰缸，散落著鉛筆，還有一台筆記型電腦，播放著當天足球比賽的精彩片段。他幾乎不需要站起來就能走到畫架前。他的工作空間裡散落著他過去生活的文物，他用幾個鞋盒裝著剪報、贏得全國比賽的郵票，以及他所有榮耀的雕塑照片。他甚至從書架的盡頭拿出一個厚厚的活頁夾，自豪地笑著向我展示他的祕密惡習：藏匿的茴香酒和亞力酒（arak）。

他大部分時間都待在這個與住家相連的工作室裡。附近的一所大學曾經想提供他一個正式的工作空間，但他說油錢太貴了。當朋友們答應開車載他時，他挽拒了。「我覺得太麻煩了，」他說，「而且那是年輕人的地方。」阿薩法喜歡在家工作，這也是他在巴格達時喜歡的工作方式。對他來說，工作地和住家臨近是非常重要的一件事，因為他無時無刻在想著跟工作有關的事。對他來說，工作與生活的平衡根本不存在。「這就是我的生活，」他說，「沒有工作，就不算生活。」

但他的工作和新生活有兩個問題。第一個問題是石材，當他去當地的畫材專賣店Blick Art Materials時，他驚訝地發現即使是最小的雕刻材料，也超出他微薄的預算。第二個問題，則無

法藉由繪畫來解決。

　　阿薩法已經在南加州生活了好幾年，但他仍然無法確信他是否能被允許留下。他在美國史上最不願意施予同情的時刻，離開了舊生活，尋求新生活。但他無法擺脫舊生活，因為他現在的新生活受到美國庇護制度的擺布。

　　這個制度要求阿薩法在正式申請庇護之前，需要完成一大堆的文件申請工作。申請表上的說明，繁瑣到任何讀完的人都應該當場獲得公民身分。所有這些文件都是有目的的，這是為了篩選出誰是真正需要拯救的人。阿薩法必須證明自己在伊拉克確實面臨死亡的威脅，並證明他因種族、宗教、國籍、政治，或者就他而言，是某個特定社會群體的成員身分而受到迫害。他回憶起女兒在車庫門下發現的那封恐嚇信，並解釋說自己是一名藝術家，他擔心自己如果回到伊拉克，將遭遇不測。

　　庇護篩選程序的下一步，是與國土安全部的庇護官進行面談，這位官員的工作是審核所有文件。阿薩法在提出申請幾個月後就獲得了第一次面談機會。考慮到繁瑣的官僚程序，這樣的進展似乎還滿快的，他的家人也因此感到欣喜。這無疑是個好兆頭。然而，有一次他和一位官員在辦公室裡，阿薩法試圖解釋他申請庇護的所有原因。這位伊拉克雕塑家說：「我想在這裡做些事情──為了美國。」這其實是一個溫和友善的表達，但對他的申請幫助不大。相反地，他必須說服政府，他留在美國的理由超過他對藝術的強烈渴望。他必須有說服力地證明，他沒有其他選擇，阿薩法必須證明自己感到非常恐懼。負

責評估他說詞可信度的庇護官，需要了解更多關於阿薩法的過去，這意味著需要知道他是否認識海珊。

「我是一個窮困的藝術家。」阿薩法回憶道。

曾為海珊工作過嗎？

「是的。」

是做什麼樣的工作？

「我是一名雕塑家。」他語氣懇切地說道。

在伊拉克時，他是否感到有危險？

「在我的國家，我恨不得自己有五雙眼睛：一雙、兩雙、三雙、四雙、五雙。」他邊說邊指著腦袋的左側、右側和後側說。

那麼，在美國他需要多少雙眼睛？

「只需要一雙。」他說。

與阿薩法面談的官員可以用幾種方式，來處理他的申請案。他可以當場批准他的庇護申請，也可以拒絕他的庇護申請。或者可以將他的案件推遲，並轉交給聯邦移民法官來決定是否應該准許提供庇護。

自那次面談以來，已經過了好幾年。我和阿薩法一起喝星冰樂的那個炎熱夏日午後，距離他上次與庇護辦公室的最近一次聯繫也已經過了好幾個月。美國的庇護制度正面臨危機，因為來自中美洲國家的移民不斷湧入邊境，使負責處理申請的官員和移民法官不堪重負。移民系統本應會在100%、200%或300%的成長下崩潰，但實際上在阿薩法申請庇護的前幾年裡，案件數量卻是如一場災難性的洪水般成長。在5年中，庇護案件

的數量實際上增加1,750%。以美國移民系統來說,這個數字之龐大是令人無法理解的。讓我們簡化一下。想像你有每天寫待辦事項的習慣。在忙碌的一天中,你有10個任務,當你畫掉每一個任務時,你將獲得一種滿足感。但是,像這樣擾亂庇護制度的成長量,相當於把10個任務變成185個。這不再是每天的待辦事項清單,而是一個被壓縮在24小時內必須完成的月待辦事項。

共有約32萬663名像阿薩法一樣的庇護申請者等待處理,文件數量足夠填滿4座美式足球球場,而移民法院已經超過負荷,甚至無法正常運作。積壓的案件持續增加,與此同時,政府採取後到先服務的方式,即最早到達的申請者將會在最後才處理。該機構處理庇護申請的速度極其緩慢,看似永遠也無法處理到阿薩法的申請案。由於在邊境有如此多的移民,人們很容易忽視那些已經持有臨時簽證的庇護申請者,如阿薩法。當我去見他的那個月,美國國土安全部的庇護部門處理了約7,000個案件,但還剩下數十萬個案件待辦。有些人當場被批准或拒絕庇護,但大多數申請者在面談後會被轉交給聯邦法官。他們和阿薩法一樣,陷入了庇護煉獄中。「無論如何,你都死了,」他說,「不管是睡著還是醒著。」

在他等待申請多年期間,他的家人經常打電話給當地的庇護辦公室詢問進度。他們每次都因得到相同的回應而備受折磨:「待處理,待處理,待處理。」齊娜說。整個過程讓她痛苦不堪,以至於她已經不確定自己是否做了正確決定,鼓勵她的

父親離開伊拉克的舊生活,尋求在美國的新生活。這就是庇護程序的可怕之處:阿薩法的女兒甚至認為,也許父親身處在一個因為藝術家身分而被殺的地方,可能會更幸福。「為了安全起見,我希望他留在這裡,」她說,「但現在,信不信由你,經過這麼長時間的等待,申請案仍然懸而未決。我後悔了。我把他留在這裡是否是對的?我不知道,我想他肯定很想家。」

阿薩法喜歡在新家附近散步,以消除折磨他內心對於自我存在感的不確定。他向那些在花園中擺著美國國旗鄰居們揮手打招呼,他在這個社區中頗受歡迎。每當齊娜來訪時,他的朋友們都會衝過來跟她打招呼。「我想讓人們知道他多有才華,」她說,「一個有才華的人卻沒有得到認可,是多麼可悲的一件事。我希望他在他的生命結束之前,能得到認可。」

對於父親,齊娜還有一個盼望。

「我希望他在生活和藝術上都有選擇的權利,」她說,「而不是總是受他人支配。」

在等待庇護申請結果的過程中,阿薩法唯一能做的事就是繼續藝術創作。他的目標是在願意接納他的美國小鎮中央,建造一座宏偉的公共雕塑。他甚至為此製作了一個精緻的小模型。這是一個包含著他的雄心壯志的作品,一個結合美國地圖和美國國旗的設計,中央寫著一個英文單詞:自由,周圍則點綴著來自他的故鄉的多種語言版本。他無法確定自己是否能親身體驗到這份自由。

阿拉‧阿薩法對於未來的不確定感，傑德‧羅瑞的全壘打、尼克‧哈根的豐收和大衛‧布斯的籃球規則；羅伯‧萊納的電影、蕾貝卡‧克拉克的奏鳴曲及威廉‧莎士比亞的戲劇；馬克‧特梅爾令人上癮的電玩遊戲，當然還有史蒂芬‧柯瑞的投籃饗宴。

到目前為止，我們已經知道什麼是「熱手效應」。

但仍然有一件我們不知道的事。

那就是如果當我們親眼目睹時，我們應該相信自己所看見的嗎？

CHAPTER
06

迷霧裡的真相
THE FOG

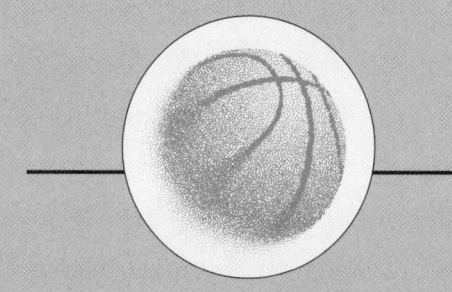

忠 於 數 據

1

作為一個政治中立國的最大城，斯德哥爾摩在二戰期間經歷了一個異常奇特的情況。由於它離戰場夠近，所以成為間諜和外交官的避風港；但又足夠遠，因此那裡的日常生活幾乎沒有受到影響。「對於一個親眼目睹英國被轟炸的旅人來說，」一位外國記者寫道，「斯德哥爾摩就像一片天堂。」瑞典人仍然去聽音樂會和歌劇，他們仍舊穿著燕尾服和晚禮服去跳舞。他們還是照常去看電影。

在1942年的嚴冬，斯德哥爾摩最熱門的電影是《紅花俠》（*Pimpernel Smith*），這部電影講述一位教授秘密拯救集中營囚犯的故事。由於電影情節過於政治化，它在瑞典被禁播，但禁播並不意味著很難找到。這種審查制度實際上起了反效果，只會讓更多人想看。為了滿足需求，英國大使館舉辦《紅花俠》放映會，前來觀看這部影片的觀眾中，有一位名叫羅爾·瓦倫伯（Raoul Wallenberg）的年輕人。那天晚上他走出大使館後，感到深受啟發。

「那就是我想做的事。」他說。

但他從來都不應該做這樣的事。羅爾·瓦倫伯來自瑞典的瓦倫伯家族，這個家族被譽為瑞典的洛克菲勒家族。他們家族的座右銘是：要存在，但不要被看見（to be—not to be seen）。不過，羅爾總是與其他瓦倫伯家族成員不同，他從未對於自己貴族般的生活感到享受。他的父親在他母親懷他時就去世了，

他臨終前為這個永遠見不到的兒子許下遺願:「只要這個小寶貝日後成為一個善良、好心、簡單的人,我會很欣慰。」羅爾確實善良與好心,但他一點也不簡單。他從小就受到祖父的培養,祖父是一位看透世俗和知道善解人意之重要性的瑞典大使,這就是他將羅爾送到密西根大學,希望孫子能在健康的美國環境中學習的原因。他在給孫子的一封信中寫道:「我們不應該沉浸在自身比國內任何人更優越的幻想裡。」後來又補充說,「一個勇於開創之人,將在外國人身上學習其優點。」

瓦倫伯在國外生活的經歷,讓他內心充滿了理想主義和極大的野心。他知道自己不會永遠待在美國,因此他把握機會盡情沉浸在美國文化中。瓦倫伯用一種非常簡樸的方式在這個陌生國家旅行。他特別喜歡搭便車,並且努力向祖父保證,向陌生人要求搭便車並不會貶損家族的名聲。他在信中寫道:「搭便車能讓我有機會作社交和機智處事的訓練。至於風險,可能被誇大了。」然而,事情並不總是如此順利。有一個晚上,他在從芝加哥搭便車回來的路上被持槍分子搶劫,結果他發現自己竟然覺得整個經歷異常刺激。他在生命威脅的壓力下表現得既從容又鎮定,以至於讓搶匪反而感到不安。

當時他並沒有意會到,他正在為得到另一份工作而累積寶貴經驗——一份比他祖父所想像的任何工作,都要大膽得多的工作。

在獲得建築學學位後,瓦倫伯繼續環遊世界,並在他所及之處,盡可能深度體驗當地文化。當他踏上南非和將來國名會

叫做以色列的土地時，他對世界有了更進一步的理解，並對他在旅程中遇到的猶太人產生好感。他非常欽佩他們，以至於他開始自豪地說起他的一個遠房親戚，也就是他外祖母的父親的祖父。廣義來說，羅爾·瓦倫伯有十六分之一的猶太血統。

隨著他在國外待的時間越長，他開始覺得自己並不想遵循祖父為他設定的道路。他不想讓自己成為另一個瑞典銀行家，他不能像他曾經說過的那樣「坐在那裡對著別人說不」。瓦倫伯心中有更大的抱負，他想留下一個讓家族榮光更進一步發揚的遺產。他渴望追求一個新的目標，然後這個目標碰巧出現了。

當瓦倫伯回到瑞典時，他開始從事購買鵝肉的生意。他的第一個任務是前往布達佩斯，他帶回一個令人不安的消息。首先，他沒有帶回原本預定帶回來的50噸鵝肉，但更重要的一點是，他發現匈牙利內部似乎有些不太對勁。對於任何關注事態發展的人來說，可以很明顯地看出一股反猶太主義的蔓延。其中一個注意到這一發展的人，是名叫諾伯特·馬蘇爾（Norbert Masur）的毛皮商人。他對歐洲的情況感到非常擔憂，因此在1944年4月，也就是在60多萬匈牙利人被送往死亡集中營的一個月前，他給當地拉比（rabbi）[1]寫了一封信。「我們應該找到一個願意前往羅馬尼亞與匈牙利領導猶太人救援任務，且處事嚴

---

1 譯註：猶太人對師長的尊稱。後來則專指猶太教內，負責執行教規、教律和主持宗教儀式的人。

謹、聲譽良好、非猶太人的人。」馬蘇爾寫道。

馬蘇爾的信輾轉送到瓦倫伯手中。這正是他的祖父無意中培養他去做的工作，他立刻申請承擔這個任務。

幾乎在同一時間，美國戰爭難民委員會（War Refugee Board of the United States）向5個中立國的大使館發出緊急電報，徵召馬蘇爾所尋找的人士。美國人希望盡快在匈牙利派駐盡可能多的外交官。瑞典是唯一願意提供幫助的國家，而這個工作只有一個瑞典人能勝任。

羅爾·瓦倫伯在1944年6月盟軍登陸諾曼第海灘幾天後，被正式任命為瑞典外交官。似乎沒有人在意他不只是為瑞典工作，也沒有人在意他的經歷是否符合擔任一名外交官。

從他把風衣、睡袋和左輪手槍塞進背包的那一刻起，他就知道他必須跟他以往熟悉的生活告別了。瓦倫伯心急如焚，他無法忍受在瑞典多待一分鐘。「每天都會有人喪命。」他告訴他的上級。1944年7月，他搭乘的火車駛進布達佩斯，他立即聽取相關已經進行中的人道主義行動簡報。

瓦倫伯得知瑞典大使館一直在發放官方文件，以保護猶太人免受迫害，這些臨時瑞典護照，可使人們免於被拘留、驅逐出境，以及佩戴黃色星星表明自己是猶太人而伴隨的安全風險。只要他們擁有瑞典官方文件，就可以表示自己是中立的瑞典公民。這些護照雖然取得一些成功，但數量還是遠遠不夠，只有數百本護照供數十萬處在生死關頭的猶太人使用。「我想，我有一個也許更有效的新想法。」瓦倫伯說。

他想要發放一種名為「保護護照」（Schutzpass）的證明文件，他的想法是任何持有保護護照的人，都將受到中立國瑞典的充分保護。一開始他製作了1,500本，然後是2,500本，接著是4,500本，最後多到他不再計數了。

早期的保護護照，是為了那些與瑞典有合法聯繫的匈牙利猶太人而保留的，也就是那些符合資格擁有此類文件的人，但很快地需求就超過了供應，以至於護照出現在黑市。有兩件事，使得這一發展更加引人注目。首先，保護護照是免費的；其次，保護護照是假的。「這份所謂的瑞典官方文件，甚至連『瑞典』這個名稱，都不是用瑞典語寫的。」瓦倫伯的傳記作者英格麗·卡爾伯格（Ingrid Carlberg）寫道。就上述事實來說，保護護照就像瓦倫伯本人一樣：大家都配合讓它看起來像真的。瓦倫伯的盟友們，對於納粹竟然會被如此虛假的東西唬住而感到驚訝不已。但這正是與那些被邪惡理念所吸引的人作戰的方便之處：他們中的許多人都是愚蠢的，很容易被任何暗示權威的事物所蒙騙。

不久之後，瓦倫伯便單方面宣布保護護照的申請程序變得過於繁瑣。納粹是殘酷又高效的殺戮機器，他們針對種族滅絕的速度使他沒有時間去顧及外交禮節。而且因為他並不是一名真正的外交官，所以他也不打算以禮相待了。他下令批准每個申請瑞典文件的猶太人，即使對方甚至沒辦法在地圖上指出瑞典的確切位置。瓦倫伯多年前對自己的看法是正確的，他確實有能力做一些比拒絕他人更多的事。「如果有人能夠順利找上

門申請保護護照,」他告訴工作人員,「那麼從現在開始,我們一律放行申請。」

因為這個決定,也使羅爾‧瓦倫伯成為人類歷史上最偉大的英雄之一。他在接下來的6個月裡所完成的事蹟,堪稱超人般的壯舉。幾乎沒有人能在這麼短的時間內,以如此多樣的方式做出這麼多的善行。

我想讀到這裡,各位可能會開始心生疑問,到底羅爾‧瓦倫伯與「熱手效應」有什麼關係?我們很快會講到這一點。

但首先,我們必須對他的許多勇敢行為感到歎服。當納粹向猶太人開槍時,他跳入冰冷的海水中營救。他把2萬人擠進原本設計只能容納5千人的安全屋裡。他赤手空拳將猶太人從開往死亡集中營的火車上拉下來。他利用自己一生中所學到的所有技能,甚至一些他不知道自己擁有的能力。他是如此不知疲倦,以至於他每晚只睡4個小時。他散發一股獨特的魅力,以至於他成功地與匈牙利極右翼外交部長的妻子成為朋友;他是如此有說服力,以至於有一天晚上她在餐桌上給丈夫下最後通牒:要麼承認瓦倫伯的保護護照,要麼將永遠失去她。這位外交部長怒不可遏地在妻子面前摔爛一只瓷器,聲稱遭到背叛後便走了出去,但最終還是同意妻子的要求。

一個人想在一生中做到這些事都難上加難,但瓦倫伯卻在幾個月內就達成了。他用無窮的想像力,挽救了大約10萬條人命。

他那股無人能及的勇氣,徹底展現在他與對手的一次相當

超現實的對決。戰爭接近尾聲的某個晚上,瓦倫伯與納粹大頭目阿道夫‧艾希曼(Adolf Eichmann)共進晚餐。艾希曼對瓦倫伯著迷,卻又痛恨不已,常以「那個猶太狗瓦倫伯」稱之——例如下令:「把那個猶太狗瓦倫伯給我槍斃。」餐桌的一邊坐著一個代表邪惡平庸的人,另一邊則坐著一個將人性良善發揮到極致的人。

他們暫且擱置分歧,一起享用晚餐和白蘭地,然後在喝完咖啡後,他們轉往客廳。瓦倫伯拉開窗簾向外望,夜空是紅色的。當俄國人逐漸向布達佩斯進發時,他們可以看到炮火。就在此時,瓦倫伯覺得是時候告訴艾希曼,納粹永遠不會贏得戰爭了。「我承認你說得對。」艾希曼的回答,讓客廳裡的每個人都感到震驚。縱使艾希曼看起來像是知道氣數已盡,他仍然在這個晚上向瓦倫伯發出一個不祥的警告。「意外總是會發生的。」艾希曼說,「即使是對一位中立國的外交官來說。」瓦倫伯無法以他面對搶匪時的從容態度來面對這樣的情況。但即使他感到害怕,他知道應對的唯一方法就是繼續夜以繼日地工作。「當然,有時候會有些害怕,」他對一位同事說,「但對我來說,我別無選擇。」

紅軍在他們晚餐後幾天便包圍了布達佩斯,瓦倫伯在這次的權力轉移中窺見了機會。他夢想著在最糟糕的時期結束後,幫忙重建這座城市。這樣的重建應該是可能的,就像他在過去6個月中取得的成就一樣。1945年1月的一個清晨,當他被俄羅斯街頭巡邏隊的聲音吵醒時,他要求與蘇聯高層當局會面,以便

向他們推銷他的計畫。瓦倫伯預計至少要花一周時間,到匈牙利的德布勒森會見蘇聯軍事指揮官。他於1月17日出發,也就是布達佩斯猶太區被解放的第二天。但他心中一直有種不對勁的感覺。他越來越不確定自己是否應該信任被指派為他的隨扈的蘇聯武裝軍官。「我不知道自己到底是客人,還是犯人。」他說。

他有所不知的是,蘇聯軍隊已經祕密下達對他的逮捕令。

當他的火車離開布達佩斯時,他們不斷向他保證,他的身分是賓客而不是囚犯。儘管他還是感到擔憂,但他還是選擇相信他們。為了轉換心情,他在火車上撰寫一部他已經開始動筆的間諜小說。而當火車抵達莫斯科時,他被護送到盧比揚卡廣場的一幢建築裡。該地是俄羅斯安全部的總部。他以為自己只是要在那裡待一晚。

自從羅爾・瓦倫伯走進去後,就再也沒有出來過。

2

本章的重點其實不是羅爾・瓦倫伯,至少不完全是。本章重點是關於找尋「熱手效應」的真相。這是關於對我們所知道的、未知的,以及我們認為應該知道但實際上並不知曉的事物得出更明智的結論的探索。這將與數據有關,但並不是指追求更大的數據,而是更好的數據。

這讓我想為各位介紹另一對以色列人,他們以極以色列的方式相遇。蓋爾‧奧茲(Gal Oz)碰巧認識一位軍方人士,這位軍方人士的配偶的恩師,恰好與米基‧塔米爾(Miky Tamir)關係相當友好。塔米爾比奧茲更有成就,因為塔米爾的成就在他的專業領域部分幾乎無人能及。塔米爾是一位核物理學家,有一天他發表了關於無人機的學術論文,第二天便起草了絕密的機密文件。在為研究中心和國防承包商工作幾十年後,塔米爾轉換身分成為一位連續創業家,這也許是他所能做到的「最以色列」的事。在以色列,如果你不認識在新創公司工作的人,就好像你從未吃過鷹嘴豆泥一樣罕見。當他遇到以色列國防軍的年輕工程師奧茲時,塔米爾已經成功創辦了幾家公司,並開始思考他的下一個創業概念。奧茲認為自己可以提供幫助,他也對塔米爾擅長的視覺智慧(visual intelligence)領域不陌生。他們都知道如何使用來自衛星和航空影像的地圖和數據,來幫助決策產生。他們倆都有搶先他人一步洞悉事物本質的能力。但他們擁有同樣的專業知識的背後含義是,一旦奧茲宣布他要離開軍隊,幾乎可以預見他跟塔米爾合作只是時間問題。「以色列很小,」奧茲說,「大家彼此都認識。」

塔米爾希望將視覺智慧領域的所有尖端技術帶入一個急需幫助的業界:體育。他不需要說服奧茲相信他的看法。「我從技術角度看待體育運動,」奧茲說,「這與我在軍隊所做的事差不多。」他們創辦SportVU後,有一個公司的起源故事是說該公司是做以色列導彈追蹤技術起家的。這並不是真的,但他們

並不覺得讓這個傳說散布有什麼害處，部分原因是因為這增強了人們對公司的好奇心，但主要是因為以色列導彈追蹤技術其實與他們實際所做的事沒有太大區別。「追蹤導彈，比追蹤球要容易得多，」奧茲說，「導彈的可預測性要高得多了。」

SportVU很快引起另一家體育新創公司的注意，該公司名為Sports Team Analysis and Tracking Systems（簡稱STATS）。STATS的高層們認為，追蹤球員表現是他們公司的商機之所在，但他們沒有足夠人力來自行開發這樣的技術，所以他們必須收購這項技術。然而，在他們花費數百萬美元收購SportVU之前，他們需要對這家公司有更多了解。他們委由一個團隊進行調查，其中包括一位名叫布萊恩‧科普（Brian Kopp）的人。

身為一個土生土長的中西部人，科普以前從未從事過體育相關工作。他在銀行和私募股權領域工作了幾年，然後才決定不想再過那種只會對別人說不的生活。他進入商學院就讀後，開始在一家教育公司從事策略規畫工作。「因為我當時也沒想過會從事球員追蹤領域的工作。」他說。他職涯的下一個轉捩點，將他引領到STATS。他剛進公司不久，老闆便要他飛去以色列去見兩個名叫米基和蓋爾的人，因為據說他們把導彈追蹤技術應用在體育運動上。「所以我就去了，」他說，「我甚至還沒熟悉公司。」

他在飛機上讀了《創業之國以色列》（*Start-up Nation*）這本書，以更加了解這個他從未造訪的國度之創業精神。但當他在2008年抵達位於首都特拉維夫的繁忙科技中心時，仍然不確定

他要見的人是誰,以及為什麼要見面。他仍然無法理解公司的商業策略是什麼。直到事後回想起來,他才明白。

「其實很簡單,」他說,「我們能否利用科技,來蒐集沒有人有辦法獲得的數據?」

塔米爾和奧茲帶科普參觀SportVU的辦公室。沒多久就逛完了,因為SportVU的辦公室只有一個房間。「一家在做一些有趣的事的小公司。」科普說。但很明顯的是,這家公司雖然只涉足足球領域,且公司名稱讓他想到驗光師,但他們正在開發的技術,有可能徹底改變職業體育賽事的面貌。這項技術還沒完全成熟,科普想,但這裡確實有點東西,必須盡早拿到手。STATS聽取了他的建議,耗資1,800萬美元收購SportVU。塔米爾拿到他該拿的金額後,便繼續尋找下一個投資案。而奧茲的工作則是繼續建立SportVU系統。科普的工作是將SportVU推廣給足球以外的運動項目。他知道該從哪裡開始:籃球。

讓籃球如此受歡迎的原因,也是讓其難以量化的原因。這是一種優雅與驚人運動天賦並存,宛如芭蕾舞練習般的運動。如何能為4,700平方英尺空間內,發生在10名球員和1顆皮球之間的不可預測之運動行為賦予數字?答案是,利用一個精心設計的追蹤系統,該系統與以色列的導彈追蹤技術沒有什麼不同。這正是科普在2009年受邀參加NBA總決賽時,向聯盟高層推銷SportVU時的論點。當他開始思考要如何向他們介紹SportVU時,他決定不只要用言語陳述,還必須直接展示給他們看。SportVU的工程師們飛往奧蘭多,並架設了他們的攝影鏡

頭,以記錄下球場上的每一個動作。這場洛杉磯湖人隊與奧蘭多魔術隊的比賽是在周二晚上進行,而他們的展示則會在周四下午進行。工程師們通宵達旦地工作,只為找到一個能讓他們的觀眾目瞪口呆的好例子。

他們在比賽第一節開始沒多久,就找到一個好例子,與場上兩個最高大的人有關。湖人隊中鋒安德魯‧拜能(Andrew Bynum)做了一個漂亮的轉身動作,並嘗試勾手投籃,隨後魔術隊中鋒德懷特‧霍華德(Dwight Howard)衝進禁區,將球拍飛出去。此時裁判必須立即做出裁決:這是一次合法的火鍋封阻,還是一次非法的干擾進球?

其實要判別球是否正在下降途中是幾乎不可能的。裁判只有幾毫秒的反應時間,做出幾乎精確無誤的判決。而SportVU的員工則有幾天的時間,根據可靠的數據做出明智且客觀的決定。他們的攝影機一直在追蹤球的運動軌跡,由於他們掌握了球的精確座標路徑,所以便能確認裁判的判決是否正確。

那些能在NBA總決賽中執法的裁判,等於是聯盟中最好的裁判,因為他們受過訓練,能夠運用眼睛、直覺和自己的一套模式識別系統,來做出正確判決。在此之前,沒有比這更好的選擇。但現在,裁判不必再基於他們多年的經驗以進行有根據的猜測。他們不必在短短幾毫秒內,透過過濾腦海中包含數百萬個類似場景的資料庫以分析場上的動作。同樣地,球員和球隊將很快地學會使用SportVU來擬訂比賽策略,裁判則可根據數據來建議他們該怎麼做出判決,而不是單純用他們過往的經

驗，因為他們過往的經驗有可能被人類的天生偏誤所影響。

科普即將向NBA的高層們展示一種更好的方法。這是一種將經驗主義引進充滿模糊領域的技術。然而他並不確定是否有人願意聆聽，他擔心沒有人會出席他的演示會。但他驚訝地發現，所有人都擠在一條為這次演示而臨時用窗簾隔起來的狹窄走廊。甚至有一些球隊總經理專程來到奧蘭多，不是為了當晚的總決賽，而是為了當天下午科普的這場演示會。他們觀看他播放德懷特・霍華德可能對安德魯・拜能違規封蓋的重播畫面。螢幕上顯示了球朝籃框飛行的X、Y、Z座標，並加上數字。SportVU透過逐一測量球與地面的距離，來計算球的高度。當霍華德試圖阻擋拜能的投籃時，球的高度正在下降中，這意味著球在此之前已經達到最高點。這證明裁判做出正確的判決：這是一個違規封阻。

SportVU在接下來的幾年中變得相當先進，以至於科普對於當初向NBA推銷時的簡易版本感到有些尷尬。「這就像電玩遊戲的初階版本，」他說，「我們展示的效果有些粗糙。」然而，聯盟中最有權力的人卻被徹底震撼了。他們希望NBA能與SportVU合作。

交易協商持續了好幾個月，儘管該公司不知道要收取什麼費用或提供什麼產品，聯盟也不知道要支付什麼費用或者會得到什麼。那時，SportVU更像是一個承諾，而不是一款真正的產品。「我們在試圖協商一些不存在的東西的價值。」科普說。在所有討價還價看似即將接近尾聲時，NBA高層們的臉孔卻突然

出現在STATS總部的視訊會議螢幕上，談判再次進行，此時科普察覺到他有麻煩了。聯盟西裝筆挺的高層們突然看起來像是有人提醒他們，他們即將為可能實際上不起作用的東西支付巨額資金。這筆交易宣告破裂。科普的上司非常生氣。「你們再仔細想想，然後給我們一個答覆！」該公司的首席執行長咆哮道。

STATS結束了這場與NBA高層們的對話。

「他們會回電的。」科普的上司說道。

「他們不會回電的！」科普回答道。

結果，他們沒有回電。

身為一名在高中和大學時期都是球員的重度籃球迷，科普還沒有打算放棄跟NBA合作的夢想。如果聯盟辦公室持懷疑態度，他會嘗試直接與球隊合作。如果有誰會因為與一家未經聯盟正式批准的新創公司達成合作協議而感到特別興奮，那個人應該就是馬克·庫班（Mark Cuban），一個在網路繁榮時期大賺一筆，並將他的財富變成達拉斯獨行俠隊擁有權的爭議性人物。

庫班一心想贏得NBA總冠軍，他急於投入資金以彌補球隊的每一個缺點和不足。與沒有薪資上限的大聯盟棒球隊不同，NBA籃球隊受到薪資上限的限制。由於各隊能開出的薪資條件大同小異，所以吸引好球員的優勢就在周邊福利上，而庫班在這些福利上投入大量資金。他投資在最先進的飛機和最豪華的

更衣室上，以吸引最有天賦的球員加盟他的球隊。他還投資最新的數據處理技術，他甚至聘請專人來編碼球隊每場比賽的每個位置的數據。他不是唯一一個意識到任何事總是可以用更好的方式優化的人。休士頓火箭隊將同樣的工作，外包給印度的人工編碼員，但他們不可能為每支球隊的每場比賽都這麼做。而SportVU可以。

達拉斯獨行俠隊成為第一支為其場館安裝6個高解析度追蹤攝像鏡頭，支付SportVU費用的美國職業球隊。該隊在2011賽季的大部分時間裡，都在試圖捕捉和量化球場上發生的一切。「我們使用了許多不同的數據來源。」庫班說。他們建立了自家的內部分析系統，並購買了像SportVU的其他數據分析工具。如果有任何數據可以幫助獨行俠隊多贏一場比賽，那麼該隊就會有興趣，其中一些指標，激勵他們在最重要的比賽中，採取最不尋常的策略。在那個賽季的NBA總決賽中，他們認為阻止勒布朗・詹姆斯在場上活躍的最佳方案，是讓名叫巴瑞亞（J.J. Barea）的矮小後衛（身高約178公分）去防守。這位可說全聯盟最矮小的球員之一，為球隊造成巨大的影響。這個賽季從安裝科普的攝影鏡頭開始，以得到NBA總冠軍告終。

SportVU的技術將得以留存。最早購買SportVU的6支球隊，包括達拉斯獨行俠隊、休士頓火箭隊、波士頓塞爾提克隊、奧克拉荷馬雷霆隊、聖安東尼奧馬刺隊，以及金州勇士隊。唯一剩下的問題，是這些球隊能夠承擔多少花費。如果將每支球隊在薪資上所花費的金額除以其勝場數，那麼在NBA中，一場勝

利的成本約200萬美元。既然很明顯地SportVU能幫助NBA球隊至少贏得一場比賽，那麼其價值應該超過每年200萬美元的花費。但NBA球隊的預算規模並不會這樣訂定。這與投資球員不同，更像是一筆辦公室用品支出，SportVU就像是印表機中的碳粉盒。對於那些聰明的NBA球隊來說，3萬美元的產品售價可說是真正的超值優惠。這是一個幾乎不花什麼錢的工具，卻能將一場籃球比賽，變成一個充滿數據的集合，足以改變在零和市場中競爭的百萬富翁們的行為。

然而，就在獨行俠隊奪冠後，NBA發生了封館事件，所有籃球相關事務中斷了6個月。起初，這對布萊恩‧科普來說是一個可喜的發展，因為各支NBA球隊突然沒有什麼事能做，只好聽他介紹產品了。當他拜訪紐約尼克隊時，他原本以為對方只會安排幾個人參加一個簡短的會議，結果是全體員工參加一場持續了3個小時的會議。「封館事件可能是對我們來說，最好的事情之一。」科普說，「它讓那些可能排斥使用數據的人有機會大開眼界，這幾乎讓他們不得不關注我們的技術。」

對科普來說，問題在於他的老闆們也在關注這一切。他們在一家以色列新創公司上投了1,800萬美元的賭注，但3年後，除了區區幾張3萬美元的支票和一個賽季的數據之外，他們並沒有太多可拿出來的成果。

對於科普來說，那是一段令人沮喪的時光。他認為他和STATS的其他夥伴，甚至還沒有真正開始挖掘SportVU的所有可能性。他們只是提出問題，仍在等待答案。他的夢想是雇用一

群能力超強的技術極客，深入研究SportVU的數據，然後提出他們的發現報告。但他也是一個務實主義者，他會閱讀財務報表。而且他不需要去就讀商學院就能明白，他的預算規模不容許他招募他夢想中的分析師團隊。科普內心感到困惑，自從他第一次前往特拉維夫以來，他就感覺自己發現了一件大事，這件事可能將永遠影響體育賽事的運作方式。當他把這些話說出來時，這不再聽起來像是荒謬絕倫的傻話。科普的工作重點是降低不確定性，但如今，他卻被不確定性困住了。

他沒有意識到的是，他夢想中的那些傳說極客早已存在，而且他甚至不必支付他們一毛錢。他們有穩定工作、響亮的頭銜，以及可靠的收入來源。從SportVU賺錢的這個念頭，根本從未在他們的腦海中出現過。科普所提供的數據非常豐富，他們甚至可能會願意付錢給他。而且，這群人也不是「傳說中的極客」，他們都是教授。

這些擁有優秀資歷的研究人員，成為SportVU的救星。他們不需觀賞正式的演示，就能看出這項技術的潛力。這些人既聰明又敏銳，他們對將科學方法應用於籃球運動方面充滿熱情，以至於許多人已經準備好要對自己的假設進行測試。他們一直堅信有些事情是真的，但他們無法確定，因為他們手中沒有合適的數據。

3

　　戰事已經結束一年多了,瑪潔‧馮‧達德爾(Maj von Dardel)寫下這封信,她希望能結束她悲慘命運的信。

　　「親愛的羅斯福夫人,」她開始寫道。

　　她用打字機寫給愛蓮娜‧羅斯福(Eleanor Roosevelt)的那封令人心痛的信件,以正式的介紹和懇求開始。「知道您對所有受苦之人總是抱持熱情與善意,所以我鼓起勇氣寫信給您,」她寫道,「我是瑞典大使館祕書羅爾‧瓦倫伯的母親,也許您可能聽說過他。」

　　她繼續寫道:「作為一個母親,我並不是一個不可挑戰的證人,但我知道他的同事和他所拯救的人,都可以告訴您他具備非凡的勇氣和能力,這使他能夠日復一日地冒著生命危險,與武裝罪犯進行這場生死賭局,以拯救成千上萬的無辜者之生命。匈牙利猶太人中有很大一部分人能倖存下來的這個事實,基本上可歸功於作為瑞典國王和美國總統代表的──我的兒子。」

　　瑪潔‧馮‧達德爾之所以連繫美國前第一夫人,是因為她那拯救無數生命的兒子,如今需要有人來拯救。自從羅爾‧瓦倫伯走進盧比揚卡廣場的祕密警察總部後,就再也沒有獲得自由。他被捕和監禁的確切原因,至今仍不清楚,每個關注他遭遇的人,都會被一個從未得到滿意答覆的問題所困擾:羅爾‧瓦倫伯到底發生了什麼事?

在他的母親寫信給愛蓮娜·羅斯福的數年後,她又寫了一封令人心碎的信,給納粹獵手西蒙·維森塔爾(Simon Wiesenthal),也就是那個幫助捕獲艾希曼的人。「未知是最糟糕的事,」她說,「知道我的兒子可能還活著,可能正在受苦,可能被送進精神病院,可能在監獄裡挨餓或被迫從事苦役,這比我確定地知道他已經不在了,還要讓人難以承受。」

但瓦倫伯的失蹤故事,已經演變為一個充滿謊言、矛盾和欺騙的謎團。那時,蘇聯對他的下落提出幾種相互矛盾的說法。這些模糊不清的消息,足以讓任何人都暈頭轉向。首先,官員們說瓦倫伯人在俄羅斯,在蘇聯的保護下安然無恙。接著,他們說他被謀殺了。然後他們又說他並不在蘇聯,也從來沒有到訪過,甚至沒有人知道他是誰。後來,他們說他死於心臟病發作。最後,他們說他已被處決了。

瓦倫伯的英雄事蹟開始在瑞典各地傳播,他的轉折命運,為他的家族增添更多榮光。但是,這個名字對大多數美國人來說仍然相當陌生,直到馬文·麥金南(Marvin Makinen)第一次聽聞。他將在一種他永遠忘不了的情況下,熟知瓦倫伯案。

1960年,麥金南是個就讀醫學院的普通學生,他當時決定在柏林度過一年。然而,當1961年5月兩名美國情報官接觸他並希望他成為一名間諜時,他在柏林的時間注定不只一年。他同意了他們的請求。麥金南租了一輛綠色金龜車,以遊客身分開往蘇聯。他的遊客身分,就像瓦倫伯的外交官身分一樣都是一種偽裝。麥金南的任務,是在前往蘇聯途中,祕密拍攝軍事設

施的照片。當他在基輔郊區拍攝軍營的照片時,被蘇聯特務以涉嫌間諜活動罪名逮捕。隨後軍事法庭判他有罪,他被單獨監禁了3個月,並被判處2年監禁和6年勞改。麥金南本應該去醫學院深造的,但現在他卻要去蘇聯的監獄。

接下來的20個月,他在離莫斯科幾小時車程的弗拉基米爾市的監獄裡度過。那裡是最臭名昭著的關押政治犯的地方,弗拉基米爾中央監獄內的生活條件,如同想像地那樣淒涼。他的唯一救贖,是他不必服滿刑期。麥金南在一次間諜交換中被釋放──兩個美國人換兩個俄羅斯人。另一個美國人是位白髮蒼蒼的神父。他被梵蒂岡宣告死亡,但當他們走下飛機時,他看起來還比麥金南更有活力。麥金南在入獄前的體重是155磅(約70公斤),而當他在美國秤重時,他已經回家一星期了,他可以感覺到他瘦弱的身軀增加了幾磅。不過當他終於低頭查看數字時,他簡直不敢相信自己的眼睛,他的體重只有105磅(約47公斤)。

無可諱言地,弗拉基米爾並不是一個可以建立長久友誼的地方。即使是最基本的溝通,也需要囚犯們發揮創意。他們開發一個精心設計的傳訊系統,互相傳遞紙條,在被轉移到不同牢房時,交換八卦軼事。這些簡短的對話是寶貴的情報來源,也是麥金南能帶回美國的為數不多的幾樣東西之一:一個傳言。傳言稱,弗拉基米爾中央監獄內的某處,關著一名來自瑞典的囚犯。

「我一直覺得這個傳言很奇怪。」他說。

瑞典一直是一個中立國，如果說一個瑞典公民被關在蘇聯監獄裡，這實在很離奇。麥金南在美國國務院接受詰問時，提到了這個有關一名瑞典囚犯的謠言，一個名叫范登堡（Vandenberg）的人。一年後，他被邀請到瑞典大使館。麥金南感到困惑，他已經接受過瑞典人的採訪，為什麼他們還需要再跟他談一次？他的困惑始終在腦海盤旋，直到他在第二次採訪結束的道別寒暄時，偶然發現了一條線索。他告訴一位瑞典外交官，他被捕的當晚，其實他和一名瑞典交換學生有約。這是真的，但他這麼說並不是因為閒聊，他是為了試探對方的反應。他得到了他想要的回應。「我們希望你不要和任何人談論這件事。」這位瑞典外交官說。麥金南一直忘不了這個回應。

　　「這個人到底是誰？」他心想。

　　他們理當不會透露太多訊息給他。但當他問起這個人究竟做了什麼時，他們告訴麥金南，他在布達佩斯被捕，「因為幫助猶太人逃離納粹魔掌。」他回憶道。

　　又過了16年，他才得到更多消息。

　　那時，他已經是芝加哥大學生物化學和分子生物學系教授。他熬過了人類所能經歷的最重大的壓力之一，現在他已是一位受人敬重的教授。1980年，麥金南在實驗室做完需要液氮的光譜研究後，在深夜回到家中。當時大約是凌晨3點，但他精神還滿好的，他給自己倒了一杯柳橙汁，隨手拿了《紐約時報雜誌》（*The New York Times Magazine*）到客廳。當他翻閱書頁時，他看到一則引起他注意的報導。該報導的標題是「在大屠

殺中消失的英雄」(The Lost Hero of the Holocaust)。當他開始閱讀,他差點被柳橙汁嗆到。

在將近20年的時間裡,他一直相信蘇聯勞改營裡有一名瑞典囚犯,名叫范登堡。現在一切都說得通了。麥金南終於明白為什麼瑞典大使館對他的證詞如此感興趣,那是因為他說對了一半。確實有一名瑞典囚犯,但他的名字不是范登堡。那名囚犯名叫瓦倫伯。

范登堡,瓦倫伯,范登堡,瓦倫伯……麥金南像念咒語一樣反覆唸著這兩個名字。想必是因為發音出差錯的關係——瓦倫伯的名字,在監獄的傳聞中被誤會成瓦倫堡很多次,以至於慢慢地就變成了范登堡。

第二天早上,麥金南便聯繫文章中所提到的一個人。他打電話到史丹佛大學粒子加速器實驗室(Linear Accelerator Center)的櫃台,希望能跟一位名叫蓋伊・馮・達德爾(Guy von Dardel)的粒子物理學家通話,這位學者是瑪潔・馮・達德爾的兒子,也是羅爾・瓦倫伯的同父異母兄弟。他的電話被轉接過去,他向對方做了自我介紹。3個小時後,他們的通話結束了。從那天起,麥金南成為尋找瓦倫伯團隊的一員。除非真相水落石出,否則他不會停止追尋瓦倫伯的下落。

麥金南的行動,適逢公眾對瓦倫伯勇敢事蹟的廣泛認可。到1970年代後期,瓦倫伯的親戚們已經感到沮喪。幾十年來,他們一直在調查他的失蹤案,但並沒有人找到他,瑪潔・馮・達德爾的孫女曾經問過她為什麼還在辛苦找尋,瓦倫伯的母親

說：「我實在無法接受一個人就這樣憑空消失。」

然而，越來越多人開始關注這個問題。隨著對蘇聯政府的壓力加大，蘇聯特務邀請瓦倫伯的親屬於1989年受邀前往莫斯科，取回他被捕時的私人物品：他的盧比揚卡登記卡、外交護照、日曆、通訊錄、菸盒及他在約45年前隨身攜帶的金錢。由蓋伊·馮·達德爾組織的一個國際委員會，隨後獲得蘇聯監獄系統的相關檔案，這是首度有非政府機構獲得這樣的資訊。但令他們感到失望的是，在他們檢查的監獄紀錄中找不到瓦倫伯，但他們沒有就此灰心。他們能感受到在這段期間，俄羅斯人只是表面上提供合作。正如一位蘇聯部長所說：「阻礙羅爾·瓦倫伯案件的調查，就是站在歷史錯誤的一邊。」

官方說法是，瓦倫伯在34歲時死於心臟病發作，儘管他每天健身，家族沒有心臟病史。但現在，麥金南和他的瓦倫伯追蹤團隊終於有了比抱持虛幻的希望更多的訊息，來揭開真正的故事真相。他們制定一個計畫。他們獲准拍攝約900名囚犯的登記卡，包括：姓名、出生日期和地點、職業、國籍、公民身份、刑事犯罪，與他們在弗拉基米爾中央監獄各建築物中所居住的牢房。這些登記卡是了解監獄運作方式的關鍵，是近半世紀以來尋找瓦倫伯的過程中所蒐集到的最佳數據。

但他們需要更多數據。他們需要更龐大，以及更好的數據。

麥金南相信如果他們得到的數據品質夠好，他們就可以建立一個據稱瓦倫伯被囚禁在那的弗拉基米爾大樓的資料庫。麥

金南向俄羅斯人主張,應該允許他複製1947年至1972年間在該樓層待過至少一天的每位囚犯的登記卡。這些資訊可能會幫助他們解開這個謎團。「原則上我知道可以做什麼,」他說,「但我真的不知道該怎麼去執行。」

他沒有向俄羅斯人透露他無法編寫所需的軟體。他虛張聲勢,聲稱自己可以完成所有分析,而現在他必須找到一個可以勝任這份工作的人,一個熟悉電腦操作、精通最新技術、了解科學過程並能處理大量數據的人。一個像阿里・卡普蘭(Ari Kaplan)這樣的人。

阿里・卡普蘭在紐澤西州的勞倫斯維爾長大,該地是美國猶太人僑民的中心之一,許多大屠殺倖存者因為其靠近紐約市,有充足就業機會,與其他倖存者居住地之間也相距不遠,所以定居在此。卡普蘭後來進入加州理工學院(California Institute of Technology)就讀,在網路時代早期就為矽谷公司工作,並在波斯灣戰爭期間作為情報承包商為國防部提供諮詢服務。然而,他真正的熱愛是運動。當他還是加州理工學院的大一新生時,他參加棒球隊的試訓。他很快就成為穿著加州理工學院棒球校隊制服的大學運動員。他上場打擊4次,4次都被三振出局。

儘管卡普蘭缺少一點棒球天賦,但他在棒球智慧方面卻有著過人的見解。在大一結束後的暑假前,也是在他嘗試加入棒球隊和經歷三振出局之前,他做了一件更符合加州理工學院學生特質的事:他申請一筆研究經費。暑期本科研究獎學金

（SURF）是為硬科學研究而設，通常吸引的是那些喜歡在夏天算數學題而不是去衝浪的加州理工學院的學生們。卡普蘭將這筆經費，花在研究美國大聯盟上。他在加州理工學院學到的數學，與逐漸滲透到職業體育賽事中的分析思維不謀而合。卡普蘭在圖書館的書報檔案室裡仔細研究了過往比賽紀錄，拼湊出一部關於棒球救援投手的綜合史。他挖掘出的統計資料，為一個常見問題的思考，提供一種有效的方式——這個問題，就是如何恰當地評估棒球救援投手的價值。

在1990年代初期，這樣的研究已可說是相當前衛，比提出「賽伯計量學」（sabermetrics）的比爾・詹姆斯（Bill James）早了十多年。賽伯計量學，是一種將統計學嚴謹性應用於體育運動的過程。比爾・詹姆斯後來被波士頓紅襪隊聘為顧問，並幫助球隊在時隔86年後再次贏得世界大賽冠軍。但在當時，他還是個給像阿莫斯・特沃斯基這樣的教授寫粉絲信的人。詹姆斯在他的職業生涯初期，常常受到棒球圈內人的排斥，因為他們害怕未知的事物；而在棒球圈外的人卻將他奉為偶像，因為他們對未知充滿興奮。卡普蘭也是屬於後者，詹姆斯意識到自己正在成為卡普蘭的靈感來源之一。當時他說過一句話：「我們的資料生成能力，遠超過我們理解它們的能力。第一代電腦給了我們大量的資料，但要弄清楚這些資料的意義，還需要像卡普蘭先生這樣的人來大力協助。」

但棒球界有一位權力人士，很欣賞比爾・詹姆斯，部分原因是此人對阿里・卡普蘭的世界相當熟悉。伊萊・雅各布（Eli

Jacobs）是加州理工學院董事會成員。當他參加SURF獎得主的頒獎典禮時，雅各布比在場任一位富有的加州理工學院校友都更加關注卡普蘭。他認為這個研究大聯盟救援投手歷史的年輕人，可能會對他最近的一項投資案有幫助。雅各布剛剛成為巴爾的摩金鶯隊的老闆，他當場聘用了卡普蘭。

在金鶯隊的工作經歷，讓卡普蘭明白資訊的重要性。他與那些賺得比他多的職業運動員，和比他經驗豐富的高層們一起工作。資訊成了他唯一的「資本」。他把金鶯隊用來存儲存球探報告的檔案櫃，變成一個比檔案櫃更高級的物品：一個資料庫。他對資訊的數據化處理，對組織產生一種奇妙的影響。那些在電腦上寫報告的球探報告開始被人們閱讀，而那些用鉛筆寫報告的球探則開始感到嫉妒。他們不願意改變，對促成這次變革的年輕人更是充滿懷疑，甚至蔑視。他們手上確實握有某些類型的資訊，但不是卡普蘭所擁有的那種資訊。卡普蘭習慣了被忽視。

後來，卡普蘭遇到一個真正重視他意見的人。他的母親透過一位曾在布達佩斯擔任瓦倫伯祕書的朋友得知，馬文・麥金南正在尋找一位電腦高手。「我兒子就是最合適的人選！」她說道。

當卡普蘭參觀麥金南的辦公室時，他已經熟悉瓦倫伯的故事。這位分子生物學教授向這位25歲的棒球迷，簡要介紹了他對這位失蹤戰爭英雄的搜索進展。卡普蘭很想幫忙，而麥金南

也急需幫助。最近，麥金南在尋找瓦倫伯的過程中，取得一項突破。

弗拉基米爾的一個典獄長告訴他，有位名叫瓦爾瓦拉・拉麗娜（Varvara Larina）的老婦人，自1946年以來一直在監獄裡工作，她同意接受採訪，分享她所知道的事情。起初，她對麥金南抱持謹慎態度，因為在蘇聯時代，工作人員不被允許與外人談論他們的工作。一名前警衛曾這麼告訴麥金南：「我們不被允許談論監獄裡的事，所以我現在也不會這麼做。」但這次的採訪是在監獄主任醫師的辦公室進行的。當拉麗娜猶豫不決時，醫師說：「放心說出你所知道的。」拉麗娜不習慣談論囚犯，尤其是對她不認識的人，但在得到老長官的明確許可後，她確實有一些話想說。

拉麗娜提到，她在監獄工作期間曾經處理過許多特別的案件，其中包括一個她稱為「外國人的案件」。她的描述暗示，這位外國人可能就是瓦倫伯。拉麗娜還提供一些具體細節，描述監獄中一些與瓦倫伯有關的情況，包括監獄的特定區域和一些關鍵日期。這些資訊為麥金南的調查提供新的線索，並使他的團隊能夠進一步追蹤瓦倫伯的下落。

他們在1993年12月的採訪，以拉麗娜曾經做過無數的眾多繁雜工作開始：打掃監獄牢房，提供少量的劣質食物，在醫院病房對設備進行消毒。拉麗娜沒有對大多數曾經待過這座監獄的人留下印象，畢竟那不是她的工作。事實上，她根本沒有立場去特地留心。但當她被問及是否能回憶起任何外國囚犯時，

她承認她記得一個男人。他是一個被單獨關押在監獄三樓的囚犯,她對這個人很有印象,儘管她其實不應該記得。他是個西方人,但不是德國人。他的手臂很瘦,手指很長,他的黑髮越來越稀疏。拉麗娜還記得一件與這個男人有關的事。他的牢房對面,關著一個名叫基里爾・奧斯馬克(Kirill Osmak)的人。

麥金南問她為什麼在這麼多囚犯中,她卻對這個囚犯留下印象。

「他一直在抱怨。」拉麗娜說。

他對湯特別挑剔。因為他在供餐順序的尾端,所以輪到他時,他的湯總是冷的。但即使是熱湯,也仍然是監獄裡的湯,湯實在太稀了,以至於他都能看到湯裡的魚骨頭了。(「有時候甚至能看到魚眼。」麥金南回憶起他自己在弗拉基米爾的時光)。雖然這個人總是對一切抱怨不已,但他對冷湯尤其不能忍受。最終,監獄的典獄長不想再忍受他的抱怨,命令拉麗娜先為這名囚犯提供食物,因此拉麗娜甚至改變自己的供餐路線,只為了服務這個人。即使這意味著她必須先端著沉重的湯壺爬三層樓梯,然後再下樓給一樓那些安靜的囚犯分發食物,她也得先舀他的湯。

阿里・卡普蘭與瓦爾瓦拉・拉麗娜之間幾乎沒有交集。但當卡普蘭還是個孩子時,他的送報路線上有一個女士總在黎明時分起床,她堅持要比鄰居更早拿到她的《特倫頓時報》(*Times of Trenton*)。對於青少年時期的卡普蘭來說,這是一件極其麻煩的事,因為她住在送報路線的尾端,所以卡普蘭不得不特地

更早起床以滿足她的要求。他最終還是屈服於她的堅持，並在過程中學到一課，「你將不會忘記一個幾個月來日復一日地抱怨的人。」他說。她抱怨的頻繁程度，給卡普蘭留下了深刻印象，以至於他永遠不會忘記這位住在皇后巷18號的克拉維茨女士（Ms. Kravitz），就像拉麗娜永遠記得那位令她被迫改變每日例行工作安排的囚犯一樣。

這讓麥金南感到震驚，因為他認為弗拉基米爾的警衛不太可能滿足任何囚犯的要求。根據他的經驗，如果一個普通囚犯抱怨湯的溫度，通常會被置之不理。警衛的典型回應是：「閉嘴！你在監獄裡。」一個像這樣抱怨不停的囚犯，將會被送進懲罰牢房——每隔一天只供應麵包和水，晚上也沒有毯子可以蓋。

對於一個囚犯來說，能夠如願以償是非比尋常的一件事。必定有某個原因，讓他被允許與眾不同，麥金南決定親自尋找答案。他向拉麗娜展示了15張外貌各異的男人的照片，想讓她看看其中是否有人像那個討厭冷湯的囚犯。

「就是他！」她說。

她指著羅爾・瓦倫伯的照片。

那是一張側臉相片，只有熟悉他外貌的人才會與他聯想在一起。拉麗娜總是與瓦倫伯以這樣的角度互動，他就坐在床上，而她則帶著不同溫度的湯來。這是一個令人感到震驚的陳述，但從麥金南的反應中卻無法得知這一點，因為他非常冷靜，繼續進行採訪。對他來說，保持一張撲克臉很重要，因為

像拉麗娜這樣的目擊者出現,等於投下一顆震撼彈,而他最不需要的,就是讓這些有價值的資訊受到汙染。麥金南不想讓拉麗娜認為只要說出任何讓他印象深刻的話,就會得到獎勵。

一年後,麥金南再次與拉麗娜見面,以確認她是否以相同方式記得瓦倫伯,他使用了瑞典外交官在他返美後對他使用的方法,這是一種常見的法醫調查技巧,用於評估證人究竟了解多少。拉麗娜講述了相同的故事,挑選了相同的照片,但麥金南想要再檢視一次。拉麗娜再次講述了相同的故事。她從未添油加醋或改變任何細節,這讓她的證詞在麥金南眼中更加可信。他甚至給她看了一位法醫藝術家所創作的電腦畫作,描繪了瓦倫伯在其生命不同時期的可能樣貌。當她看到一幅描繪瓦倫伯40多歲的畫作時點了點頭——大約是他的鄰居奧斯馬克去世時的年齡。

真正令人驚訝的事實是,奧斯馬克於1960年5月去世,但蘇聯仍然堅稱瓦倫伯死於1947年。這時間點實在兜不起來,肯定有人在撒謊,而麥金南很確定不是拉麗娜。

拉麗娜從來不知道那個喊著要熱湯的囚犯,可能名叫羅爾‧瓦倫伯,她甚至連羅爾‧瓦倫伯是誰都不知道。她根本不可能將他與在大屠殺中,拯救無數生命的正義之人做聯想。她沒有理由不說實話,事實上如果她真的有意撒謊,那她的動機也會是陳述與她現在所說的完全相反的話。

另一個令麥金南感到驚訝的有力證據,來自一位較不可靠的證人:一個名叫喬席夫‧特雷利亞(Josif Terelya)的囚犯。麥

金南對他進行3次訪談，其中一次與烏克蘭語翻譯一起進行，以確保雙方能完全理解彼此的意思。這一點非常重要，因為特雷利亞的證詞，只與現實有部分相關。他說，1970年的某一天晚上，弗拉基米爾的警衛打開他和獄友牢房的門，讓他們使用走廊盡頭的廁所。原則上應該一次只能去一個囚犯，但警衛們通常不會盯這麼緊，而且又剛好碰到特雷利亞最喜歡捉弄的警衛。他的綽號是「傻瓜」。「我們會這麼叫他，是因為他常放屁，而且放屁時會發出搞笑的聲音。」他回憶道。那晚是「傻瓜」值班，而且他還比規定的時間提早幾秒鐘打開牢房門。

那短暫的放封時間，讓特雷利亞有機會在走回自己的牢房途中，注意到25號牢房中關押著一名老年囚犯。他之前從未見過這名囚犯，但能夠看出他是個外國人。他試著從那時起就留心對方的行蹤，並暗自記下這名神祕囚犯一周後從25號牢房搬移到33號牢房。下一次「傻瓜」來巡邏時，特雷利亞請他幫個忙，這種忙只有這位叫「傻瓜」的獄警才會答應：他想接收25號牢房裡的櫥櫃。「傻瓜」答應了。特雷利亞翻看櫥櫃尋找這名囚犯身分的線索，他在櫥櫃背面找到一張用紫色墨水寫的字條，上面寫著：羅爾‧瓦倫伯 瑞典。

麥金南驗證這個故事的唯一方法，是與卡普蘭一起研究數據。為了破解羅爾‧瓦倫伯失蹤之謎，他們必須前往那座監獄，因為那裡有更好的數據。

就麥金南而言，這意味著他要回到他曾度過生命中最糟時光的同一座監獄。1990年他第一次回到俄羅斯的土地時，就因

心理創傷而感到緊張。「在那之後，我壓抑了這些情緒，」他說，「我已經決定要完成這件事。如果我讓自己受到壓力，我就什麼都做不了了。」雖然對卡普蘭來說壓力不大，但他也開始全心投入到搜尋行列。「我下定決心要找出到底他身上發生什麼事，」卡普蘭說，「這是我唯一關心的目標。」

每天早上，這兩個美國人一起在飯店共進早餐，討論他們繁忙工作日的目標。當務之急是，他們必須為在莫斯科的有限時間制定一個計畫，因為在回到美國的正式工作之前，他們能完成的事情很有限。他們不能把任何資料帶回家。文件、電子表格、筆記型電腦──都必須存放在莫斯科，無法帶出俄羅斯領土。卡普蘭在一個房間裡開發軟體並進行測試，麥金南在另一個房間檢查掃描的註冊卡與電腦中的紀錄是否一致。無論他們去哪裡，都有兩名警衛隨行。「一個看著我的左手，一個看著我的右手。」卡普蘭說。

調查瓦倫伯下落的偵探們在抵達之前，就已經談妥可以獲取大量數據。他們在1998年3月花了一周時間，掃描每張弗拉基米爾囚犯的易碎紙質註冊卡，這些卡片記錄了1947年至1972年間，連同據稱瓦倫伯也包含在內的8,049名囚犯。接下來，他們想知道這8,049名囚犯分別被關在哪些牢房裡。註冊卡上有每位囚犯的牢房歷史，包括他們被轉移的時間和地點。這是至關重要的資訊。當卡普蘭和麥金南及其團隊轉錄這些卡片上的訊息並將所有關鍵資訊傳送到筆記型電腦時，他們已經擁有一個包

含9萬8,030條牢房紀錄的資料庫。他們為弗拉基米爾創建了一個類似SportVU的系統。

在他們手中的，是一部涵蓋25年來蘇聯監獄歷史的全紀錄。得益於卡普蘭再一次將檔案櫃裡的內容轉化為電腦裡的數據庫，麥金南現在能夠準確地知道誰在哪一天被關押在哪間牢房。

但是他們還無法信任這些數據。他們下一步的工作是檢查，以確保他們沒有在俄羅斯犯下任何重大錯誤。他們聘請精通俄文手寫體的專家來仔細檢查註冊卡上的筆跡，如果無法就某一個字母達成共識，他們會再請一位專家來做最終裁定。麥金南和卡普蘭在避免人為錯誤方面付出極大努力。他們納入人性的偏見因素，並將其應用於弗拉基米爾獄警的心態上。如果紀錄顯示某個犯人在1950年1月1日更換牢房，他們會特別謹慎地確認值班獄警沒有因為前一晚多喝幾杯伏特加，而出現登記錯誤。這名犯人，真的是在1950年1月1日搬遷的嗎？還是說，其實是1951年1月1日？只有透過與其他數據交叉參照，他們才能解決這些問題。這就是卡普蘭和麥金南在整理數據時，執行的品質管理措施。

「對我們來說，盡可能保持客觀，是最重要的一件事。」卡普蘭說，「我們不想扭曲數據，我們希望忠於數據。」

「所以我們不斷地在做檢查，」麥金南說，「當你從事科學工作時，你會進行一項實驗並得到一個結果。這個結果可能是你預期的，也可能不是。但是你仍然需要回頭檢查你的實驗過

程是否有疏漏。這就是我和阿里工作的模式。」

這是一場跨國的巨大陰謀。「解開這個謎團的方法，」卡普蘭說，「就得藉由公正的科學方法。」

他們無法詢問已故的蘇聯囚犯，他的牢房紀錄是否準確，但其實也不需要。他們問了麥金南，他對自己在弗拉基米爾的一切記憶猶新。他怎麼可能會忘記呢？他不需要研究數據，就能了解囚犯搬遷的頻繁程度（不過畢竟是麥金南，他還是研究了一下），因為他親身經歷過。他能感同身受地體會那些名字出現在卡普蘭電腦中的囚犯們的抱怨。他能說出醫療診所的位置，他記得那些可怕的湯的味道。他能夠解釋為什麼像瓦倫伯這樣的人會加以抱怨。這其實跟湯無關，而是攸關生死。

「他刻意讓自己與眾不同，好讓每個人都注意到他，」麥金南說，「他不想讓自己就此被遺忘。」

他成功了。麥金南和卡普蘭耗費大量時間，不讓他被遺忘。但是，在他們一年中多次飛往莫斯科，花上數周時間，以及在這場不確定最終結果會是如何的搜索上投入數千小時後，他們才開始在數據的喧囂中尋找訊號。是時候釐清羅爾·瓦倫伯究竟發生什麼事了。

在他們編寫的82種演算法中，有一種演算法可以確認拉麗娜提供熱湯的那間牢房裡，究竟是誰。他們有一種預感，答案會很有趣。結果確實如此。

他們發現的結果，是他們一直相信的事實。但在他們完成這些所有工作之前，他們永遠都無法確定。畢竟他們沒有正確

的數據。

4

在NBA封館結束的當晚,布萊恩·科普的電話響個不停。由於球隊終於可以重新進行交易,購買SportVU成為它們的首要任務之一。在他入睡前,科普已經和聯盟中30支球隊中的10支達成安裝追踪攝影鏡頭的協議,這也使NBA分成兩組,一組是擁有SportVU的球隊,另一組則無。或者換句話說,一組是聰明的球隊,另一組是愚蠢的球隊。

由於分歧非常明顯,以至於那些另一半的「愚蠢」球隊,開始不惜一切代價變聰明。2013年冬天,洛杉磯湖人隊是唯一沒有派代表參加麻省理工學院史隆體育分析大會(Massachusetts Institute of Technology's Sloan Sports Analytics Conference)的球隊,這是NBA球隊每年用來炫耀自身追求進步的好藉口,而湖人隊立刻被貼上最愚蠢球隊的標籤。這是一個絕妙的小轉折,現在輪到那些書呆子們欺負那些自以為太酷而不願學習的孩子們了。

湖人隊在被公開羞辱後,決定不能再被嘲笑下去,於是找上科普,希望了解更多關於SportVU攝影鏡頭的資訊。科普注意到湖人隊總經理的辦公桌上有一疊厚厚的文件,他忍不住看了一眼對方正在閱讀的內容:學術研究報告。「天啊!」科普心

想。不過他並不驚訝於聯盟最具代表性的球隊之最高決策者正在閱讀學術研究，令他驚訝的是這一切現實中的奇異元素。這就好像這位NBA總經理必須被看到正在閱讀學術研究報告，否則整個改造工作將變得毫無價值。如果這位總經理知道他辦公桌上的學術研究報告其實只是大學生的課堂報告，他可能會立刻衝向最近的碎紙機。

當湖人隊忙著贏下NBA總冠軍時，卡洛琳・史騰（Carolyn Stein）還是波士頓郊外一所高中的學生。進入她就讀學校的榮譽科學班的唯一途徑，是參加一年一度的科學博覽會。這可能是地球上競爭最激烈的科學博覽會。史騰的同學們都是生物學家、化學家和物理學家的孩子，習慣於在他們的父母位於哈佛大學和麻省理工學院的實驗室裡度過。「他們可不是在做什麼化學火山，他們會做基因組定序（sequencing genes）之類的事。」她說。

在她的學校裡，很少有人能敏銳地意識到自己來自學術世家的庇蔭。她的祖父是普林斯頓大學的數學家，在1940年代逃離歐洲，在美國度過頭三個星期後，便愛上那種被稱為「棒球」的「用棍子玩的奇怪遊戲」。她的父親是哈佛大學經濟學教授，在她上大學時曾在美國聯準會（Federal Reserve System）工作。但對於這個特殊的科學博覽會，她沒有享有特權。她的家人無法幫助她進行基因組定序，唯有在仔細研究科學博覽會的規則後，史騰的父親才發現一個隱藏在細則中的漏洞。就技術上來說，科學博覽會允許進行社會科學專案。「你得做一個

數據專案。」父親告訴她。

由於史騰也身兼高中女子籃球隊的隊長,她決定將精力投入到一個關於NBA的數據專案中。「並不是因為我熱愛運動,」她說,「只是因為運動數據很容易就能獲得。」她在微軟Excel表格中整理這些數據,並對像籃板和封阻等統計數據,與球員的體重、種族和位置進行回歸分析。她將自己的專案命名為「白人不能跳」(White Men Can't Jump)。「我差點被取消資格。」史騰說。她其實不是那種會製造出頗具爭議的科學展覽作品的人。「我一直是個乖孩子,」她說,「但我只是讓數據自己說話。」

對於一個高中生來說,能夠完成有趣且稍有爭議的研究專案,接著進入離家不遠的哈佛大學就讀,並不會令人感到意外。史騰搬進大一宿舍後做的第一件事,就是參加社團活動博覽會。她偶然發現一個名字奇怪的社團:哈佛運動分析協會(HSAC)。比起運動,她對分析更感興趣。她去參加了一場會議,回到宿舍後她和鄰居約翰・艾澤科維茲(John Ezekowitz)分享,因為這似乎也是他會有興趣加入的社團。艾澤科維茲同樣熱愛運動和分析,他曾是全國拼字比賽冠軍,在十幾歲時就為負責經濟政策的助理財政部長工作。他小時候在家不能看電視,但有一個例外:運動,他看了很多運動比賽。

哈佛大學這個運動分析社團的存在,可追溯到麥可・路易士那本講述美國職棒奧克蘭運動家隊如何依靠數據,尋找本應是有效市場卻長期存在低效率的作品:《魔球》。《魔球》一書

的影響力相當巨大,甚至在職業運動史上畫出一條分界線:《魔球》出版之前,和《魔球》出版之後。書中提到的一個人是哈佛大學統計學教授卡爾‧莫里斯(Carl Morris),他鼓勵那些找他尋求建議的學生,成立一個關於運動分析的社團。他們不必徵得院長的許可,就可以討論他們最喜歡的運動隊伍如何因數據而發生變化,且註冊成為校方認可的哈佛學生組織也有一個好處:資金。他們把這筆錢,拿來買酒。「社團的成立,」艾澤科維茲說,「是為了獲得免費啤酒的藉口。」不過後來情況發生變化,校方停止對社團的資助,因此社團也不再喝酒了。

哈佛運動分析社團成立不久,艾澤科維茲就被選為社團主席。會議在一個高雅的房間裡開會,這個房間似乎是專門為享用下午茶而設的,貼著粉色牆紙和許多古老的白人肖像。艾澤科維茲坐在一張長橡木桌的前端,一群睡眼惺忪的哈佛學生則坐在桌旁。這是一個充滿書呆子的會議,他們也喜歡和其他書呆子討論運動。艾澤科維茲以一輪破冰活動,宣布會議正式開始。現在是每個人的自我介紹時間,並且要推薦一本自己最喜歡的運動相關書籍,唯一的要求是不要再推薦《魔球》。

「那《魔球》的電影劇本書可以嗎?」有人開玩笑問道。

我在2011年造訪該社團時,社團裡最年輕的成員比我小約5歲左右。但當我環顧長桌,我開始意識到我們屬於不同的世代。在這5年,世界發生一些變化,而在那天晚上之前我從未這麼想過。《魔球》這本書已經出版了。這本書在他們身為運動迷的成長歲月裡,就被放在他們握在手中,這意味著他們有了

一個明確指引,向他們保證將藝術科學化是完全合理的。他們很自然地將自己的智慧應用於體育運動上。他們屬於「魔球世代」。信念,是可以且應該建立在統計學基礎上的想法,不僅是改變了這些哈佛孩子們對運動的看法,甚至可以說這就是他們對運動的看法。

這些大學生們不僅僅只是讀過《魔球》,他們對內容相當著迷,可說是徹底沉浸其中。也許不久後,他們就會身體力行《魔球》裡的制勝法則。在這本書中有一段提到金融的段落,內容是闡述衍生性金融商品的歷史,這彷彿成了他們的精神寄託。「那些迅速掌握其中的數學原理的人並不是典型的交易員,」路易士寫道,「他們是訓練有素的數學家、統計學家和科學家,他們放棄了在哈佛、史丹佛或麻省理工學院的深造機會,選擇在華爾街大殺四方。那些精於此道的交易員所賺得的巨額財富改變了華爾街的文化,使定量分析(而不是直覺)成為在市場上做出投資決策的正統方法。」

坐在橡木桌旁的這群學生,本可以成為那些雄心勃勃的交易員,被獲取巨額財富的機會所吸引,但是操作衍生性商品抵押已不再是最令他們感到興奮的事情了。他們不必再利用金融市場的低效率。他們可以將自己的聰明想法,運用到體育運動中。儘管不會像在金融領域那樣獲取暴利,但會有趣得多。這些大學生不僅有濃烈的興趣,當然也很有時間,而現在,他們第一次擁有數據。他們可以研究任何引起他們興趣的事情,甚至是那些在他們出生前就被研究到透徹的主題。他們可以對既

定的科學論點發起挑戰。他們的第一步,就從探討「熱手效應」開始。

這群哈佛大學的學生,並不是第一批對那篇探討「熱手效應」論文中的某些部分提出異議的人。從吉洛維奇、瓦隆和特沃斯基發表這項研究的那一刻起,他們就受到大量批評,而他們也早就知道發表後會出現批評之聲。特沃斯基和吉洛維奇甚至在1989年的《機會》(*Chance*)期刊(美國統計學會的官方期刊)上,撰寫一篇論文加以闡釋。這兩位熱愛觀賞籃球比賽的作者寫道:「一個人籃球賽看得越多,越會看到像是連續投籃命中的情況。」但在後一期的《機會》中,三位統計學家撰寫一篇措辭尖銳的論文加以回應,該文的標題為「相信『熱手效應』是可以的」(It's Okay to Believe in the 'Hot Hand')。不過他們為「熱手效應」存在所提供的證據,卻非常容易被駁斥,以至於特沃斯基和吉洛維奇能夠在同一期的期刊上做出回應。第22至30頁是一方之觀點,而第31至34頁則是另一方的觀點。

特沃斯基和吉洛維奇加以駁斥的回應,只是幾十年來一連串質疑他們的研究結論的第一起。後續的研究人員之調查,並不將他們的調查領域局限於籃球,他們重新審視了棒球、保齡球、網球、擲馬蹄鐵[2]、高爾夫、排球和飛鏢中的「熱手效應」案

---

2 譯註:一種兩人或兩隊進行的戶外競技運動,有特定的比賽規則。比賽進行方式是兩位選手(或兩隊)輪流將馬蹄鐵投擲到兩根木樁柱上。擲馬蹄鐵運動使用特製的比賽用馬蹄鐵,通常是正常馬蹄鐵的兩倍大。

例。如果有足夠多的人相信某種體育活動是一項運動，就很可能有人加以探究其中是否存在「熱手效應」。最有說服力的研究並非質疑吉洛維奇、瓦隆和特沃斯基的發現，而是質疑他們的研究方法。一個被廣泛接受的質疑是，他們的研究樣本不夠大，統計測試也不夠嚴謹，所以無法檢測到「熱手效應」。也就是說，即便「熱手效應」存在，這篇探討該現象的論文，本來就不可能發現。

把話題轉回到艾澤科維茲。在他的大一新鮮人學期，他就已經沉浸在運動數據研究中，並在哈佛運動分析社團的部落格上發表可以幫助職業運動隊伍贏得比賽的想法，但他不知道那些真正為這些隊伍工作的人，已經在閱讀他的文章，直到8月的某個星期五晚上，艾澤科維茲才知道。當時他正在瀏覽一個讓他的筆記型電腦運轉速度變得極慢的資料庫，電腦就像在炎熱的夏天跑了一場馬拉松一樣，疲憊不堪到幾乎昏迷。他選擇發表文章的時間並不理想，畢竟星期五晚上是最沒有人會上網的時間。在接下來的24小時裡，幾乎沒有人讀過這篇文章。但後來，艾澤科維茲注意到文章下方有一則評論，來自馬克·庫班。

當他揉了揉眼睛、確認自己沒有看錯之後，他意識到如果能夠引起NBA球隊老闆的關注，那他一定做對了什麼。也許，這運動分析是值得持續耕耘的領域，也許他將成為哈佛籃球校隊的數據分析師，雖然不會支付報酬給他，數據可能也不夠完善，且他的觀點可能也會被忽視。但即便如此，這畢竟是一群運動員，他們的行為在某種程度、某個時刻，可能會受到他的

建議所影響。這真的是一個令人心生嚮往的想法。

有一天，艾澤科維茲正在上計量經濟學課時接到一通電話，這通電話讓他之前的所有想像都顯得有些微不足道。當電話響起時，是一通陌生號碼的來電，但他還是決定接起來。他禮貌地向老師示意，走出教室接起電話。電話那頭，是一位真正的職業運動隊伍的工作人員——鳳凰城太陽隊。

布萊恩‧科普正在向太陽隊推銷SportVU，但該隊不知道該如何處理從場館的攝影鏡頭所獲得的大量資訊。他們過去沒有足夠數據，未來則是將擁有太多數據。於是，太陽隊聯繫了一位曾擔任哈佛運動分析社團社長、現在在另一支運動隊伍工作的人，請他推薦能幫助他們解決這個問題的人。對方給了他們艾澤科維茲的名字。太陽隊並不介意新任的數據分析小組中的統計顧問，比他們的球員還年輕，或者對方仍是一名還在修讀《行為經濟學入門》的大學生，甚至不介意他在離球隊數千英里外的宿舍遠端工作。

在接下來的幾年裡，艾澤科維茲利用暑假與太陽隊的球員、教練和高層一起工作，偷聽他們之間的討論，成為他暑期工作的最大樂趣之一。有一天，當他們正在討論一個他自認自己非常理解的話題時，他忍不住插嘴了。他們正在討論「熱手效應」。

身為一個經濟學本科生，以及一個籃球迷，艾澤科維茲曾讀過吉洛維奇、特沃斯基和瓦隆的那篇經典論文。他所得到的教育是，即使人們知道這是一種謬誤，他們仍然相信這種謬

誤。雖然他現在與這些人一起共事，但他仍然對他們的堅定態度感到有些震驚。他說：「辦公室裡有很多前NBA球員和大學校隊球員，他們都異口同聲地告訴我：這是真的。」這些人都是他尊敬的人，顯然比他更了解籃球。艾澤科維茲並不覺得被冒犯，儘管他的許多同事在如此根本的問題上與他的學術偶像意見相左，但這樣的情況反而讓他更覺興味盎然。

「將學術派與實務派互相對立是件非常奇怪的事，學術界人士說你對比賽的所有認知都是錯的，但實務派則對這樣的說法不屑一顧。」他說，「但其實學術界人士的主張基本上是建立在他們所擁有的數據上的。隨著數據的可獲得性增加，我們曾經認為的真理，可能不再是真理。」

艾澤科維茲認為只要他能找到合適的數據，就可以解決這個爭論了。然後，他意識到其實自己已經擁有這些數據了。寒假期間的一個下午，他打開筆記型電腦，給朋友卡洛琳‧史騰發了一封電子郵件：「希望你的考試一切順利。」他寫道。艾澤科維茲和史騰仍然住在同一棟宿舍裡，也上同一堂經濟學課。他還欠她一個人情：當初是史騰告訴他哈佛運動分析社團這個消息的人。現在，是他償還人情債的時候了。

「我認為之前的熱手效應研究都是有缺陷的。」他寫道，「有趣的是，根據我擁有的SportVU數據，我認為我們其實可以得出一個相當明確的結論。你有興趣加入我的行列嗎？」

5

在空閒時間,麥金南除了尋找瓦倫伯的下落或閱讀最新醫學研究,他會從事直升機滑雪運動。他從在新雪中滑行和開創全新滑道中獲得滿足。他不會去滑其他滑雪者已經滑過的滑道,而是選擇會在山坡上猛力滑下,開拓一條自己的路徑。他總是特地尋找那些少有人去的地方,因為他認為那才是最有價值的地方。

在麥金南位於芝加哥大學的辦公室中,牆上的滑雪海報可說是他與其他生物化學教授之間唯一的明顯區別。你得把視線從書架上那些書背磨損的教科書移開,如《經典電動力學》(*Classical Electrodynamics*)、《傅里葉變換紅外光譜學》(*Fourier Transform Infrared Spectrometry*)和《電子自旋共振的理論基礎》(*Theoretical Foundations of Electron Spin Resonance*),才會注意到角落裡那個滿是塵土的箱子,裡面裝滿蘇聯監獄註冊卡的影本。麥金南已經快80歲了,但他對自己被囚禁時的每個細節,仍然記憶猶新。在我和卡普蘭去拜訪他的那天下午,他拿出一張紙條,是一張關於必需胺基酸(essential amino acids)[3]的小測驗。他把那張紙翻到空白的一面,畫了一張弗拉基米爾

---

3 譯註:指動物不能在體內自行合成,只能由食物中攝取,或體內雖然能夠合成但合成量仍不及所需,要額外補充的胺基酸。動物需攝取必需胺基酸以製造蛋白質。由於不同物種的化合能力不同,對於某一物種是必需胺基酸的,對另一物種則不一定。

監獄的地圖。

「特雷利亞在這裡。」他說。

喬席夫・特雷利亞的說法是,「傻瓜」提早打開21號牢房,讓他瞥見一名年長的西方非俄羅斯囚犯,從大廳盡頭的廁所走回25號牢房。這個神祕囚犯,就是在自己的櫥櫃上寫下「羅爾瓦倫伯 瑞典」的人,後來被轉移到33號牢房。麥金南曾被關在那個牢房裡,他完全有理由不相信特雷利亞,直到他查看了卡普蘭所建立的綜合資料庫。接著,他無法不採信特雷利亞的說詞。「他告訴我的事情真的是,我的意思是準確地得到了資料庫的佐證。」麥金南說。

卡普蘭和麥金南為1970年2月1日創建了一張監獄地圖。特雷利亞在21號牢房,而25號牢房本來應該是空的。可是,一旦25號牢房被使用,那對面的33號牢房就是空的。這表示當局已經移除了識別囚犯身分的檔案。那個牢房在接下來的117天內都沒有人使用,而在這座地處偏遠的監獄中,沒有其他牢房連續空置超過5天。麥金南和卡普蘭在筆記型電腦上敲擊鍵盤幾次後,特雷利亞的說法突然變得可信,數據支持了他的說法。數據顯示,33號牢房確實發生了可疑的情況。這是一個統計上的異常值。

下一個值得檢驗的,是拉麗娜說的故事。她是讓麥金南尋求弗拉基米爾監獄紀錄的原因。麥金南說:「這位女士可能搞錯了,但我們必須檢驗這一點。」這比卡普蘭預想的時間要久得多。監獄裡的電腦快把他逼瘋了,只是基本的查詢,在他位

於芝加哥的電腦上幾分鐘就能處理完,而在俄羅斯卻需要12個小時。卡普蘭讓他的程式在每晚離開監獄前開始運行,希望早晨回來時能完成。有一天,卡普蘭發現他的筆記型電腦壞了,因為監獄在前夜斷電。要確定停電的原因,並不需要太多的鑑識證據。大樓地下室的電線被咬斷了。「我們相信是老鼠造成的。」他說。

等到電力恢復,並且他們確信數據是可靠的,麥金南和卡普蘭敲擊並等待緩慢的電腦載入1960年5月16日的弗拉基米爾監獄地圖。那天,是奧斯馬克去世的日子。拉麗娜特別記得有一名囚犯抱怨冷湯,就住在奧斯馬克對面的兩個牢房之一。如果她記錯了,那事情就很明顯了,有其他人在那裡。

所以誰在那些牢房裡?

「那些牢房完全空著。」卡普蘭說。

如果按照弗拉基米爾監獄的紀錄,奧斯馬克去世時,他對面的兩間牢房已經空置了243或274天,而麥金南和卡普蘭並不相信。但是,即使他們不相信,也不一定意味著不可信。他們再次檢視紀錄,檢查這些牢房空置這麼長時間的頻率。在25年的監獄數據中,有數千個空牢房。但大多數牢房都是因為例行維護而空置的,通常囚犯在幾天內就會回到這些牢房。一個牢房空置的最長時間是7天。一個牢房閒置250天的機率低於千億分之一。這又是另一個統計異常值。

但是,為什麼一個牢房會空置250天?為了解答他們的問題,麥金南和卡普蘭挑出與瓦倫伯資料相似的囚犯。他們發

現，普通囚犯一般每100天就會被轉移一次，而那些空置250天或更長時間的牢房則屬於特殊情況。其中一位每200到300天就會更換牢房一次的囚犯，是位波蘭邊境一座城鎮的鎮長，他目睹了一場可怕的大屠殺，蘇聯錯誤地將兇手歸咎於德國人。因為蘇聯覺得他不可信，所以他被判刑25年，其中前7年是在單獨禁閉中度過。麥金南和卡普蘭從這種轉移模式中推斷，他是蘇聯政權特意將他與其他囚犯隔離的對象。另一位符合這種特質的人是：羅爾・瓦倫伯。這位在243天或274天後被轉移的匿名囚犯，與瓦倫伯非常相似，這是麥金南和卡普蘭可能獲得的最接近確認的證據。拉麗娜對瓦倫伯的記憶錯誤的機率，可說微乎其微。

那是一個令人欣喜的時刻。麥金南和卡普蘭將虛假的數據轉化為真相。瓦倫伯不在官方紀錄中，但他們還是找到了他。

我在採訪學者的過程中學到，問科學家是否對某件事抱持懷疑，是很愚蠢的，無論那件事是什麼。因為科學家一定會抱持懷疑，這就是科學家存在的原因。一般來說，最優秀的科學家，總是無時無刻在懷疑。

在這個話題上，麥金南毫不含糊。他已經蒐集了證據、分析了數據，並對結論感到滿意。他可能永遠不會知道到底發生了什麼事。但是，根據他所掌握的，他是否相信羅爾・瓦倫伯在監獄裡活了這麼多年，縱使他應該已經死了？「我完全相信。」麥金南說。

6

　　約翰・艾澤科維茲和卡洛琳・史騰在開始他們對「熱手效應」的研究時，一位前哈佛大學校長，有一天走進籃球校隊的休息室，發表一場即興的經濟學演講。在接下來的30分鐘裡，籃球隊員們穿著運動短褲和灰色T恤，聽著這位曾被任命為美國國家經濟委員會（National Economic Council）主任和美國財政部長的學者講述經濟學。當哈佛大學籃球校隊隊員們在狼吞虎嚥地吃披薩時，賴瑞・桑默斯（Larry Summers）回顧自己在經濟學領域的生涯。一名《紐約雜誌》（*New York Magazine*）的記者剛好在場，他記錄下桑默斯陳述其職涯回顧的重要收穫：「關鍵在於解讀數據，並理解它所告訴你的資訊。」

　　在這場即興的講座中，這位曾對貨幣發行與否有高度話語權的男士，詢問這群哈佛籃球隊員們有多少人相信「熱手效應」時，所有人都點了頭。這正是桑默斯所期待的答案。他停頓了一下，故意賣個關子，然後揭示是否應該相信「熱手效應」存在。

　　「答案是否定的，」他說，「因為人們總會將模式套用在隨機數據上。」

　　然而，即使是自由世界的經濟權威人士，也無法預見到就在校園的某處，幾名經濟系學生正在試圖搞清楚真相是什麼。他們正在解讀數據，試圖辨別其中隱藏的事實。他們努力地想確認「熱手效應」是否存在。

在艾澤科維茲和史騰之前,幾乎每個探索「熱手效應」的人,都承認他們的分析存在一個根本性的缺陷。那些認為「熱手效應」是一種謬誤的研究,並沒有正確考慮到投籃命中率會有所變化的這個事實。「想像每個球員都是一個各種投射結果而組成的集合體,」吉洛維奇、瓦隆和特沃斯基寫道,「而當球員每次投籃是否命中,則是從這個集合體中隨機選擇的結果。」但事實真是如此嗎?顯然,當有人「手感發燙」時,球員的行為就會發生變化。「手感好」的射手更願意冒更大的風險,他的下一次投籃嘗試不一定是隨機事件,而是可能會取決於上一次投籃的結果。還記得史蒂芬·柯瑞在麥迪遜廣場花園出現「熱手效應」的表現嗎?在觀看那場比賽後,如果還是認為球賽中的每一次投籃嘗試都可一視同仁,那就像是僅因為你剛好和麥可·喬丹同名,就認為你也可以展現扣籃一樣。然而,最初對「熱手效應」的調查,基本上就是奠基於這樣的錯誤邏輯之上。他們別無選擇,因為他們沒有數據。

直到艾澤科維茲和和史騰就讀大學,人們才能夠以更精細的方式研究像「熱手效應」這樣的主題。他們終於可以控制所有變數,並準確地量化投籃的難度。這就是SportVU系統的精妙之處。如果他們能夠為一次投籃做到這點,就可以為任何數量的投籃做到。事實上,他們可以分析任何一個NBA賽季中所進行的每一次投籃。

他們在上《行為經濟學入門》課程時,曾討論「熱手效應」的複雜性,並且都開始質疑那篇經典論文的結論,在多年後是

否仍然站得住腳。他們一致認為，如果一名球員覺得自己狀態極佳，他會選擇挑戰自己的極限，嘗試更難的投籃。但在之前的研究中，並沒有考慮到這種行為上的變化。當艾澤科維茲發電子郵件邀請史騰一起從事這項研究專案時，對史騰來說，能夠做一些從未有人做過的事，非常有吸引力。而且，她並不是唯一一位想和艾澤科維茲合作的人。在聯盟中，幾乎沒有人能像這個在學校宿舍裡為太陽隊提供諮詢的人那樣，敢向布萊恩・科普提出犀利的問題。當艾澤科維茲向科普介紹他對「熱手效應」所進行的綜合研究計畫時，科普幾乎毫不猶豫地給予一群哈佛經濟系學生訪問其資料庫的許可權。「我覺得不可思議的是，竟然沒有其他學者對此感興趣，」艾澤科維茲說，「這可是超級豐富的資料。」

在接下來的學期裡，學生們花了數百小時來解讀這些數據。但首先，他們必須做個整理。雖然SportVU的數據很豐富，但也很雜亂，不適合分析。有權訪問SportVU資料庫的人之一，恰好是哈佛大學的教授柯克・戈斯貝瑞（Kirk Goldsberry）。當他在巨大的電腦顯示器上打開他的第一個SportVU檔案時，他呆住了。「我看到的只是無數的小數點，後面有好幾個0和數百個零星夾雜其中的XML標籤。」他寫道，「很明顯地，這是我所見過的『最大』數據。我永遠記得當我意識到螢幕上的一切，都只是某場比賽的某一節的某個球員的幾秒鐘動作時，我驚愕不已。」儘管這些數據非常棒，但對艾澤科維茲和史騰來說也

令人擔憂。哪怕只有一小部分數據被破壞,他們做出的結論也會有所偏差。麥金南和卡普蘭知道這種感覺。

當他們完成時,艾澤科維茲、史騰,以及他們的電腦科學專家安德魯・博克斯科斯基(Andrew Bocskocsky,也是哈佛大學學生),比大多數NBA球隊更了解這些正在改變NBA生態的數字代表什麼。這是因為他們所擁有的資料,比吉洛維奇、瓦隆和特沃斯基在他們最瘋狂、古怪的夢境中所能想像的還要多。

一旦他們在一個2x2的方格中描繪出8萬3千次投籃,他們就能告訴你任何你想知道的關於任何NBA比賽中的投籃資訊。他們可以告訴你投籃的球員在哪裡,防守球員在哪裡,以及球場上其他人在哪裡。他們可以精確到0.04秒,告訴你球何時離開球員的手。他們可以告訴你某一次投射的難度,甚至可以告訴你球進籃網的機率。而這意味著他們可以說出他們真正想說的話。「這怎麼可能呢?」史騰說道,「在很長一段時間裡,這幾乎是不可能的,除非你看了無數小時的球賽影像並試圖猜測每次投籃的難度。但你做不到的。」但現在,可以了。

最初對「熱手效應」展開研究的學者們,只研究其中的一小部分投籃。他們的數據品質不佳,該論文將帶球上籃與三分球視為相同,儘管這些投籃選擇之間的共同點,就像河馬和倉鼠一樣少。該文僅以命中和未命中來評估投籃。艾澤科維茲、史騰和博克斯科斯基稱這樣的公式為「簡單熱度」(Simple Heat)。但要對「熱手效應」進行適當測試,這種「簡單熱度」不夠強大。這個任務需要一些類似「複雜熱度」(Complex

Heat）的工具來協助，這意味著他們必須開發出來。

由於他們掌握了每次投籃的所有資訊，包括投籃者的身分、投籃者的位置、防守者的位置及投籃的難度，所以他們能夠為進球機率賦予一個數字，並稱為「預期投籃命中率」（expected shooting percentage）。計算預期投籃命中率對NBA球隊來說有用，很快地NBA就開始使用這一全新指標。對於這項由大學該生所發起的研究專案來說，這都是一個令人極為滿意的成果。

但對艾澤科維茲和史騰來說，這只是手段，而非目的。他們需要這個數值，來計算「複雜熱度」：實際投籃命中率，與預期投籃命中率之間的差異。顯然，如果史蒂芬・柯瑞連續命中5個三分球而不是連續5次上籃得分，前者可以顯現出他當天的比賽狀態相當好，但只有根據「複雜熱度」而非「簡單熱度」，才能呈現出這種差異。艾澤科維茲和史騰是第一組計算出這種火熱程度差異的研究者。即使他們已經走到這一步，他們仍然清楚自己還有很長的一段路要走。「我們必須花時間思考我們想要提出什麼問題。」艾澤科維茲說。

這並不是件簡單的事。他們得到的答案的品質，取決於問題的品質。他們最終將問題精煉成兩個：當某位球員似乎出現「熱手效應」狀態時，其他球員是否會改變他們的行為？假設反過來控制這種行為改變後，「熱手效應」是否依然存在？

其實他們心中還有第三個問題，只是他們還找不到可以清楚表達的方式：如果他們所學到的關於「熱手效應」的一切都

是錯的,該怎麼辦?

這些問題,正是「魔球世代」的前輩們可能會提出的問題。而事實上,其中一位正是如此。比爾·詹姆斯在紅襪隊工作期間,瞥見球隊如何做出決策,這反而讓他對球隊的內部運作更加好奇。就在波士頓贏得2004年世界大賽的時候,他在《棒球研究期刊》(Baseball Research Journal)上發表一篇標題是「低估迷霧」(Underestimating the Fog)的文章。他寫道:「如果這是一本真正的科學期刊,而我是一位真正的學者,這篇文章的標題應該是『解決在不穩定統計平台中的變數時,區分暫時現象和持續現象的問題』(The Problem of Distinguishing Between Transient and Persistent Phenomena When Dealing with Variables from a Statistically Unstable Platform)。但我希望有人能夠好好讀一讀。」他的願望成真了,但並不是因為這個標題,而是因為文章本身非常引人入勝。「我逐漸意識到,賽伯計量學中的諸多結論,可能是沒有根據的。」這位賽伯計量學教父寫道。

詹姆斯的追隨者們不習慣看到他寫這類東西,因為他繼續質疑那些幾乎已成統計學界基本真理的理論。他並不是在說那些理論不正確,而是在說他無法確定是否真的正確。一個像比爾·詹姆斯這樣的人會對那些所謂被科學揭穿的迷思持開放態

度，這似乎就像貝蒂・傅瑞丹（Betty Friedan）[4]宣稱自己是一個厭女主義者一樣完全預想不到。但從另一個角度來說，這也正是典型的比爾・詹姆斯風格。這位挑戰運動界傳統智慧的人，現在正在反過來挑戰已經成為常識的逆向思維。你幾乎能聽到他在鍵入下面這段有關迷思的最知名文字時，所發出的輕笑聲。

「沒有人提出過令人信服的論據，來支持或駁斥熱手效應。」詹姆斯寫道。他接著說：

> 反對熱手效應的人主張——或者在我看來，他們似乎主張——缺乏證據即是證明。也就是說如果缺乏明確證據證明熱手效應存在，就代表它不存在。我認為不是這樣的。反對熱手效應的論點，是基於假設熱手效應存在，就能夠被檢測到，而不是基於經過驗證的事實。不論熱手效應是否存在，我不知道——但我認為這個假設是錯誤的。

詹姆斯接著要求那些在空閒時間細讀學術棒球期刊的人，想像自己置身戰場上。他希望讀者能站在一名守望者的角度，負責保護他的部隊。你在朦朧的夜晚向遠方凝視，但什麼也看不見。你找來最亮的手電筒照向地平線，還是什麼也看不見，

4　譯註：美國作家，近代女權運動重要推手。

只有一團迷霧在你眼前。於是，你回報上級：外頭沒有敵人。

但，真的是這樣嗎？

證據的缺乏，並不等於證據不存在。雖然最初的「熱手效應」研究論文被解讀為論證「熱手效應」並不存在，但實際上只是闡述缺乏「熱手效應」的證據。作者們曾試圖尋找「熱手效應」，但他們看見的只是一片迷霧。比爾・詹姆斯懇求道：「讓我們再檢視一遍，讓我們給這片迷霧更多重視。請不要過於確定自己真的沒有錯過某些重要東西。」

卡洛琳・史騰和約翰・艾澤科維茲用他們的SportVU數據，照亮了迷霧重重的夜晚。忽然間，迷霧不再那麼濃了。他們開始隱約看到「熱手效應」的輪廓浮現出來。

他們已經知道，當籃球員手感好時，他們的行為會隨之改變。真正的問題在於，當他們將光線投向迷霧時，是否能在數據中檢測到這些變化。結果顯示，他們確實可以。他們發現，當球員感覺自己手感發燙時，他們會選擇離籃框更遠的投籃位置出手，而防守球員則會更形影不離地貼身壓迫他們。當球員手感好時，他們更有意願出手，而且這些投籃的難度也更大。此前的假設——即投籃進球是隨機選擇的結果——是站不住腳的。這些投籃都不是獨立事件，而是相互影響的。這是首次證明球員在感覺自己手感正好時，行為確實也會發生改變。

一旦確立了這一點，艾澤科維茲和史騰就可以將注意力轉向更有趣的部分：這種行為變化，是否掩蓋了「熱手效應」的存在？這時，他們發明的「複雜熱度」就派上了用場。「熱手效

應」並不僅僅是關於一名球員連續命中多少顆進球,至少不完全是如此。更可靠的「手感溫度計」,是球員在多大程度上超出預期。他們的假設是,一旦控制投籃難度,「熱手效應」就會浮現——這一假設自從艾澤科維茲向史騰寄出邀請信,提出基於SportVU數據的研究計畫時便已存在。

只有在研究走到這一階段,也就是他們辛苦地計算出籃球的投籃進球並不是隨機選擇時,他們才對研究的下一部分——得出「熱手效應」確實存在的驚人結論——有了信心。研究結果表明,當某位球員在過去四次投籃中命中一次時,他的表現會提升1.2%;而當命中兩次時,表現提升則達到2.4%——這是一個微小但依然顯著的效果。也就是說,如果一名球員連續幾次投籃命中,他在下一次投籃時的成功率不會降低,縱使是難度更高的投籃出手。他的成功率會稍微提高一些。他在「升溫」,然後就會「火力全開」。

雖然結果本身只是微小的變化,但其意義卻極為深遠。艾澤科維茲和史騰找到了最佳證據,證明著名的「熱手謬誤」實際上就是一個謬誤。有時候,真相會被蘇聯當局刻意掩蓋。而有時候,真相只是因為資料不夠精確而被掩蓋。有時候,真相就像被迷霧籠罩一般。

「至少,我們的研究結果對『熱手效應是一種謬誤』這一壓倒性共識提出質疑,」博克斯科斯基、艾澤科維茲和史騰寫道,「或許,下次當某位教授對哈佛男子籃球隊發表演講時,不會再那麼輕易就否定『熱手效應』的存在。」

在他們於麻省理工學院史隆體育分析大會上展示研究成果那天,史騰收到一封電子郵件,這位寄件者已經仔細閱讀過他們的論文,並用他的iPad發了一封信。他不需要做自我介紹。「這是一項令人印象深刻的研究,」賴瑞‧桑默斯寫道,「恭喜你和其他共同作者們。」他甚至主動提出未來研究的方向建議。「這衍生出一個值得探討的更大範圍問題,那就是人類表現的變化,」他寫道,「例如有時我覺得自己比其他人更聰明。這會是一種錯覺嗎?」

對於這項令人印象深刻的研究成果,最不為所動的反而是史騰和艾澤科維茲。像所有好的科學家一樣,即使研究結果是他們自己的,他們對結果也抱持懷疑態度。他們有疑慮。與其誇大自己的研究結果,他們刻意保持謹慎,禮貌地提醒任何詢問的人,他們希望擁有更多、更好的數據,而且他們的研究結果是故意保守起見。他們揭示的「熱手效應」只是一小簇火焰,而不是馬克‧特梅爾想像中的大火。他們非常願意為他們的重要發現辯護,即假如場上有某位球員出現「熱手效應」,其他人確實會改變他們原先的打球方式,他們的行為,反映了他們的信念。這群學生讓資深心理學家湯姆‧吉洛維奇評論:「這是我所見過的,最有趣的支持熱手效應的資料。」以及讓德高望重的經濟學家賴瑞‧桑默斯說:「更好的數據和更好的統計技術,意味著我們將能更好地理解世界。」對於史騰和艾澤科維茲來說,看到像吉洛維奇和桑默斯這樣的人認真討論他們的研究,不禁令他們感到茫然。

「我覺得,我可能永遠不會再有其他人這麼在乎我做的事的機會了。」史騰說。

「我覺得不會這樣。」艾澤科維茲說。

「但可能會是這樣,」她說,「我從沒想過在我的學術生涯中,會得出一個如此單純但大家卻非常關心的見解。」

他們所做的一切,只不過是驗證他們被告知的事。恰好,這也是馬文・麥金南和阿里・卡普蘭所做的事。卡洛琳・史騰和約翰・艾澤科維茲分析了數據,並得到數據所告訴他們的事實。他們的優勢在於他們擁有更好的數據。而這些更好的數據,揭示了之前未曾提到的事情。數據告訴他們,也許相信「熱手效應」存在,是對的。

CHAPTER 07

閣樓上的梵谷
THE VAN GOGH IN THE ATTIC

啊哈,啊哈,啊哈!

1

那是一幅美麗的畫作。起初,在克里斯提安‧穆斯塔(Christian Mustad)還毫無理由懷疑這幅畫有任何問題之前,他就因為喜歡這幅畫的樣貌而買下了它——這是一幅描繪法國蒙馬儒修道院(Montmajour)夕陽景色的梵谷(Vincent van Gogh)畫作。而麻煩,也正是在那時開始的。

但從那個時候起,他的麻煩就開始了。

穆斯塔是挪威一家公司的繼承人,該公司生產從迴紋針、拉鍊,到魚鉤和馬蹄釘等各種產品,還包括人造奶油。穆斯塔的工廠還專門生產人造奶油,這是了解他的關鍵消息之一。另一件關於這位工業巨頭的重要訊息是,他是一位真正的藝術收藏家。如果你在二十世紀是一位認真的藝術收藏家,那麼你就會收藏塞尚(Cézanne)、高更(Gauguin)、雷諾瓦(Renoir)、竇加(Degas)、孟克(Munch),當然還有梵谷的作品。

為穆斯塔提供購置藝術品建議的專家,是挪威奧斯陸國家美術館館長詹斯‧蒂斯(Jens Thiis),他是一位值得信賴的人物,並且與這幅特殊的梵谷作品有著私人的關聯。在當時歐洲假畫猖獗的時期,穆斯塔需要像蒂斯這樣的專家來為他把關。當時的收藏家們因為市場上假畫泛濫而神經緊張,因此願意相信任何聽起來像是專家的話。然而,即便是藝術專家,也往往會在鑑別梵谷作品真偽時出錯,而有時這些錯誤甚至與藝術本身無關。儘管如此,穆斯塔對蒂斯的意見依然充滿信心,於是

決定將這幅美麗的梵谷畫作納為他的收藏。

只不過他很快就會感受到一股強烈的買家懊悔。讓他這次珍品收購感到後悔的尷尬經歷,始於一次宿敵的到訪。穆斯塔有很多理由嫉妒奧古斯特・佩勒林(Auguste Pellerin),這位在公私領域上都堪稱是他的對手的人物,其中最主要的原因是佩勒林那令人印象深刻的藝術收藏。他擁有數不清的塞尚畫作,擁有一座小山般的馬內(Manet)作品,甚至還有幾幅梵谷畫作。他們兩人應該可能都認同佩勒林比穆斯塔更懂藝術。身為挪威駐巴黎的領事,穆斯塔與他所支持的藝術家們混跡同一個圈子。他知曉他們之間的小道消息,並且必定聽說過關於假梵谷畫作所帶來的恐懼。

但是,讓穆斯塔羨慕不已的,不僅僅是佩勒林的藝術收藏或他深厚的藝術知識,而是他的生財之道。佩勒林買得起塞尚、馬內和極稀有的梵谷作品,只因為他是一家製造業集團的所有者而大發利市。他的公司名叫阿斯卓乃人造奶油公司(Astra Margarine)。奧古斯特・佩勒林是另一位人造奶油大亨。

穆斯塔的人造奶油企業總部位於挪威,他打算將事業版圖擴展至法國;而佩勒林的企業據點則在法國,且希望進入挪威市場。這兩位人造奶油巨頭在這樣一個關於梵谷畫作真偽極度不確定的時期裡擁有梵谷畫作,這其中有某種微妙的諷刺意味。畢竟穆斯塔和佩勒林都依靠生產看似真卻是假的東西賺錢,且獲利豐厚到足以買下梵谷的畫作。他們生產的東西不是

奶油,而是人造奶油。

當佩勒林一走進穆斯塔家裡,看到穆斯塔得意地展示那幅他引以為傲的新收藏——那幅描繪蒙馬儒修道院美好日落景色的梵谷畫作時,便立即告訴他的事業競爭對手,他被騙了。佩勒林只看這幅畫作一眼,就辨識出這是一幅手法極高明的贗品。這不是奶油,而是人造奶油。

穆斯塔頓時羞愧不已,怒氣沖沖地把這幅畫搬到閣樓,並且在接下來的半世紀裡都將其束之高閣。對穆斯塔來說,就算這幅畫曾經被他信任的專家所認可,也已經毫無意義了。他甚至懶得再去尋求另一個專家的意見。佩勒林對這幅畫的輕蔑態度激怒了他,以至於他再也無法以同樣眼光看待這幅畫作。這幅畫在他心中從此不再是一幅傑作。

在接下來的50年裡,穆斯塔用孟克、塞尚和竇加的畫作裝飾自家,將客廳打造成一座擺了幾張沙發的博物館。他甚至自豪地展示他擁有的其他梵谷作品,但那幅描繪蒙馬儒修道院日落景色的畫作,卻從未公開亮相過。這幅藝術界的「人造奶油」被藏在閣樓裡,直到穆斯塔去世的那一天。

穆斯塔對整起事件感到羞愧不已,他帶著這份恥辱離世,甚至到死都不知道,他對那幅「假」梵谷畫作的判斷,可能在一個小地方出了錯——其實它並非假畫。

2

當喬許‧米勒（Josh Miller）還是個住在舊金山郊區的男孩時，他常常搭地鐵進城。有一天，他去了唐人街的書報攤，想買一些廉價的爆竹，於是他帶著一袋火藥坐火車回家。他想炸毀一些東西玩玩。米勒把爆竹帶到當地的籃球場，他左看右看，確保周圍都沒人，然後把一根煙火塞進一輛模型汽車裡。他點燃引線，盡可能快速跑到遠處。當爆炸將他的模型汽車炸成無數個碎片時，他已經安全地躲在高處一棵樹後，看著下方的破壞場景。這幾乎是他所見過的最酷的事。

喬許‧米勒非常喜歡火，就像馬克‧特梅爾那樣。他的縱火癖好展現在許多方面。他在露營時烤棉花糖，拿著沖天炮四處逛，而且他在5歲時還不小心燒了一棵樹。他從來無心害人。但一旦他開始行動，他就無法控制接下來會發生什麼事。

「我只是點燃一些東西，」米勒說，「然後事態就變得比預想的還要大。」

這個曾在籃球場上炸毀一輛模型汽車的孩子，後來在湯姆‧吉洛維奇的大學母校就讀。在加州大學聖塔芭芭拉分校，他在基礎經濟課堂上遇到亞當‧桑胡爾霍（Adam Sanjurjo），這門課成為他們探索知識的火花，並最終使米勒和桑胡爾霍成為

熱手效應

探究「熱手效應」的路易斯和克拉克（Lewis and Clark）[1]。

他們倆有很多共通點。兩人都來自北加州，都主修經濟學和數學，都進入研究所繼續深造，米勒去了明尼蘇達大學（University of Minnesota），而桑胡爾霍則去了加州大學聖地牙哥分校（University of California, San Diego）。但他們在2008年金融危機後便立即進入學術就業市場，碰巧趕上經濟衰退的低谷。對於那些渴望成為經濟學教授的人來說，這並不是最佳時機；事實上，這可能是近一個世紀以來最糟糕的時機。米勒和桑胡爾霍不得不飄洋過海，尋找合適的工作。桑胡爾霍有一半西班牙血統，他的童年夏天都在父親的故鄉度過。在西班牙度過更多時間，一直是他的目標，而全球財政危機正好給了他一個很好的藉口。他在阿利坎特大學（University of Alicante）找到一份工作，於是搬到海邊。而米勒則在義大利米蘭工作，當他來拜訪他的大學朋友時，就住在桑胡爾霍的海濱公寓裡。所以十年後，他們在同一個領域從事相似的工作。有時他們會回到加州，在位於馬林縣米勒祖父所擁有的一間風景如畫的小屋裡度假。他們會早起，吃早餐，討論各種想法，然後各自去工作；午餐時再見面繼續討論，然後再各自工作；晚餐時再聚在一起

---

[1] 譯註：兩位皆是著名美國探險家。梅利威瑟‧路易斯（Meriwether Lewis）及威廉‧克拉克（(William Clark）最為人所津津樂道的事蹟，是他們一趟從密西西比河到西海岸的探險。此段探險始於1804年4月，於1806年9月結束。

喝點葡萄酒,並繼續討論各種想法。這種日常生活是如此地自然而然,規律到彷彿他們共有同一種生理時鐘把他們聚在一起,並促使他們合作。

「我們到底在幹什麼?」桑胡爾霍一度說道,「為什麼我們不乾脆一起工作呢?」

但首先,他們得弄清楚要一起研究什麼。在他們的多次對話中,他們開始意識到彼此都曾接觸過關於「熱手效應」的研究,也正是在那時,米勒和桑胡爾霍彼此向對方透露一個小祕密:他們都對研究結果持懷疑態度。「我相信熱手效應。」桑胡爾霍在2010年3月一封寫給米勒的郵件中寫道。他不相信信心對表現沒有影響的論點,而米勒表示同意。事實證明,甚至他們的直覺也相似。米勒和桑胡爾霍正處於一生中最自由的時刻。世界上沒有其他地方需要他們,也沒有其他地方真正想要他們。「是時候從討論想法,轉變為付諸行動了。」米勒說道。

他們決定重新調查「熱手效應」這個懸而未決的案件。桑胡爾霍記得他與一支西班牙半職業籃球隊有些聯繫,這支球隊或許能提供幫助。這支球隊是「半職業」而非「職業」。西班牙的籃球聯賽共有五個級別,第一級別是歐洲最具競爭力的聯賽,擁有最終進入NBA的出色球員,但後續級別的球賽品質便急遽下降。第三級別的球員們需要有其他日常工作來維持生計。在美國,有些校際聯賽的隊伍甚至能夠擊敗西班牙第四級別的半職業球隊。而米勒和桑胡爾霍恰好認識一些人,可以幫助他們邀請屬於第五級別的球隊來參與投籃實驗。

參與實驗的球員水準並不重要。對於米勒和桑胡爾霍來說，進行一次受控的投籃測試更加重要，因為他們認為這是檢測籃球賽事中「熱手效應」的理想環境。在真正的比賽中，有太多雜訊掩蓋了任何可能的信號。所以只有在實驗中，他們才能排除那些稀釋表現的潛在變數──這些自然反應掩蓋了「熱手效應」的顯現，而卡洛琳・史騰坦和約翰・艾澤科維茲則藉由研究加以揭示：投籃的難度、球員的水準、防守策略、比賽分數及觀眾的喧鬧。在這個實驗中，沒有觀眾的干擾。米勒和桑胡爾霍前往貝坦索斯，一個中世紀風格的小城市，他們讓8名球員從球場的固定位置投籃300次，這個位置的命中率大約是50%。6個月後，他們又讓同樣一批球員再次進行實驗。

這個實驗與吉洛維奇、瓦隆和特沃斯基的研究中的投籃實驗類似，但在幾個關鍵方面有所不同。首先，投籃次數更多：每次實驗300次投籃，而不是100次。而且，這些投籃來自同一個位置，而不是同一距離的不同位置。球員們是連續投籃，而不是在每次投籃前先下注。此外，米勒和桑胡爾霍還擁有超越這支半職業西班牙籃球隊的資料。他們重新分析了吉洛維奇、瓦隆和特沃斯基研究中的投籃者資料，並找到一位保存自己籃球實驗結果的心理學家，這些結果存儲在電腦打孔卡片上。他們希望藉著更大的樣本量和更強的統計能力，來得出更清楚的結果。

之前的投籃實驗很難測量「熱手效應」，因為沒有足夠能力來檢測微妙的差別，這就像在醫師辦公室的秤上秤量咖啡豆

一樣。然而，當他們觀看聖多明哥貝坦索斯籃球隊球員在空曠場館裡投籃的影片時，米勒和桑胡爾霍覺得他們能判斷出某個球員的狀態是火熱或低迷。但他們的感受並不重要，而是數字。數字結果恰好與他們的感受相符。數字顯示出，確實有些球員出現「熱手效應」。

「我不認為這只是自欺欺人。」米勒在給桑胡爾霍的一封郵件中寫道。

「我們確實容易受到認知錯覺的影響，但這只是部分解釋，」桑胡爾霍回應道，「其中有一些模式存在，也許我們會把這些存在的模式誇大了，但確實有模式存在。這將提高對這些過程的理解，而不是抱持著『所有的模式感知，都只是認知錯覺』的觀點。」

他們在接下來的一年裡完成了他們的論文，並獲得一些褒貶不一的回應。桑胡爾霍曾在法國土魯斯的一次會議上做了一次演講，米勒也在場，他講述他們論文中某個具體細節之統計，引起一位加州理工學院行為經濟學家的高度重視，這位經濟學家就他們在第72頁的註腳中提到的一個觀點提出問題。但最終，他們對於得到的回應感到失望。有一位經濟學家在一封措辭尖銳的郵件中批評他們的研究，只有經驗豐富的學術界人士才能寫出這樣的郵件內容：「根據我的經驗，論文結果的強度與摘要中使用的誇張程度成反比，」他寫道，「根據這個經驗法則，我猜測你們的結果不會成立。下次寫摘要前，請先深吸一口氣。」

他們確實先深吸了一口氣,再嘗試與該位經濟學家進行禮貌的討論,但並沒有效果。這位經濟學家對於聽取他們工作的細節並不感興趣。不管他們的投籃實驗與那些西班牙籃球隊員的表現顯示出什麼,這位經濟學家幾乎不願意改變對「熱手效應」的看法。他說:「即使你們做了一場實驗,發現一些球員確實出現『熱手效應』,那又怎樣?」那些審閱最具權威性期刊論文的評審們,也贊同這位經濟學家的觀點。一位評審寫道:「我其實不太在乎人們在投籃時是否真的狀態會變得『火熱』。」米勒和桑胡爾霍被告知,研究「熱手效應」的意義在於表明人類會在不存在的領域看到模式。但即使這些模式確實存在,也沒有某些人所認為地那樣顯著。「這才是『熱手謬誤』的真正本質。」這位評審寫道。

儘管感到失望,米勒和桑胡爾霍仍然不願將「熱手效應」拋在腦後。在放棄研究成果之前,他們需要再聽聽一個人的意見。安德魯・蓋爾曼(Andrew Gelman)是哥倫比亞大學教授,也是一位受人尊敬的統計學家,他經營一個叫做「統計模型、因果推論和社會科學」(Statistical Modeling, Causal Inference, and Social Science)的古怪但卻非常受歡迎的部落格。蓋爾曼對「熱手效應」的歷史非常熟悉。他非常喜歡1985年那篇最早開始探討「熱手效應」的論文,以至於他在辦公室的檔案櫃裡保存一份預印本(preprint),即經過同儕審查之前的版本。「這篇論文一出來,我們立即接受『沒有什麼熱手效應,大眾是錯的』的說法。」蓋爾曼說道。

或許這個發現對不懂統計學的人來說是個驚喜，但對蓋爾曼來說並不是。他在教授「熱手效應」時，他偏好將教室裡的學生分成兩組。第一組的學生將硬幣拋了100次，並記錄結果——正面用H表示，反面用T表示。第二組的學生則創造出一個看起來像是他們拋了100次硬幣的序列（假設有200次拋硬幣的記錄而不是100次）。蓋爾曼會先離開教室，然後再回來看一下黑板上的結果，接著告訴學生，他可以猜出哪一個是真實的拋擲結果，哪一個是偽造的：

第1組	第2組
TTHHTTTHHTTHTTTTHTT	THTTTHTHTTHHTTTHTHTT
TTHTTTHTTTHTTTTTTTT	HHHTHTTHHTTTHHHHTHTT
TTHHTTHTHTHHTTTTHHHH	THHHTHTTTHHTTTHHTHTT

蓋爾曼會盯著這些序列幾秒鐘，停頓一下以製造一些戲劇效果，然後再讓學生們大吃一驚：第一組是真的，第二組是假的。這是「從帽子裡變出一隻兔子」的統計學教授版本戲法。但，他是怎麼知道的？

「真的那組看起來像假的，」他說，「而看起來像真的那組，則是假的。」

我想大家之前應該也聽說過這個道理。他試圖傳達的教訓是，隨機拋硬幣的結果，看起來可能會有連續模式。在第一組

序列中連續9次出現反面的情況?這並不是我們想像拋硬幣的方式,但它確實會發生。蓋爾曼對那些堅持認為不可能的人嗤之以鼻。「我對這些人的看法是,他們就是無法接受現實。」他說。

米勒鼓起勇氣,給他心目中的理想讀者發了一封郵件,並附上他和桑胡爾霍共同撰寫的論文,這篇論文挑戰了蓋爾曼的觀點。「我們有一些新的實驗和實證研究表明,個別球員的『熱手效應』可以非常顯著,」他寫道,「此外,我們在吉洛維奇、瓦隆和特沃斯基的原始數據集中找到『投籃熱手效應』的明確證據。」

一篇鮮為人知的論文,質疑行為經濟學中的經典發現,對於一位統計學部落客來說,就像是看到一段可愛的貓咪影片一樣。蓋爾曼當天就回覆了米勒和桑胡爾霍。他認為他們的研究成果很精采,並不是一無是處。他甚至承認這可能確實有一些意義存在。但,一種微弱、幾乎不存在的「熱手效應」,不該是他們所追求的研究成果。

「誰會在乎呢?」蓋爾曼心想。

米勒和桑胡爾霍認為他們寫了一篇引發矚目的論文。但與其說他們在學術界掀起波瀾,不如說他們跳進桑胡爾霍住家外的大海,激起的水花更大。如果他們放棄研究「熱手效應」,轉而投身其他研究領域,也沒有人會責怪他們。然而,這個主題仍然吸引著他們。他們的工作似乎還未完成,儘管連他們自己也無法用科學的方式來量化這種感覺。他們對經濟學家寧願忽

視他們所提供的證據的反應而感到驚訝。他們比以往任何時刻都更堅定地相信「熱手效應」是真實存在的，他們決定繼續前進。儘管被頂尖經濟學期刊拒絕刊載很令人氣餒，但當他們回到白板前，回顧自己的研究時，想起有些教授曾對他們提出一個中肯的建議：他們可在另一種籃球比賽中，尋找「熱手效應」的證據——NBA的年度三分球大賽。

每年，聯盟中最優秀的射手們都會齊聚一堂，參加一場投籃比賽。他們有1分鐘時間，在5個不同位置各嘗試5次投籃。對於經濟學家來說，三分球大賽不僅僅是一場普通的投籃比賽，這是一場具備嚴格控制條件的現場實驗，參與者是地球上最優秀的射手，而非來自西班牙第五級別聯賽的半職業選手。三分球大賽為研究「熱手效應」，提供一個精緻的測試場域。

到目前為止，自從米勒和桑胡爾霍首次研究「熱手效應」以來，已經快兩年了。但是，好的科學研究需要很長時間，而他們的研究時間還要更長。要讓這項研究達到他們滿意的程度，唯一的辦法就是對每一場NBA三分球大賽中的每一次投籃進行編碼。他們在YouTube上找到大多數的比賽影片，而那些找不到的影片則是透過支付一些費用，從瑞士的某些人手中購買VHS錄影帶。他們終於在史蒂芬・柯瑞贏得2015年比賽冠軍的幾天後，完成艱巨的資料蒐集工作。當他們最終完成時，手中已經擁有超過5,000次投籃的資料可進行分析。

克雷格・霍奇斯（Craig Hodges）是米勒和桑胡爾霍研究的第一名球員，他是NBA中極具爭議的三分射手。霍奇斯的強項

就是投三分球。由於他所在的時代還沒有那麼多像他這樣的三分球投射專家,於是他被邀請參加三分球大賽的前八屆比賽。他在1990年的三分球大賽中奪冠;1991年他再次贏得比賽,並一度連續命中19球。1992年,他三度贏得三分球大賽冠軍,完成三連霸壯舉。霍奇斯在三分球大賽中的重要性如此之大,以至於即使在他不再為NBA效力之後,聯盟仍然讓他參加1993年的三分球大賽。沒有霍奇斯的三分球大賽,幾乎是無法想像的。

霍奇斯在三分球大賽中的傳奇地位,使他成為米勒和桑胡爾霍的資料庫中貢獻最多的球員之一。他們對霍奇斯的狀態相當有信心,以至於桑胡爾霍開玩笑地說,如果資料顯示霍奇斯沒有「手感發燙」,他願意將自己的一部分器官捐給慈善機構。

結果卻出人意料——霍奇斯並沒有如預期般地展現火熱狀態。

米勒和桑胡爾霍使用吉洛維奇、瓦隆和特沃斯基研究中的測試方法,快速分析霍奇斯的投籃表現。按照這種方法的計算,霍奇斯並沒有出現「熱手效應」。他們再次觀看影像,倒帶重播霍奇斯的投籃表現,實在百思不得其解。這顯然說不通——數學分析結果,與眼前實際發生的情況產生矛盾。克雷格·霍奇斯怎麼可能沒有出現「熱手效應」呢?

「要不是我們的大腦有問題,」桑胡爾霍說道,「就是統計數據有問題。」

他們的大腦沒有問題,問題出在統計數據上,這個問題一直以來都在,而且並沒有被刻意隱藏。這是一個微妙但至關重要的偏差,任何人都可以發現,但卻沒有人發覺。因為克雷格・霍奇斯的案例,米勒和桑胡爾霍審視這一特殊事實,並看到被所有人忽略的層面。他們找到了那幅鎖在閣樓裡的梵谷真跡。

現在,是時候炸毀一些東西了。

3

1888年的一個寒冷冬夜,文森・梵谷收拾行囊,登上一列從巴黎開往法國南部亞爾(Arles)的夜車。他在那裡度過的15個月,成為他職業生涯中創作最集中、最成功的一段時期。一位梵谷研究者後來寫道:「這是梵谷10年藝術創作活動的頂峰、高潮,和最偉大的綻放期。」如果是王大順,他會用另一個名稱稱之:他的「熱手效應」時期。

梵谷這段創作靈感爆發期,為後來典藏其作品的美術館之營運貢獻良多,並持續多年。他總共創作了300多幅油畫、水彩畫和素描作品,其中有《夜間咖啡館》(*The Night Café*)和《隆河上的星夜》(*Starry Night Over the Rhône*)等傑作,更不用說他其餘任一幅作品,如今的價值都足以在法國南部買下一座豪宅。他在亞爾的時期並非只有向日葵和星光作伴,他也在那裡

因精神失常而割掉自己的耳朵。但也正是在亞爾，梵谷成為我們現在所熟知的那位梵谷。

他當初選擇到亞爾居住，就像鱷魚決定搬到沙漠一樣令人費解。因為他想要的是一個寧靜、安逸，有著溫暖氣候的地方；然而當他2月底抵達亞爾時，當地卻是寒冷、狂風肆虐，還下著雪，毫無美感可言。這種不適合藝術創作的環境，讓梵谷陷入一種內心沮喪的僵局。有一天，他決定去遠足以釐清思緒。他在山頂上停下腳步，發現自己陶醉於眼前的景色之中。這是一幅他想畫下的畫面，但直到天氣變好之前，他都無法開始。他告訴自己下次再來。他在寫給弟弟西奧（Theo）的信中寫道：「我看到許多美麗事物——山丘上的一座荒廢修道院，周圍種滿冬青、松樹和灰橄欖樹。我希望能夠很快開始創作。」

接著春天來了，天氣轉變，然後夏天也來臨了。在7月初的某個下午，梵谷再次去遠足。他帶著畫布，回到之前他向西奧描述的那個地方：一座俯瞰蒙馬儒修道院廢墟的山丘。

他第二天寫信給他的兄弟西奧：「我在一片遍地石頭的荒原，那裡長著非常矮小且扭曲的橡樹，背景是一座山上的廢墟，山谷中則是麥田。這景象是如此浪漫，簡直無法再更浪漫了，就像蒙蒂切利[2]的畫作，金黃色的陽光灑在灌木叢和地面上，彷彿下著一陣金色的雨。所有的線條都很美，整個場景具

2　譯註：阿道夫·蒙蒂切利（Adolphe Monticelli），法國印象派畫家。

有迷人的高貴氣息。如果這時看到騎士和貴婦突然出現，帶著獵鷹打獵歸來，或者聽到一位年長的普羅旺斯吟遊詩人的聲音，一點也不會令人感到驚訝。田野似乎是紫色的，遠處則是藍色的。」

如今我們可以在腦中想像這個景象，是因為梵谷不僅只是描述，他還畫下來。他的空白畫布被充滿激情的筆觸賦予生機，塗上白色、綠色、藍色、黃色和紅色的色彩。但第二天早上，當他坐下寫信給弟弟西奧時，他重新看了這幅畫，他討厭這幅畫。「這幅畫遠遠達不到我所希望的水準。」他寫道。他認為這幅畫未能達到他的期望，代表他心中擁有滿腔抱負。很快地，他將擁有讓他引以為傲的畫作──那些經受了幾世紀考驗的藝術品。但當時他還沒有創作出來，他對他在亞爾創作爆發期之前的大多數作品感到羞愧。他感到非常羞愧，以至於親手毀掉許多作品。然而出於某種原因，他保留了這幅畫。大約一個月後，當他發現自己陷入創作瓶頸時，他請一位朋友帶著一包總共36幅油畫的包裹到巴黎。「其中有許多讓我感到非常不滿意的畫作，」他寫信給西奧，「但我還是把它們寄給你，因為這至少能讓你對鄉村的一些純粹的美好有個粗略了解。」他再也不用盯著這幅讓他失望的畫作了。

那幅描繪亞爾蒙馬儒修道院景色的畫作安全地抵達巴黎，而梵谷本人卻無緣親自述說。在他去世後，這幅畫與其他作品同樣珍貴。它並非是一幅拙劣的梵谷畫作，它就是一幅梵谷的畫作。

由於梵谷已經去世，他的家人和朋友便負責追尋那些突然變得價值連城的梵谷畫作。而第一個嘗試對梵谷作品進行編目的人，是西奧的妻子的兄弟——安德里斯・邦格（Andries Bonger）。後來這份作品清單被稱為「邦格清單」（Bonger List）。他為所能找到的364件作品分配編號。《梵谷的椅子》（Van Gogh's Chair）是第99號，《向日葵》（Sunflowers）是第119號。然而，在邦格清單上編號為180的畫作並不像這些名作那樣著名或可令人一眼就認出，該作品的名稱是《亞爾的落日》（Soleil couchant à Arles）。

邦格不知道他在這幅畫的背面寫下180會有多大用處。當他的姐姐將這幅畫借給阿姆斯特丹的一場展覽時，它已經不再被稱為《亞爾的落日》了。這幅畫的下一站是一個藝術家協會，儘管它是在夏末時節畫的，但它卻被更名為《秋景》（Autumn Landscape）。不久之後，這幅畫很快就從家族檔案中消失了，當時它以《樹群與流動的雲朵》（Groupe d'arbres avec nuages mouvementes）之名，被賣給一位法國藝術品經銷商。此時，梵谷已經去世將近20年，而他的作品彷彿有了自己的生命。

這幅畫最後一次出售的時間是在1908年，接下來直到1970年才再次出現在世人面前。只有一個人知道它為什麼消失了：一位名叫克里斯提安・穆斯塔的挪威人造奶油大亨。

穆斯塔已無法解釋這幅畫神祕失蹤的原因，因為他也已經去世了。在穆斯塔的閣樓上擱置的這些年裡，這幅梵谷的畫作從真跡變成贗品。那次在亞爾的遠足，1888年7月4日的日落，這

幅畫運回巴黎,邦格清單的創建,環遊歐洲的輾轉,賣給一位法國藝術品經銷商——所有這些事情都從歷史消失。事實,變成一場虛構故事。

1970年穆斯塔去世後,他的繼承人請人對他的收藏進行鑑定。一位知名藝術品經銷商同意奧古斯特·佩勒林的評估,並告訴他的家人,這幅梵谷的畫作是一件贗品。直到1991年,這幅畫才再次被鑑定。當時,畫作的所有者將它送到一群或許能夠確定其真偽的人那裡:梵谷博物館的研究人員。他們仔細檢查畫布,得出同樣結論。「我們認為,這幅畫作並非出自梵谷之手。」他們寫道。虛構故事,已成事實。

1910年,奧古斯特·佩勒林曾拜訪克里斯提安·穆斯塔的家,對他所謂的梵谷作品嗤之以鼻。2011年,那幅藏在閣樓裡的畫,被認定為「贗品」已經100年。但在被梵谷博物館否定為真跡的這20年裡,博物館本身也已經老練許多。穆斯塔家族第一次聯繫博物館時,該館正忙於應付近代史上最大膽的一次梵谷畫作盜竊案,雖然不到一小時就全部追回被盜的20幅畫,但這次事件仍在往後幾年間留下陰影。因為專家們被這一事件搞得應接不暇,忙於保護那些確認是真品的梵谷畫作,根本無暇追蹤那些可能是真品的梵谷畫作。

而當博物館允許一位高級研究員某天在檔案室裡翻找時,代表該館願意接受新的觀點。作為一個將畢生事業都投入到研究同一位藝術家的學者,路易斯·范·提伯格(Louis van

Tilborgh）對於自穆斯塔的畫作接受鑑定以來，研究者所能接觸到的資料已經大幅增加的情況感到欣慰。他那一代的學者對梵谷的了解遠勝前人，有兩個原因。首先，他們掌握了更好的資料；其次，他們願意保持開放心態。

范‧提伯格專門研究複雜的真偽問題。既然他的工作是要分辨人造奶油和奶油的不同，如果他不保持開放心態，那就是失職。他必須願意重新審視那些已經有定論的案例。他需要以不同視角，來看待那些已經存在幾個世紀的畫作。他必須接受這樣一種可能性：僅因為有人說某件作品是真跡或贗品，並不代表一定真的就是那樣。

他在梵谷博物館的檔案室搜尋時，一張老照片中的畫作偶然引起他的注意。他已經在這家博物館工作將近30年，但他不記得以前見過這幅畫，這幅畫作非常美麗。

梵谷博物館的工作人員並不會主動去尋找那些有可能是真跡的梵谷畫作，否則他們將會把所有時間花在那些堅信自家閣樓裡藏有梵谷畫作的人身上；他們也非常清楚，被認為是偽畫的作品中，很少能找到真正的梵谷畫作。這不值得他們花時間去做。范‧提伯格的同事泰奧‧米德多爾普（Teio Meedendorp）說：「我們不會主動去尋找畫作，而是人們來找我們。」但這一幅畫似乎很有潛力。范‧提伯格決定，如果以後再有人詢問這幅美麗的梵谷畫作，也許他應該遵從自己的直覺，再仔細看一遍。

4

假設有一天,喬許‧米勒在酒吧等亞當‧桑胡爾霍時感到無聊。他的手機沒電了,於是他從口袋裡拿出一枚硬幣,開始拋擲。

第一次擲出的是正面,第二次擲出的還是正面,第三次擲出的是反面。

他繼續拋擲硬幣,因為他是一位認真的經濟學家,知道沒有數據支持的東西是不值得相信的,他抓起一張餐巾紙,向酒吧服務生要了一枝筆,記下每次擲出正面之後的結果:H代表正面,T代表反面。由於桑胡爾霍遲到了,等到他來的時候,米勒已經擲了硬幣100次。他們對此感到好奇。在這個假設的世界裡,他們在這個酒吧重複擲了10萬次硬幣。他們點了啤酒,閱讀餐巾紙,檢查手機,研究正面之後的正面。他們震驚地發現,他們對隨機性的直覺,讓他們產生思維偏誤。他們意識到,硬幣擲出正面之後再出現正面的結果之比例,並不等於任何一次擲硬幣得到正面的機率。

米勒和桑胡爾霍在發現這種數學偏差時,並沒有擲硬幣或在酒吧餐巾紙上寫下複雜的統計公式。他們甚至不在同一個國家。當時,米勒在義大利,而桑胡爾霍在西班牙,他們透過Skype觀看克雷格‧霍奇斯在NBA年度三分球大賽中的舊片段。過去研究的機率測試顯示霍奇斯並沒有出現「熱手效應」,但他們的眼睛告訴他們情況並非如此。「我們看到了克雷格‧霍

奇斯的投籃，」桑胡爾霍說，「我們知道我們看到什麼。」

對科學家來說，這是一個必然的挑釁想法。也許，只是也許，其他人都錯了。也許，只是也許，他們才是對的。這就是為何吉洛維奇、瓦隆和特沃斯基的論文如此轟動的原因。每個人都可能認為自己是對的，直到突然被證明其實是錯的，這也是為什麼《紐約時報》將原始論文的發現視為一件新聞，並在報導中引用特沃斯基的幾句精彩語錄。

「或許，我們能夠了解隨機性的唯一方法，」他總結道，「就是沒事擲擲硬幣。」

米勒和桑胡爾霍相信了他的話。他們開始擲硬幣。然而，實際上不需要擲數百次硬幣，就能發現他們所發現的事。其實只需要擲3次就夠了。他們突破性的數學發現的簡短版本，也足夠簡單到可以寫在酒吧餐巾紙上。以下是擲硬幣3次的所有可能結果：

TTT
TTH
THT
HTT
THH
HTH
HHT
HHH

閣樓上的梵谷 啊哈，啊哈，啊哈！

現在，讓我們看一下這些3次擲硬幣的序列，看看每個序列中緊接著「正面」的下一次擲硬幣結果。你期望這個結果，是多少比例的「正面」？感覺答案應該是50%——再擲一次硬幣出現正面的機率。然而，讓我們看一下第五列結果的平均值。

擲幣3次結果的序列	#正面結果後的投擲次數	#擲幣後出現正面的數量	正面後再次正面	正面後再次正面的百分比
TTT	0	0	-	-
TTH	0	0	-	-
THT	1	0	0/1	0%
HTT	1	0	0/1	0%
THH	1	1	1/1	100%
HTH	1	0	0/1	0%
HHT	2	1	1/2	50%
HHH	2	2	2/2	100%

平均值是第五列的總和除以六。那麼250%除以六等於多少？不是50%，實際上是42%。米勒和桑胡爾霍發現，成功的比例在連續成功之後，會低於成功的機率。如果你創造一個像這種擲硬幣的短序列，並隨機選擇其中一個結果「正面」，那麼下一次擲硬幣是「正面」的機率更接近40%而不是50%。這一點讓米勒和桑胡爾霍幾乎難以置信。他們的思維並沒有偏差，而

是統計資料有偏差。他們反覆檢查、三度檢查，如果他們不是已經確定自己的職業生涯即將永遠改變的話，還會進行第四次和第五次檢查。

「那是我們的夥伴關係中最有趣的啟發時刻，可能也是我一生中最有趣的時刻。」桑胡爾霍說。

只有當他們終於從驚訝中回神後，米勒和桑胡爾霍才能明白為什麼這件事如此重要。我曾經看過他們在常春藤聯盟大學的校園裡，向專門研究神祕領域的學者們展示這項研究。我也讀過同儕評審對他們論文的評語，以釐清真相。我還追蹤過那些急於證明他們犯錯的人，寫著一連串漫長又令人不快的推特獨白。同樣的事情總是會一再發生。一開始沒有人相信他們，但後來大家都相信了。在這方面，米勒和桑胡爾霍的論文實際上與季洛維奇、瓦隆和特沃斯基的論文有很多相似之處，即使主張的結論完全相反。經濟學家賈斯汀‧沃福斯（Justin Wolfers）曾在推特上發過一條推文：「這篇論文之所以精彩，是因為既令人感到憤怒卻又獨樹一格。該論文證明了我們對機率的直覺是不可靠的。」

他們對於拋擲硬幣結果的發現，幾乎可以完全回溯到針對「熱手效應」的那份最初研究。那篇論文從發表的那一刻起就遭到攻擊，但大多數的喧嘩和爭吵僅僅只是噪音。真正的錯誤是直到米勒和桑胡爾霍被克雷格‧霍奇斯的表現弄糊塗後才被發現。

直到他們出現之前，普遍的觀點是，籃球員的投籃命中率

不受他是否處於連續進球或連續不進球的影響。也就是說，如果一個籃球員的命中率是50%，而他在狀態良好時的命中率仍然是50%，這被視為反駁「熱手效應」的證據。但實際上，這50%的命中率恰恰是「熱手效應」的證據。這是一個微妙的區別，以至於幾乎無法察覺，直到米勒和桑胡爾霍的研究揭示這一點。「他們發現了一些真正的新東西——季洛維奇、瓦隆和特沃斯基的研究中的一個嚴重數學缺陷，這是許多科學家，包括我自己，在過去30年裡審視這篇論文時都未曾發現到的。」著名數學家、《數學教你不犯錯》（*How Not to Be Wrong*）一書作者喬丹・艾倫伯格（Jordan Ellenberg）在為線上雜誌《*Slate*》的一篇文章中寫道。

米勒和桑胡爾霍從他們的擲硬幣實驗中學到的最令人印象深刻的事情是，每一個關於「熱手效應」的研究都存在統計偏差。令人難以置信的事實是，原本投籃命中率50%的球員，在感覺自己有「熱手」時，命中率應該會低於50%。為什麼？因為在有限的範圍中，投進後再次進球的比例預計會低於50%。如果一個命中率50%的射手在感覺「手感正好」時仍能維持50%的命中率，這實際上意味著他已經戰勝正常的機率。這並不意味著他沒有出現「熱手效應」，而是他確實出現「熱手效應」。這表明，之前的誤解本身就是一種謬誤。

一旦他們將這種偏差考慮在內，克雷格・霍奇斯就出現「熱手效應」。米勒和桑胡爾霍隨後用他們新的統計公式重新審視1985年那篇開創性論文的資料，這些實驗表明，球員在感覺

「手感火燙」時並沒有更不容易進球。實際上他們更可能進球，機率增加12個百分點。這聽起來可能只是一個小小的諷刺，12個百分點究竟有多大差別呢？我們可以這樣說：12個百分點，就是普通NBA射手和史蒂芬‧柯瑞之間的差距。

米勒和桑胡爾霍感到震驚。他們發現到的統計偏差意味著，最初報告沒有「熱手效應」證據的研究，實際上揭示了「熱手效應」的確鑿證據。他們明白，推翻多年共識所帶來的後果是巨大的。任何如此重大的發現，都會引發比解答更多的問題。為什麼之前沒有人發現這個問題？現在大家應該怎麼看待「熱手效應」？「我們並沒有所有這些問題的答案，」桑胡爾霍說，「我們只是想說，大家並不傻。人們相信熱手效應存在，是有理由的。」

米勒在2015年4月的某一天下午飛往巴黎，桑胡爾霍在一輛出租車裡等他到來，他們當時仍然沒有平復最初感到的震驚。他們預計去法國土魯斯參加一場會議，想要慢慢開幾天車好好欣賞沿途的風景。但他們無心欣賞周圍的美景。他們就是無法專心。他們唯一想做的事就是談論「熱手效應」，這是唯一重要的事情。就像特沃斯基和康納曼曾經把自己鎖在辦公室裡，全神貫注地工作一樣，米勒和桑胡爾霍也曾經短暫地進入這種狀態，腦海中全是這件事。「想像一下，你置身在法國鄉村，」桑胡爾霍說，「但你對這個想法是如此興奮，以至於你整天坐在房間裡談論著。」

他們設法留一大段時間，從投宿地啟程去徒步漫遊，參觀

幾座城堡，還大啖蝸牛和鵝肝。但除此之外，他們把自己關在房間裡工作。他們沉浸在比世上任何人都早知道一個事實的感覺中。「我們有可能錯嗎？沒有，」桑胡爾霍說，「也許我應該謙虛地說我們總有可能會錯，但目前為止沒有任何問題。」

然而，僅僅掌握事實已經不夠。在發表「熱手效應」研究論文的30年裡，大多數人的信念已經發生變化。現在，他們必須走上與季洛維奇、瓦隆和特沃斯基相同的艱辛道路。他們必須說服別人相信他們是對的，而幾乎所有人都是錯的。這不僅僅是他們的意見，這是一個鐵錚錚的數學證明。他們知道真相最終會戰勝時間，大家最終會接受他們的發現。但他們等不了那麼久了。

在中世紀小鎮歐坦的一個山坡露台上，米勒和桑胡爾霍試圖開闢一條前方未知的道路。山坡下的教堂經歷了自羅馬帝國以來的許多次衝突。這座偏遠的勃根地小鎮是哈里發國的終結地，曾經阻擋門口的野蠻人。而在這裡，兩位在本國經濟學界中沒沒無聞、甚至沒有工作的經濟學家，正在制定一個計畫，要傳播一個消息：所有人對這個行為經濟學經典研究的看法，都是錯的。

「我們只需要弄清楚怎麼取得這場勝利。」米勒說道。

當他們離開歐坦時，他們已經制定如何分配各自需要寫的論文內容，以及誰負責什麼工作的計畫，並且他們知道這計畫會成功。他們從法國山丘上看得非常清楚。他們要做的第一件事，就是聯繫在美國的某個人。

5

這依然是一幅美麗的畫作。當他在電腦上檢視X光片時,至少這一點他是能確認的。

唐·強生(Don Johnson)不是一位藝術史學家。他是休士頓萊斯大學(Rice University)的電子和電腦工程學教授。他喜歡藝術,也熱愛位於辦公室附近的美術館,但他絕不是像位於荷蘭阿姆斯特丹的梵谷博物館的專家那樣是訓練有素的人士。然而,這些專家卻成了他意想不到的同事。每當他們需要鑑定一幅有疑問的畫作時,他們總會尋求強生協助。

他不知道克利斯蒂安·穆斯塔和奧古斯特·佩勒林的那段過往,當然也不會知道這幅梵谷畫作的X光片,是如何輾轉來到他所在的萊斯大學電腦工程實驗室。「他們什麼都沒告訴我。」他說。但這正是重點,他必須能夠客觀地看待這幅畫,並保持自己的判斷不受先入之見的影響。

強生的工作是「算畫」(counting paintings)。更準確地說,他藉由確認畫布織物中紗線間的分布模式,來分析畫作。他是訊號處理(signal processing)領域的專家,而他的意見對於那些甚至不知道什麼是訊號處理的人來說,都具有重要意義:訊號處理的藝術在於從資料中提取有意義的資訊。透過將X光片輸入校園內的超級電腦,他能夠確定哪些畫作來自哪些畫布卷。

「這對大多數藝術家來說並不是特別有用,因為這些畫必須來自同一卷畫布,而且哪位藝術家會逐卷購買畫布呢?」強

生說,「但事實證明,梵谷就是會這麼做的人。」

當梵谷搬到亞爾時,他使用整卷的畫布進行創作。這些畫布是他從巴黎的弟弟那裡收到的,當作品夠多到可打包成符合貨運要求的規格時,他會將這些畫作寄回給弟弟,即使他對其中某些畫作並不特別滿意。如果要試圖證明一件有爭議的藝術品的真實性,那麼這樣的習慣將會非常關鍵。如果要選擇任何一位著名藝術家在十九世紀任何時期的作品來檢驗,那麼明智的做法是從梵谷在1888年創作高峰期的一幅畫開始。而強生電腦上的新檔案,恰好就是這樣的一幅畫。

他設想他會分析一下X光片,把這幅畫的纖維紋理數與資料庫中大約450幅畫作的纖維紋理數進行比較,看看是否有任何相似處,然後將結果發送回博物館。整個計算和比較過程大約需要半小時,之後他很可能再也不會聽到關於這幅畫的任何消息了。研究藝術天才們的畫作之工作,對他來說早已不再有新鮮感。強生可以走進任何一座博物館,凝視牆上的畫作,然後查看他的手機,裡面有一份整齊的電子試算表,列出他研究過的每一幅梵谷作品。「我做了太多次了,已經記不清了。」他說。他做了太多次,以至於透過將電腦工程原理應用於藝術史來驗證一幅梵谷作品的真實性,對他來說已經變得司空見慣。通常強生在進行分析時,不會停下來感受這件事有多酷。

但這次不一樣,因為這次他找到相符的線索。那幅未知的梵谷畫作的X光片,與一幅已知的梵谷作品《岩石》(*The Rocks*)有間接的關聯性。

「哎呀，」強生心想，「這真的很奇怪。」

　　不過跟《岩石》有關聯性並不會太奇怪。因為這幅畫也是梵谷在1888年7月所創作的另一幅對蒙馬儒修道院的描繪。梵谷的弟弟從一包畫作中挑選出來並將其裝裱。這幅畫在邦格清單中編號175，場景相似、時間相似，而且編號與強生電腦中的那幅畫作也相近。所以這並不奇怪，奇怪的是，強生親眼見過《岩石》這幅畫。

　　在強生擔任萊斯大學教授期間，休士頓美術博物館的鎮館之寶是一幅梵谷畫作，一幅描繪1888年夏天在亞爾的風景畫。強生根本不需要打開他那張方便的試算表，就能記得這幅畫的名字。它叫做《岩石》。

　　閣樓上的梵谷畫作，似乎與館內的那幅梵谷畫作來自同一卷畫布。強生興奮得不得了，以至於他覺得有必要在他發回給梵谷博物館的枯燥分析報告中，指出這個獨特的詭異發現。

2012年6月19日

　　我已經對E1657進行分析計算。報告很快就會出爐，雖然目前進度有些落後。但這是最新消息。

　　沒有發現織物匹配。但是，畫布看起來確實來自「典型的」亞爾油畫畫布卷。我看到一側有明顯的羽狀紋理和一處經線修補……我發現與另一幅亞爾畫作（F466）的計算匹配，這幅畫也沒有織物匹配（計算匹配意味著畫布非常相似，但並不表示兩幅

計算匹配的畫作一定來自同一卷／卷軸）。

到目前為止，這是一份相當標準的技術分析報告。但是，在他的電子郵件中有一句感歎詞，是強生之前在任何報告中，都沒有機會寫過的。

原來F466在休士頓啊！！

按下寄出鍵之後，唐‧強生繼續他的日常生活。所幸他並不急著想聽到梵谷博物館的回音。因為他得等上一段相當長的時間，才能知道像泰奧‧米德多爾普這樣的研究人員對他的資料做了什麼。

米德多爾普對這幅梵谷畫作的存在一無所知，直到一系列事件將他帶到職業生涯的高潮。這一切始於路易斯‧范‧提伯格偶然在博物館檔案中發現一張照片。而真相仍然藏在如今價值數百萬美元的古老畫作的神秘面紗之中。博物館官員唯一透露的資訊是，他們一直在等待一通來自這幅畫作擁有者的一位朋友的電話，這位朋友恰好是亞爾出身。他認出畫中的風景，並且對梵谷的信件和他在1888年7月4日的日落徒步旅行的描述非常熟悉。是時候讓梵谷博物館的研究人員，對這幅畫作進行更認真仔細地檢查了。

他們首先檢驗了畫作本身。一旦對畫作產生懷疑，他們就開始注意以前遺漏的細節。他們透過技術研究確認了畫作的油

彩與梵谷在亞爾使用的油彩相符。顏色是他在那個夏天在調色板上調出的色調，筆觸則因風而顯得粗糙。這些線索促使他們尋找更多證據。他們前往亞爾尋找日落的景色，並重新閱讀梵谷研究人員曾經如數家珍的近1,000封信件。博物館的線上全注釋信件收藏，使得取得這些線索變得比以往任何時候都容易。當他們查看這些信件時，在1888年7月5日梵谷寫給弟弟的信中，他們找到梵谷關於這幅畫作的描述。

為什麼他們之前都沒發現呢？其實他們看過這些信，只是當時沒有發覺其中隱藏的訊息。這些資訊就在他們眼前，但即使是專家也錯過了。

梵谷對這幅畫的描述，一直被認為是在講另一幅畫。只有在事後回想起來，他們才意識到自己之前是犯了多大的錯誤。那幅被誤認為是梵谷信中描述的畫作中，並沒有修道院廢墟，也沒有「山谷中的麥田」、「小而扭曲的橡樹」和「灌木叢上的金黃光芒」。學者們總是看到他們想看到的東西，即使這些東西實際上並不存在。那幅他們認為是梵谷信中描述的畫作，對強生來說似乎很熟悉。那幅畫就是《岩石》，即休士頓美術博物館裡那幅用相同畫布卷的畫作。他們原本認為館裡的梵谷就是閣樓裡的梵谷，但如今，或許事實並非如此。

研究人員檢查清單上的下一個確認事項，將他們又帶回到邦格清單。到現在為止，安德里斯‧邦格對梵谷作品的清單中已經沒有太多未確認的畫作了。從一個世紀前的清單中，僅剩

下幾幅未找到的畫作。而在邦格清單上,最引人懷疑的缺失作品是第180號。

「畫的背面有什麼嗎?」米德多爾普問范‧提伯格。

他們查看了這幅畫的原始技術報告。確實,畫的背後有東西。他們需要親自確認,於是轉動畫作,發現背面用墨水筆寫了三個數字:180。

為了確認他們並不是一時精神錯亂,他們再次查看了邦格清單,上面再次出現了「180(Soleil couchant à Arles)」。不需要成為世界頂尖的梵谷研究學者,也能意識到這幅背面標有180的畫作,確實很像亞爾的日落景象。

「這一切的一切都符合邏輯,」米德多爾普說,「就像是不斷中了大獎!」

要相信一些非比尋常的事,需要非比尋常的舉證責任。然而,這幅畫被認為是梵谷真跡的一連串證據,很快就變得難以忽視。「令人難以理解的是,這幅畫似乎是第一幅進入挪威私人收藏界的梵谷作品,卻竟然在梵谷文獻中被遺漏如此之久。」米德多爾普、范‧提伯格和歐達‧范‧曼能(Oda van Maanen)後來寫道。

但事實真的是這樣嗎?也許事情比他們所承認的更容易理解。長期以來,人們一直以錯誤方式看待這幅梵谷作品。奧古斯特‧佩勒林因為嫉妒心驅使而告訴他的競爭對手,這幅畫是贗品;克里斯提安‧穆斯塔因為自我懷疑,而將這幅梵谷作品塞進閣樓;而藝術經銷商、藝術鑑賞家和藝術歷史學家,則相

信他們一貫聽到的說法。但如果，他們一開始就從頭開始呢？那樣的話，他們就不必推翻任何先入為主的假設。專家們只需看著這幅畫，就會發現真相其實一直就在他們眼前。

唐・強生在2013年9月的某個星期一早晨醒來，此時距離他向梵谷博物館分享一幅似乎與《岩石》有關的畫作分析報告，已經過了一年多。他從床上起身，打開電子郵件信箱查看信件。在周一早晨的一堆垃圾信中，他被一封當地時間凌晨3點55分發送的郵件所吸引。突然之間，他完全清醒了。郵件主旨是「新發現的梵谷作品」，這封郵件立刻讓他醒過來。他在博物館的朋友們想告訴他，他們即將公開一幅名為《蒙馬儒的日落》（Sunset at Montmajour）的新畫。

閣樓裡的那幅梵谷畫作曾經是真跡，然後被認定是贗品；而現在，它再次被證實是真。

6

2015年7月的一個早晨，喬許・米勒在與他的學術夥伴亞當・桑胡爾霍一起前往法國歐坦小鎮幾個月後，發送一封重要的電子郵件。

在前往紐約為微軟公司的研究部門做專題演講途中，米勒想起一位可能對他關於「熱手效應」的最新想法感興趣的當地名人。他再次聯繫了安德魯・蓋爾曼。蓋爾曼是那種當發現所

有人對某事抱持錯誤觀點時,也不會感到沮喪的人。他會感到好奇,想知道為什麼會是錯的,以及錯誤是如何產生的。他說:「當我們發現理論中的漏洞、矛盾或異常時,我們應該感到困擾,而不是試圖解釋它們。」這種對不安的容忍力,是一位誠實科學家的標誌。蓋爾曼相信,他這一行的人必須尋求挑戰自己的信仰,並且要願意改變自己的想法。

蓋爾曼讀了米勒和桑胡爾霍的論文,他們倆發現了連他這個統計學家都沒有察覺到的統計偏差,因此蓋爾曼遵循他的專業標準:他改變對「熱手效應」的看法。「一旦你想明白了,這其實很明顯,」他說,「但我之前卻沒有想到。」

在對潛在錯誤的調查中,可以找到極大的樂趣。當他第二天邀請米勒到他的辦公室時,蓋爾曼在電腦上輸入幾行簡單的代碼,只為確認無誤。米勒笑了笑,說:「沒有人相信我。」但電腦相信了。電腦沒有任何偏見,只關心數學計算是否正確。米勒和桑胡爾霍現在已經知道,數學計算是正確的。這也是蓋爾曼需要的確認,以促使他第二天回到辦公室。蓋爾曼回到辦公室後,立即為他的部落格文章做最後的修潤,準備宣告他對米勒和桑胡爾霍這項極具反叛性的研究成果的支持。

此時離在曾刊登過阿莫斯・特沃斯基和丹尼爾・康納曼文章的最負盛名經濟理論期刊上,正式發表研究論文還有數年之遙,目前為止他們所擁有的只是一篇上傳到一個免費網站的工作論文(working paper),這個網站如同一個思想的試驗場:是

學者們測試最新想法的地方,並將通常緩慢的發表周期加速到難以想像的速度。現在,任何人都可以閱讀米勒和桑胡爾霍的研究結果,而不再需要等一群資深學者耗費多年來審查他們的論文並證明數據正確後才給予認可。事實證明,「任何人」變成「所有人」,因為蓋爾曼按下「發布」鍵。在一篇名為〈嘿——你知道嗎?熱手效應真的存在〉(Hey—Guess What? There Really Is a Hot Hand)的部落格文章中,蓋爾曼寫道:「不,這不是愚人節的玩笑,是的,我是認真的。」安德魯・蓋爾曼成了他們的同儕評審。

接下來發生的事,成了一堂有關網路運作方式的速成課。蓋爾曼一提到米勒和桑胡爾霍,他的部落格上立刻一片混亂。規範學術討論的禮儀規則,被成千上萬憤怒的心理學家、經濟學家和統計學家拋諸腦後。米勒和桑胡爾霍花了數小時在蓋爾曼的部落格留言區進行「打地鼠」般的回應,每當他們回應一個對他們文章具敵意之挑戰時,另一串質疑就會隨之而來。或許,假設他們是寫一篇論證小狗狗是毫無道德感的文章,可能反而會得到較友善的回應。蓋爾曼對於留言區變成戰場這件事覺得很有趣,他說:「這只是數學計算而已,但它卻讓人感到害怕。」

他們這篇受到密切關注的文章的唯一問題,是還沒在任何地方正式發表過。這意味著在經濟學術圈的學者眼中,他們的研究並不具備正當性。這也意味著米勒和桑胡爾霍必須把他們的論文帶在身上,一一去說服那些除了蓋爾曼的人。他們在耶

魯大學吃著印度咖哩餃時，一邊介紹「熱手效應」（「熱手效應確實存在，並且別具意義，而且人們可能低估了」）；他們又在紐約大學（New York University）一邊享用手指三明治，一邊重述（「熱手效應既不是神話，也不是認知錯覺」）。就在這次「巡迴演出」期間，一位名叫鮑伯‧華多普（Bob Wardrop）的半退休統計學家，注意到米勒造訪威斯康辛大學（University of Wisconsin）校園的宣傳海報。

華多普曾在1990年代發表過兩篇質疑「熱手效應」研究統計方法的論文，以此對該研究提出異議。他的聲音並未被忽視。與其他涉足「熱手效應」的學者一樣，華多普說這兩篇論文是他引起最大爭議的作品，但這些論文並未在學術圈引發一場內戰。比起大多數人，華多普對於「熱手效應」是一種錯覺的說法更為反感。這與他對學術界如何看待自身在世界中的地位的觀點相符。「人類都是愚蠢的，我們應該加以嘲笑。」他說，「而身為學者，你永遠可以靠寫論文來告訴世人有多愚蠢來賺錢。」這是他讀到那些聲稱「熱手效應」不存在的論文時，腦海中浮現的第一個念頭。華多普出身藍領，靠在底特律的汽車工廠打工支付大學學費，這影響了他成為學者後的思考方式。「你的觀點可能與你所質疑的人不同。」他說，「你可能擁有不同的數據。」

由於自身經歷，華多普認為不可低估專業職人的專業知識，而且旁人甚至不可能完全理解。他並不認為這些人像聰明人所認定的那樣愚蠢。當他參加米勒在威斯康辛大學的演講

時，他仔細聆聽米勒闡述統計偏誤並論證相信「熱手效應」存在是有道理的理由，他對過去曾經針對「熱手效應」的爭論感到釋懷。「他真的發現一個非常重大的謬誤。」華多普說，「而令人尷尬的是，我本應該先注意到的。」華多普曾經指出，「熱手效應」是一種偶爾出現的現象，但常被視為一種無所不能的現象。然而，這種偏見一直存在，即使是一個持懷疑態度的統計學家也無法察覺。「他們能夠看出問題所在，」華多普說。「儘管我的初衷是純粹的，我的意圖是好的，但我還是沒能發現這一點。」

米勒的巡迴演講最終場回到哥倫比亞大學，那天是一個灰濛濛的春日，他在一間昏暗的講堂中演講。由於學年即將結束，因此這場演講並沒有做太多宣傳，這或許可以解釋為什麼室內幾乎空蕩蕩的，這場演講的聽眾大約十多位。

但人數多少已經無關緊要，因為這些聽眾的身分非等閒之輩。前來聆聽米勒和桑胡爾霍關於「熱手效應」研究的人群中，彙聚了一批才華橫溢的知識分子。演講廳的角落坐著安德魯·蓋爾曼，要是他向米勒和桑胡爾霍索取為他們提供的所有宣傳的報酬，似乎也不為過。坐在蓋爾曼後幾排的是暢銷書作家納西姆·尼可拉斯·塔雷伯（Nassim Nicholas Taleb），他曾寫過關於隨機性和機率的著作，因此對「熱手效應」十分熟悉。而坐在前排中央位置的一位白髮長者，他的資歷比在場任何人都要卓越。他穿著整齊的西裝，搭配一件黑色風衣，顯得格外引人注目。即使你不知道他是誰，也會猜到他是個有名望的人

物,他出現在這個簡陋的演講廳裡這件事本身,就代表某種重要意義。而喬許‧米勒知道他是誰——他正要直接向丹尼爾‧康納曼發表演講。

儘管內心如同跳起滑步舞般澎湃,米勒臉上卻絲毫不見緊張神情。他向專注的聽眾針對「熱手效應」做了清晰的定義,並詳細講述這一研究主題的過往歷史,解釋了其中的偏見。在整個演講過程中,康納曼一直全神貫注。一個多小時過去了,在即將迎來掌聲前,米勒用一個在這間演講廳裡所有聽眾都能認同的想法作結:「其中必然保留某種難以解釋的神祕。」

有幾位熱情的聽眾舉手提問,但那些聰明人知道暫時先不要發言。在這場針對「熱手效應」的「審判」中,陪審團在做出最終結論之前,想先聽聽康納曼的意見。到了職業生涯的這個階段,康納曼已經是那種湯姆‧吉洛維奇在研究所第一天上課就會請求合影的人物。他與阿莫斯‧特沃斯基共同完成的理論不僅為他們贏得一座諾貝爾獎,他還將這些理論藉由《快思慢想》(*Thinking, Fast and Slow*)這本書介紹給了大眾。這本書是他畢生研究工作的結晶,也成為一本暢銷書。這一切所形成的結果是,他的存在讓整個演講廳的氣氛變得緊張,沒有人願意承認自己相信康納曼不相信的事情。

康納曼並不是偶然走進這個演講廳,碰巧聆聽這場關於「熱手效應」的講座,他對米勒和桑胡爾霍的研究工作很了解。他知道以色列統計學家尤瑟夫‧里諾特(Yosef Rinott)和心理學家馬婭‧巴–希勒爾(Maya Bar-Hillel)曾經發表過一篇評

論,支持他們的結論,確認米勒和桑胡爾霍提出一個「合理且被長期忽視的論點」,這一論點足以「保證熱手效應的爭論將繼續下去」。現在,這件事即將發生。當康納曼舉起手時,整個演講廳的空氣似乎都凍結了。

「我有幾個問題。」康納曼說。

康納曼首先為特沃斯基留下的宏大思想遺產辯護,並強調一個基本原則,即當向人們展示隨機性時,他們並不相信那是隨機的。這一點,米勒和桑胡爾霍以前已經聽過很多次了。但接下來他說的話,是他們等待多年後才聽到的驚人之語。

康納曼說道:「我認為特沃斯基等人顯然錯了。他們的測試是有偏差的,熱手效應確實存在。」

「他們犯了這個錯誤,確實很令人遺憾。」他繼續說道,「但他們指出的問題核心仍然是對的,人們會在不存在模式的地方看到模式。」

在這次短暫的交流中,講述了「熱手效應」整個故事的精髓。每個好想法都應當接受評斷,這一觀點如今正被深受心理學家影響、受過統計學訓練的經濟學家所應用。米勒和桑胡爾霍透過統合三種學科的視角,賦予這個想法新的生命。

那天在場的幾個人,並不是唯一改變對「熱手效應」看法的人,米勒和桑胡霍極具說服力地使懷疑論者轉變立場。他們的論點相當有力,以至於在不久之後,一本頂尖經濟學期刊的編輯也同意他們的觀點。最終,在2018年11月的《計量經濟學》(*Econometrica*)期刊上,刊登了一篇由喬許・米勒和亞當・桑胡

爾霍所撰寫的論文，題名為〈對熱手謬誤感到驚訝？小數定律中的真理〉（Surprised by the Hot Hand Fallacy? A Truth in the Law of Small Numbers）。

如果這麼多人在這麼長的時間裡都可能錯了，那還有什麼是我們誤解的呢？當然，有時專家會被自己的專業知識所蒙蔽。但也有很多時候，他們真的知道自己在做什麼。在這些時候，當詹斯·蒂斯說那幅梵谷畫作是真跡，以及史蒂芬·柯瑞堅稱自己手感火熱時，或許值得一聽。

能夠有機會親眼見證米勒的研究成果，是我在2016年4月邀請米勒一同觀賞金州勇士隊比賽的眾多理由之一。當時我們恰好都在舊金山灣區。觀賞那場比賽的時機也非常巧妙，因為當時勇士隊每晚都在打破NBA紀錄，逐步往史上最偉大籃球隊之一的道路邁進。該隊距離獲得比史上任一支球隊獲得更多勝場比賽的時間只剩一周。為什麼這支球隊能追逐這樣的紀錄？因為自從史蒂芬·柯瑞在出現「熱手效應」的比賽之後，球隊就給予史蒂芬·柯瑞無限開火權。我和米勒坐在球場上層看台的最後幾排，離球場相當遠，我們甚至可以觸碰到建築物的屋頂，比賽將在我們下方的球場開打。

這場比賽柯瑞的狀態沒有很好。他前8次投籃都沒有投進。他上籃沒有擺進，三分球也沒進帳。我們恰巧目睹或許是柯瑞球員生涯的個人最佳賽季中，狀況最差的半場進攻表現。史上最偉大的射手，竟然一球未中。

但在第三節初，當我們坐在球場最高的座位上，彷彿米勒

出手投三分球進球的機會還更大一些時，柯瑞似乎成功擺脫冰冷的手感。他出手一顆三分球──這次投進了，這也是當晚的第一顆進球。他昂首闊步地走回球隊席區，雙臂伸展，掌心朝上，彷彿在宣告「是時候了」。對手球隊早已習慣這種情況，立即請求暫停。畢竟他們最不希望看到的，就是柯瑞恢復信心後再進第二顆球。只是，為時已晚。

柯瑞在一個高大的防守球員朝他衝來的情況下，又投進一球。他在一個防守者的手幾乎碰到臉孔的情況下，又投進一球。他在擺脫防守者後，再次投進一顆即使是史上最偉大的籃球員也不會嘗試的投籃。當球還在空中飛行時，他已經開始邊踏著輕快的腳步，邊往後場走。他能預見未來，他知道這一球會進。果然，史蒂芬・柯瑞正處在熱手狀態。

喬許・米勒喝著啤酒笑得非常開心，幾乎快把酒杯打翻。「我看到了什麼！」他大聲喊道。他正盯著一個本不該存在的景象，這是一個令人驚歎萬分的光景。

結語

「我是湯姆·吉洛維奇。」湯姆·吉洛維奇說道。
「我是馬特。」這位匿名的研究對象回答。
「很高興認識你!」

那是一個灰濛濛的秋日,我走進了吉洛維奇在康乃爾大學校園裡的寬敞辦公室。在他書桌後面的巨大書架上,在社會心理學教科書之間,擺放著他自己寫的關於幸福研究的書籍,此外還有一顆看起來似乎曾經被詹姆斯·奈史密斯親手觸摸過的籃球。雖然這顆籃球並沒有那麼舊,但確實是個紀念品。這是吉洛維奇在1980年代進行「熱手效應」實驗中所使用的籃球。自從他的突破性論文發表以來,已經過了30多年,大眾對「熱手效應」的看法亦發生很多變化,以至於吉洛維奇最近一直感受到鼓舞。這就是我來到康乃爾大學的原因。我來這裡,是為了看他進行另一次投籃實驗。

在這個正式入秋的寒冷日子裡,他踩著落葉朝康乃爾大學體育館走去。這種天氣讓他需要一些時間來適應,因為他是從西岸來的。當他剛來東岸時,他對加州的某些事物感到懷念,

比如當地的蔬菜。這對他來說是個大問題。當他來到紐約上州時，縱使季節是秋冬和春天，感覺也很像冬天，因此吉洛維奇對當地的農產品感到失望。不過隨著時間推移，一切都在變化。「現在我們有了韋格曼斯超市（Wegmans）。」他說。正因為事情總是在變化，吉洛維奇才會在這個下午邀請我來。

他在康乃爾已經服務很久一段時間了，也為自己贏得傳奇性的聲譽。此時他和他曾經崇拜的史丹佛大學教授的年齡相當，頭髮也已經變得灰白，他的性格也和他的導師們一樣和藹可親。吉洛維奇是那種會在電子郵件末尾寫上「乾一杯！」的人，就像是他真的會停下打字的手，舉起杯子一秒鐘的樣子。他與史丹佛教授的另一個共同點是，他對辦公室附近的籃球場非常熟悉。他曾經有一段很長的時間，參加午餐時段在康乃爾體育館裡舉辦的籃球比賽。直到最近，他才停止打球。自從不打球後，他便專注地觀看所支持的波士頓塞爾提克隊的比賽，這支隊伍正是「紅頭」奧拜克當年執教的隊伍，而奧拜克正是質疑吉洛維奇與羅伯特・瓦隆和阿莫斯・特沃斯基那篇著名論文的教練。

對於一個以研究人類判斷和決策為職志的人來說，提出一套如何讓籃球賽事更精采的論述，應該不足為奇。吉洛維奇深信，最好的賽事，是那些最優秀的球員同時也是最出色的助攻手的比賽。他說：「好看的午間籃球賽事，是康乃爾大學延續了25年的傳統。」但當吉洛維奇不再打球時，那些讓比賽如此精采的球員早已不復存在。他們不是受傷了，就是離開了，取

而代之的是不那麼在乎傳球的球員。情況發生了變化。「在我打球的最後幾年,比賽仍然很精采,但已經沒有那段輝煌時期的渲染力。」他說。到了他球員生涯末期,吉洛維奇感覺自己成了自己理論的反面案例。「普遍來說,」他說,「人們不會把球傳給一個白髮蒼蒼的傢伙。」

不過如果你是那位在體育館裡滿頭灰白的傢伙時,有一件好事就是你會得到周圍每一個人的尊重。當他走進這座體育館時,吉洛維奇看到他的研究助理威利已經在等他了。幾分鐘後,康乃爾大學的兩名籃球校隊球員馬克斯和麥特到了,他們為遲到不停道歉。他們穿著運動短褲和運動鞋走進來,雖然他們並不完全清楚實驗的內容。他們站在籃下,聽著威利解釋說他們將參與這場從他們出生前就已經激烈爭辯的實驗。威利要求他們選擇在籃球場上的7個位置,這些位置是他們認為在無人防守的情況下,投籃命中率為50%的地點。麥特和馬克斯都選擇分散在三分線周圍的位置——這是史蒂芬・柯瑞早已揚名立萬的區域。

令人驚訝的是,歷史可在一代人的時間裡被重新改寫。大衛・布斯受尤金・法瑪影響,湯姆・吉洛維奇得到阿莫斯・特沃斯基的啟發,卡洛琳・史騰和約翰・艾澤科維茲則是魔球世代。而當史蒂芬・柯瑞重新定義籃球這項運動時,麥特和馬克斯正處於他們的成長關鍵期,他們的年齡正好能被這位在他們的人生中最有革命色彩的球員所深刻影響。柯瑞是促成籃球戰術出現根本性轉變的關鍵人物,而這種轉變滲透到體育的各個

層面。麥特和馬克斯屬於跟隨柯瑞腳步的首批年輕人。因此，麥特和馬克斯將史蒂芬‧柯瑞的影響力帶入吉洛維奇的「熱手效應」實驗，這再合適不過了。畢竟，柯瑞是在籃球運動中，受益於熱手效應最多的人之一。

麥特和馬克斯站在三分線後面。由於這是一個正規的科學實驗，威利用膠帶標記他們選擇的位置。接著，麥特和馬克斯被指示輪流投100次球。

「在每次投籃之前，你們要宣告自己是否感覺到熱手效應。」威利說道。

麥特和馬克斯點頭表示同意。

「一開始你們可能會想誇大自己的能力，覺得從這裡可以達到50%的命中率，」吉洛維奇說，「請不要這麼做，你們認為自己能夠確實有50%命中率的位置在哪裡，就選那裡。別試著從中場投籃以令我們印象深刻。」

吉洛維奇在麥特和馬克斯熱身時，環顧了體育館一圈。關於「熱手效應」的最新研究，讓他處於一個困境。這些年來，他讀過所有聲稱他對「熱手效應」的看法錯誤的文章，並能夠輕鬆地不予理會。但前面提過的這項新研究卻讓他無法忽視，對於任何一位有他同樣地位的終身教授而言，自然的反應會是對其他學者採取抵制態度。然而，他卻把一些數據分享給了他們，並提供了慷慨的評論。他想在這整件事情上保持公正，因為獲得真相需要一定程度的謙卑。對於他30多年前寫的那篇論文，他現在也無能為力。那時候他並沒有艾澤科維茲和史騰的

數據，而他沒有發現米勒和桑胡爾霍揭露的偏誤並不是他的錯，畢竟其他人也沒注意到這一點。這有點像是在責怪所有在牛頓之前的人，因為他們沒有發現基本物理定律。

不管他喜歡與否，關於「熱手效應」的真相最終都會一一揭露，他能做的就是加速這一頓悟的過程。多年前，當他發表第一篇論文時，並沒有預料到自己會再次測試「熱手效應」，而如今他正在這麼做。

雖然一切都變了，但實際上什麼都沒有變，籃球館仍然是進行實驗的絕佳場所。每場比賽都是一場狂熱的盛宴，高大的運動員們瘋狂地展現驚人的運動能力，試圖把一顆皮球投進金屬框中，但在這次與麥特和馬克斯合作的實驗中，他們不必擔心出現這種激情場面。研究「熱手效應」的重點在於將高度受控環境中所得到的訊息，應用到各種場域中。

某些環境中會存在連續性的好結果，但在某些環境中並不存在。更令人困擾的是，某些環境中可能會存在連續性的好結果，但只有在以正確方式進行操控時才會出現。

像麥特、馬克斯和威利這樣的學生在康乃爾大學的學習過程中，會被教導傾向於相信連續好結果的存在。但令人欣慰的是，所謂的成長或者在這個世界上找尋自我的定位，就是能夠辨別連續好結果會在哪裡發生、哪裡不會發生，以及哪裡可能發生。我們敢於相信自己可以打破邏輯的束縛嗎？還是應該接受自身的局限，遵循基本的機率法則？人們天生追求連續好結果，但所伴隨的風險也一直都在。如果你是尼克·哈根，你可能

會失去整座農場；但如果你是史蒂芬‧柯瑞，你就能贏得一切。

一旦我們開始承認「熱手效應」的存在，或者至少承認可能存在，我們就能環顧四周，找到日常生活中的「三分線」。史蒂芬‧柯瑞從打《NBA Jam》遊戲，然後進入NBA，這段時間正好是「熱手效應」從真實變虛假，然後又可能變回真實的過程。這部分與驚人的運氣有關。如果他早幾年或晚幾年出現，如果他被其他球隊選中，如果他沒有遲到錯過巴士，或者如果他的巴士在前往麥迪遜廣場花園的路上沒有被攔下，那麼柯瑞可能不會成為有史以來最具影響力的籃球員之一。但他在機會來臨時，選擇果斷出擊。

有時候，我們可以利用受控環境中規則的變化；有時候，我們不得不在不受控的環境中為自己創造條件。而有時候，「熱手效應」的出現需要天賦、環境和幸運之神的眷顧，讓一些事情能夠順利發展。而連續好結果的吸引力是如此誘人，以至於我們自然而然地會投入資源，以促進獲得好運的潛力。這是我們身為人的本性。我們會在存在的地方、不存在的地方，以及可能出現的地方見到它。

但現在沒時間去思考這個問題了。麥特和馬克斯已經熱身完畢，準備好開始進行實驗了。

麥特在外線出手，而馬克斯則在籃下準備撿籃板球。他的投籃命中次數遠高於未命中。他並未等到連進三球，才宣告自己進入熱手狀態。他在命中一、兩球後，就感覺自己已在「狀

態」中了,有時甚至在失手後也覺得自己擁有「熱手」。他低聲地自言自語著「是」和「不是」——但大多時候是「是」——聲音大到讓威利可以在記事本上做筆記,將麥特宣告的「是」和「不是」轉換成數據。

「連中3球,」吉洛維奇低聲驚歎道,「連中4球。這傢伙真是一個好射手!」

麥特繼續投籃,並且一直感覺自己在「熱手狀態」中。

「是的。」麥特說。

「5球。」吉洛維奇說。

「是的。」

「6球。」

「是的。」

「7球。哇!」

「是的。」

「8球。」

「是的。」

「9球!」吉洛維奇說。「11投中10,13投中12,14投中13,15投中14。米勒和桑胡爾霍看到這個景象一定會非常高興。」

他並沒有感到驚奇,而是覺得好笑,甚至是覺得新奇。

「這是我們這所學校所有球員中最好的外線射手。」吉洛維奇說。

輪到馬克斯投籃時,麥特不得不先行離開去上課,這意味

著馬克斯需要一個幫忙撿籃板球的人。體育館裡只剩三個人。由於威利必須在每次投籃之前寫下「是」和「不是」，這意味著還有兩人可以來做這個工作：吉洛維奇和我。我們都自告奮勇，跑來跑去撿籃板球，並希望回傳給馬克斯的球夠好，讓他能命中下一球，讓我們少跑一些。馬克斯在三輪投籃中輕鬆應對，毫不費力。我則感覺像是爬上吉力馬扎羅山，下半身的刺痛感是這次科學探究的代價。

我們離開體育館，走回心理學大樓，在吉洛維奇辦公室的咖啡桌上有一疊列印好的文件。我低頭一看，注意到一些熟悉的名字：喬許·米勒和亞當·桑胡爾霍。他一直在閱讀他們的研究。

吉洛維奇走到他的辦公桌旁，拿起另一堆文件，翻閱了一些資料，那是一份威利在過去幾周所寫的紀錄。在他的辦公桌上，等待編碼和解碼的是數百個來自像麥特和馬克斯這樣的籃球員的投籃數據，以及他們對自己是否出現「熱手效應」的直覺。這就是他所認為的更好的數據。

他還需要很長一段時間，才能知道這些數據可能會透露些什麼，以及它們可能會引導他走向何方。對於「熱手效應」的看法，仍然是他試圖回答的問題。但現在已經不早了，我知道該是我動身離開的時候了。我道別時心裡明白，我們兩人唯一能確定的一件事就是，這場延續幾十年的討論將會持續下去。這場辯論，離結局還很遠。也許它永遠都不會結束，而這不正是最美好的部分？

關於本書資料來源的說明

這本書若沒有許多前人的貢獻,以及接受我訪談的人的合作,這本書便無法誕生。我對這兩組人都深表感謝。

感謝凱爾·艾倫和所有派恩高中龍隊的相關人士。對於與我的籃球生涯有關的所有人,我深感抱歉。

當我開始撰寫NBA的相關報導時,正是史蒂芬·柯瑞崛起的那個賽季,我得以躬逢其盛。我認為他將成為史上最具影響力的運動員之一,而我也在《華爾街日報》上撰寫無數篇關於柯瑞和金州勇士隊的報導,以呈現他所帶來的影響。第一章的內容是基於對柯瑞及他身邊的人的採訪,包括戴爾·柯瑞、勇士隊高層,甚至他青少年時期的教練。我對勤奮不懈地追蹤報導勇士隊消息的當地記者,和記錄柯瑞非凡崛起的NBA相關新聞之記者,我深表感激。

我清楚記得柯瑞開始爆發的那晚我身在何處,遺憾的是,我當時並不在麥迪遜廣場花園。然而,我依然可透過當時的報導來重溫那場球賽。至於本章有關馬克·特梅爾和《NBA Jam》創作過程的部分,則基於與他的數次長時間訪談,他還慷慨地讓我查閱他的新聞剪報和部分檔案資料。格雷格·沃斯(Greg

Voss）在《Softline》雜誌中的人物報導，是了解年輕時期的特梅爾的一個重要來源；而在《Kill Screen Daily》中賈敏・沃倫（Jamin Warren）對他的訪談及保羅・德魯里（Paul Drury）在《懷舊玩家》（Retro Gamer）中的專訪，則為我提供與他深入交談的基礎知識。由亞歷克斯・阿布諾斯（Alex Abnos）和丹・格林（Dan Greene）於《運動畫刊》共同撰寫的關於《NBA Jam》的口述歷史，也是一篇精彩的文章。我從未玩過《漫遊泡泡》，但在讀了特梅爾為公司部落格所撰寫的介紹文後，我覺得自己就像是一個玩家。

如果你對威廉・莎士比亞有任何疑問，那麼詹姆斯・夏皮羅是個很好的詢問對象。若沒有他的著作《李爾王之年：1606年的莎士比亞》，我絕對無法完成第二章中的莎士比亞部分。這本書內容豐富，尤其適合對莎士比亞不太了解的讀者。為本章奠基的另一部作品是約翰・里茲・巴羅的《政治、瘟疫與莎士比亞的劇場》（Politics, Plague, and Shakespeare's Theater），他對瘟疫的極度寫實描寫，令人驚嘆。世人現在對蕾貝卡・克拉克的了解，幾乎都要歸功於莉安・柯蒂斯。本章中所有引用克拉克的內容，都來自柯蒂斯擔任編輯的散文和訪談集《蕾貝卡・克拉克讀本》。關於《公主新娘》的文章早已汗牛充棟，我願意再多讀幾百萬字。關於這部電影的歷史，散見於《娛樂周刊》（Entertainment Weekly）的訪談、《綜藝》（Variety）裡的回顧，以及由《好萊塢報導》（The Hollywood Reporter）所舉辦的圓桌討論會中。羅伯・萊納在其職業生涯中回答過有關《公主新

娘》的數百甚至數千個問題。除了大量的萊納專訪外,我還發現凱瑞‧艾文斯(Cary Elwes)的回憶錄《如你所願》(*As You Wish*),與他在電影中的角色一樣令人愉悅。

為了撰寫第三章關於1980年代史丹佛大學的部分,我得到許多人的幫助,如湯姆‧季洛維奇、羅伯特‧瓦隆、李‧羅斯,尤其是芭芭拉‧特沃斯基(Barbara Tversky)的回饋是我最為重視的。身為一名作家,沒有什麼事比得上得知麥可‧路易士也在撰寫相同的人物故事更加沮喪的事了,但他那本一如既往精彩的《橡皮擦計畫》,是了解丹尼爾‧康納曼與阿莫斯‧特沃斯基的必讀書目。我引用了路易士的部分報導和研究來補充自己的資料,這感覺有點像是把橡皮艇附掛在遊艇上。同樣不可或缺的還有《特沃斯基精選集》(*The Essential Tversky*)一書,其中收錄了他最具影響力的論文。康納曼獻給特沃斯基的悼詞,是他應得的感人致敬。我也很感謝康納曼在喬許‧米勒的演講會後我向他做自我介紹時,他沒有立刻轉身鑽進計程車。除了我自己對季洛維奇的採訪外,我還參考他在巴瑞‧里索茲(Barry Ritholtz)的播客節目《商業大師》(*Masters in Business*)和艾倫‧雷夫曼(Alan Reifman)的部落格「運動中的熱手」(The Hot Hand in Sports)的兩次長訪談。雖然我未能當面向已故的阿莫斯‧特沃斯基請教「熱手效應」,但許多記者有過與他的寶貴對話,特別感謝凱文‧麥基恩(Kevin McKean)在《發現》(*Discover*)雜誌中的撰文。此外,感謝史丹佛大學的口述歷史計畫、紐約公共圖書館及丹尼爾布恩地區圖書館的幫助。有關

蘋果的隨機播放功能歷史和史蒂夫‧賈伯斯的反應，我參考了史蒂芬‧李維（Steven Levy）的作品《為什麼是iPod？——改變世界的超完美創意》（*The Perfect Thing: How the iPod Shuffles Commerce, Culture, and Coolness*），以及他在《連線》（*Wired*）雜誌上的文章〈iPod Shuffle的輓歌〉（Requiem for the iPod Shuffle.）。盧卡斯‧波拉切克不只細心為我講解隨機撥放的演算法，還很有耐心地向我講解他的工作內容。最後，感謝幾位要求匿名的Spotify員工，也許你們正在閱讀這篇文章，你們的幫助對我來說至關重要。

大衛‧布斯標下了籃球規則原稿，但這全歸功於喬許‧史魏德（Josh Swade）。他的書《籃球聖杯：一個球迷購買籃球原始規則的追尋》（*The Holy Grail of Hoops: One Fan's Quest to Buy the Original Rules of Basketball*）是忠實描寫奈史密斯的創作，如何重返奈史密斯大道的權威之作，我引用的拍賣會上的對話，是來自《ESPN》頻道的30 for 30系列體育紀錄片《無處比家好》（*There's No Place Like Home*），由史魏德和莫拉‧曼德特（Maura Mandt）執導。身為記者，能夠「旁觀」是夢寐以求的機會，大衛‧布斯其實不必接受我的採訪，但他卻慷慨地與我交流，我深深感激，而這都要歸功於亞歷克斯‧史塔克漢（Alex Stockham）。布斯不像其他億萬富翁那樣地經常被報導，但《華爾街日報》的財經記者傑森‧茲威格（Jason Zweig）曾對他做過一篇出色的專訪。感謝那些多次訪問布斯並將訪談上傳到YouTube的人，讓好奇的觀眾和急需資料的作者方便觀看。也感

關於本書資料來源的說明

謝大衛·魯賓斯坦（David Rubenstein）毫無保留的回憶。至於甜菜，感謝尼克·哈根和莫莉·葉的熱情款待、協助與友誼。想了解關於甜菜的一切，我推薦《美國心臟地帶》（*America's Heartland*）的一集特別節目，專門介紹明尼蘇達州的甜菜收成。尼克熱心地分享《成功農業》（*Successful Farming*）雜誌2003年3月號丹·盧克（Dan Looker）的文章中有關哈根農場的歷史，以及《波爾克縣歷史與傳記百科全書》（*Compendium of History and Biography of Polk County*）中伯恩特·哈根的條目。至於《莫莉的農場日誌：一個意想不到的農場生活中的食譜與故事》（*Molly on the Range: Recipes and Stories from An Impossible Life on a Farm*）這本書，不僅是罕見的寫作資源，也是我最喜歡的食譜書之一。

我在《聖地亞哥聯合論壇報》上讀到一篇由凱特·莫里西（Kate Morrissey）撰寫的精彩故事中認識阿拉·阿薩法，如果沒有莫里西最初的這篇報導，阿薩法也不會出現在本書第五章。感謝阿薩法一家人的寬厚。雪城大學（Syracuse University）的交易記錄訪問清算中心提供寶貴的數據資源。布魯斯·恩洪法官親切地撥空為我解說庇護法的內容。如果沒有《Brooksbaseball》網站的數據資料和費南多·阿卡拉（Fernando Alcala）的協助，我無法完成關於傑德·羅瑞的文章。我也感謝所有報導賈斯汀·格利姆首次亮相的德州遊騎兵隨隊記者。《浪尖電台秀》（*Off the Lip Radio Show*）與比爾·米勒的深入訪談，也幫助我了解裁判的生活。

第六章中的故事是本書中最具私密性和個人揭露的部分，我無法充分表達我對每一位受訪者的感激之情，包括阿里·卡普蘭。尤其是馬文·麥金南，若沒有他的知識和善意，本書的內容將會遜色許多。我會想深入研究羅爾·瓦倫伯的故事，靈感來自希勒爾·庫特勒（Hillel Kuttler）為《石板》（Tablet）撰寫的一篇標題極具吸引力的精彩故事：「數據分析專家阿里·卡普蘭運用判斷好壞球的科學，揭示大屠殺救援者羅爾·瓦倫伯的命運。」蓋爾·奧茲、米基·塔米爾，特別是布萊恩·科普，在幫助我理解SportVU早期歷史方面發揮了重要作用。約翰·艾澤科維茲和卡洛琳·史騰不僅是極好的披薩聚會夥伴，還非常慷慨地允許我撰寫有關他們大學論文的內容。在眾多撰寫其作品的人士中，我發現柴克·洛伊（Zach Lowe）在運動網站Grantland上的故事最能釐清我的思路，這也是他成為世界上最好的NBA作家的原因之一。

終於來到第七章。喬許·米勒和亞當·桑胡爾霍在解釋硬幣投擲的原理及許多其他內容時，展現了無窮的耐心和幽默。我認識他們快5年了，感覺自己會在未來的歲月裡不斷閱讀他們的作品。安德魯·蓋爾曼同意在他的課堂前接受我的採訪，而學生們則在旁觀察，這真是個絕妙的主意。泰奧·米德多爾普和路易斯·范·提伯格分享了他們對一個難忘時刻的回憶，而唐·強生也同意和我一起在休士頓的美術館散步，在炎熱的午後度過一段愉快的時光。我很幸運能在梵谷的書信完全存檔並註釋齊全的時期寫這本書，不用再在圖書館和博物館裡翻找布滿灰

塵的舊檔案,因為這些信件現在隨時可得,這都要歸功於梵谷博物館。

但願我沒有忘記任何一位需要提及的人。

參考書目

●書籍

Barroll, J. Leeds. *Politics, Plague, and Shakespeare's Theater: The Stuart Years.* Ithaca, NY:Cornell University Press, 1996.

Bate, Jonathan. *Soul of the Age: A Biography of the Mind of William Shakespeare.* New York: Random House, 2009.

Bierman, John. *Righteous Gentile: The Story of Raoul Wallenberg, Missing Hero of the Holocaust.* Toronto: Bantam Books, 1983.

Carlberg, Ingrid. *Raoul Wallenberg: The Biography.* Translated by Ebba Segerberg. London: MacLehose Press, 2015.

Carril, Pete. *The Smart Take from the Strong: The Basketball Philosophy of Pete Carril.* New York: Simon & Schuster, 1997.

Csikszentmihalyi, Mihaly. *Flow: The Psychology of Optimal Experience.* New York: Harper Perennial, 1991.

Curtis, Liane, ed. *A Rebecca Clarke Reader.* Bloomington: Indiana University Press, 2004.

Danchev, Alex. *Cezanne: A Life.* New York: Pantheon Books, 2012.

Ellenberg, Jordan. *How Not to Be Wrong: The Power of Mathematical Thinking.*

New York: Penguin Press, 2014.

Elwes, Cary. *As You Wish: Inconceivable Tales from the Making of* The Princess Bride. New York: Touchstone, 2014.

Gelman, Andrew and Deborah Nolan. *Teaching Statistics: A Bag of Tricks.* Oxford: Oxford University Press, 2002.

Gillmor, C. Stewart. *Fred Terman at Stanford: Building a Discipline, a University, and Silicon Valley.* Stanford, CA: Stanford University Press, 2004.

Gilovich, Thomas. *How We Know What Isn't So: The Fallibility of Human Reason in Everyday Life.* New York: Free Press, 1991.

Gladwell, Malcolm. *Blink: The Power of Thinking Without Thinking.* New York: Little, Brown, 2005.

———. *David and Goliath: Underdogs, Misfits, and the Art of Battling Giants.* New York: Little, Brown, 2013.

———. *The Tipping Point: How Little Things Can Make a Big Difference.* Little, Brown, 2000.

Goldman, William. *The Princess Bride: S. Morgenstern's Classic Tale of True Love and High Adventure.* New York: Harcourt Brace Jovanovich, 1973.

———. *Which Lie Did I Tell? More Adventures in the Screen Trade.* New York: Pantheon Books, 2000.

Goldsberry, Kirk. *SprawlBall: A Visual Tour of the New Era of the NBA.* New York: Houghton Mifflin Harcourt, 2019.

Helvey, Jennifer. *Irises: Vincent van Gogh in the Garden.* Los Angeles: J. Paul Getty Museum, 2009.

Kahneman, Daniel. *Thinking, Fast and Slow.* New York: Farrar, Straus & Giroux, 2011.

Kahneman, Daniel, Paul Slovic, and Amos Tversky. *Judgment Under Uncertainty: Heuristic and Biases.* Cambridge: Cambridge University Press, 1982.

Laplace, Pierre-Simon. *Philosophical Essay on Probabilities.* Translated by Andrew I. Dale. New York: Springer, 1995.

Levy, Steven. *The Perfect Thing: How the iPod Shuffles Commerce, Culture, and Coolness.* New York: Simon & Schuster, 2006.

Lewis, Michael. *Moneyball: The Art of Winning an Unfair Game.* New York: W. W. Norton, 2003.

———. *The Undoing Project: A Friendship That Changed the World.* London: Allen Lane, 2017.

Marton, Kati. *Wallenberg: Missing Hero.* New York: Arcade, 1982.

Naifeh, Steven and Gregory White Smith. *Van Gogh: The Life.* New York: Random House, 2011.

Naismith, James. *Basketball: Its Origin and Development.* Lincoln: University of Nebraska Press, 1996.

Nasar, Sylvia. A Beautiful Mind: *A Biography of John Forbes Nash Jr.* New York: Simon & Schuster, 1998.

Pickvance, Ronald. *Van Gogh in Arles.* New York: Metropolitan Museum of Art, 1984.

Reich, Nancy B.,"Rebecca Clarke: An Uncommon Woman." *A Rebecca Clarke Reader*, edited by Liane Curtis. Somerville, MA: The Rebecca Clarke

Society: https://www.rebeccaclarke.org/wp-content/uploads/2019/08/Pt-I-Ch-1-Nancy-B-Reich-on-Rebecca-Clarke.pdf.

Reifman, Alan. *Hot Hand: The Statistics Behind Sports' Greatest Streaks*. Washington, D.C.: Potomac Books, 2011.

Reiter, Ben. *Astroball: The New Way to Win It All*. New York: Crown, 2018.

Shapiro, James. *The Year of Lear: Shakespeare in 1606*. New York: Simon & Schuster, 2015.

Simmons, Bill. *The Book of Basketball: The NBA According to the Sports Guy*. New York: Ballantine/ESPN Books, 2010.

Swade, Josh. *The Holy Grail of Hoops: One Fan's Quest to Buy the Original Rules of Basketball*. New York: Skyhorse Publishing, 2013.

Terelya, Josyp. *Josyp Terelya: Witness to Apparitions and Persecution in the USSR*. Milford, OH: Faith Publications, 1991.

Thompson, Marcus, II. *Golden: The Miraculous Rise of Steph Curry*. New York: Touchstone, 2017.

Tromp, Henk. *A Real Van Gogh: How the Art World Struggles with Truth*. Amsterdam: Amsterdam University Press, 2010.

Tversky, Amos. *The Essential Tversky*. Edited by Eldar Shafir. Cambridge, MA: MIT Press, 2018.

Walker, Sam. *Fantasyland: A Season on Baseball's Lunatic Fringe*. New York: Viking, 2006.

Wallenberg, Raoul. *Letters and Dispatches, 1924–1944*. Translated by Kjersti Board. New York: Arcade, 2011.

Weber, Bruce. *As They See 'Em: A Fan's Travels in the Land of Umpires.* New York: Scribner, 2009.

Wozniak, Steve. *iWoz: Computer Geek to Cult Icon.* New York: W. W. Norton, 2007.

Yeh, Molly. *Molly on the Range: Recipes and Stories from an Unlikely Life on a Farm.* New York: Rodale, 2016.

●學術出版物

Albert, Jim. "Streaky Hitting in Baseball." *Journal of Quantitative Analysis in Sports* 4, no. 1 (2008): 1–32.

Albert, Jim, and Patricia Williamson. "Using Model/Data Simulations to Detect Streakiness." *American Statistician* 55, no. 1 (Feb. 2001): 41–50.

Arkes, Jeremy. "Do Gamblers Correctly Price Momentum in NBA Betting Markets?" *Journal of Prediction Markets* 5, no. 1 (2011): 31–50.

———. "The Hot Hand vs. Cold Hand on the PGA Tour." *International Journal of Sport Finance* 11, no. 2 (May 2016): 99–113.

———. "Misses in 'Hot Hand' Research." *Journal of Sports Economics* 14, no. 4 (Aug. 2013): 401–10.

———. "Revisiting the Hot Hand Theory with Free Throw Data in a Multivariate Framework." *Journal of Quantitative Analysis in Sports* 6, no. 1 (Jan. 2010): 1–12.

Attali, Yigal. "Perceived Hotness Affects Behavior of Basketball Players and Coaches." *Psychological Science* 24, no. 7 (July 2013): 1151–56.

Ayton, Peter, and Ilan Fischer. "The Hot Hand Fallacy and the Gambler's Fallacy: Two Faces of Subjective Randomness?" *Memory & Cognition* 32, no. 8 (Dec. 2004): 1369–78.

"Barbara Tversky: An Oral History." Conducted by Natalie Marine-Street. Stanford Historical Society Oral History Program, Stanford University Department of Special Collections and University Archives, 2017, purl.stanford.edu/dj690gf3172.

Bar-Eli, Michael, Simcha Avugos, and Markus Raab. "Twenty Years of 'Hot Hand' Research: Review and Critique." *Psychology of Sport and Exercise* 7, no. 6 (2006): 525–53.

Berry, Scott M. "Does 'the Zone' Exist for Home-Run Hitters?" *Chance* 12, no. 1 (1999): 51–56.

Blanchard, Tommy C., Andreas Wilke, and Benjamin Y. Hayden. "Hot-Hand Bias in Rhesus Monkeys." *Journal of Experimental Psychology: Animal Learning and Cognition* 40, no. 3 (July 2014): 280–86.

Bocskocsky, Andrew, John Ezekowitz, and Carolyn Stein. "Heat Check: New Evidence on the Hot Hand in Basketball." *SSRN* (2014): dx.doi.org/10.2139/ssrn.2481494.

Bondt, Werner P. M. De. "Betting on Trends: Intuitive Forecasts of Financial Risk and Return." *International Journal of Forecasting* 9, no. 3 (Nov. 1993): 355–71.

Booth, David. Interview by James K. Glassman. George W. Bush Presidential Center, Dallas, TX, September 18, 2012, bushcenter.imgix.net/legacy/Tax_

Competition_and_4percent_Growth_09-18-12_Chicago_0.pdf.

Boynton, David M. "Superstitious Responding and Frequency Matching in the Positive Bias and Gambler's Fallacy Effects." *Organizational Behavior and Human Decision Processes* 91, no. 2 (2003): 119–27.

Brown, William O., and Raymond D. Sauer. "Does the Basketball Market Believe in the Hot Hand? Comment." *American Economic Review* 83, no. 5 (Dec. 1993): 1377–86.

Burns, Bruce D. "Heuristics as Beliefs and as Behaviors: The Adaptiveness of the 'Hot

Hand.'" *Cognitive Psychology* 48, no. 3 (May 2004): 295–331.

Burns, Bruce D., and Bryan Corpus. "Randomness and Inductions from Streaks: 'Gambler's Fallacy' Versus 'Hot Hand.'" *Psychonomic Bulletin & Review* 11, no. 1 (Feb. 2004): 179–84.

Camerer, Colin F. "Does the Basketball Market Believe in the 'Hot Hand'?" *American Economic Review* 79, no. 5 (Dec. 1989): 1257–61.

Caruso, Eugene M., Adam Waytz, and Nicholas Epley. "The Intentional Mind and the Hot Hand: Perceiving Intentions Makes Streaks Seem Likely to Continue." *Cognition* 116, no. 1 (July 2010): 149–53.

Castel, Alan D., Aimee Drolet Rossi, and Shannon McGillivray. "Beliefs About the 'Hot Hand' in Basketball Across the Adult Life Span." *Psychology and Aging* 27, no. 3 (Sept. 2012): 601–5.

Chen, Daniel, Tobias J. Moskowitz, and Kelly Shue. "Decision Making Under the Gambler's Fallacy: Evidence from Asylum Judges, Loan Officers, and

Baseball Umpires." *Quarterly Journal of Economics* 131, no. 3 (Aug. 2016): 1181–242.

Clark, Russell D. "An Analysis of Streaky Performance on the LPGA Tour." *Perceptual and Motor Skills* 97, no. 5 (Oct. 2003): 365–70.

———. "Examination of Hole-to-Hole Streakiness on the PGA Tour." *Perceptual and Motor Skills* 100, no. 3 (June 2005): 806–14.

———. "An Examination of the 'Hot Hand' in Professional Golfers." *Perceptual and Motor Skills* 101, no. 3 (Dec. 2005): 935–42.

Cotton, Christopher, and Joseph Price. "The Hot Hand, Competitive Experience, and Performance Differences by Gender." *SSRN* (2006): dx.doi.org/10.2139/ssrn.933677.

Croson, Rachel, and James Sundali. "The Gambler's Fallacy and the Hot Hand: Empirical Data from Casinos." *Journal of Risk and Uncertainty* 30, no. 3 (2005): 195–209.

Csapo, Peter, et al. "The Effect of Perceived Streakiness on the Shot-Taking Behaviour of Basketball Players." *European Journal of Sport Science* 15, no. 7 (2014): 647–54.

———. "How Should 'Hot' Players in Basketball Be Defended? The Use of Fast-and-Frugal Heuristics by Basketball Coaches and Players in Response to Streakiness." *Journal of Sports Sciences* 33, no. 15 (2015): 1580–88.

Csapo, Peter, and Markus Raab. " 'Hand Down, Man Down.' Analysis of Defensive Adjustments in Response to the Hot Hand in Basketball Using Novel Defense Metrics." *PLoS ONE* 9, no. 12 (2014): doi.org/10.1371/

journal.pone.0114184.

DeLong, J. Bradford, et al. "Positive Feedback Investment Strategies and Destabilizing Rational Speculation." *Journal of Finance* 45, no. 2 (June 1990): 379–95.

Dohmen, Thomas, et al. "Biased Probability Judgment: Evidence of Incidence and Relationship to Economic Outcomes from a Representative Sample." *Journal of Economic Behavior & Organization* 72, no. 3 (Dec. 2009): 903–15.

Dorsey-Palmateer, Reid, and Gary Smith. "Bowlers' Hot Hands." *American Statistician* 58, no. 1 (Feb. 2004): 38–45.

Durbach, Ian N., and Jani Thiart. "On a Common Perception of a Random Sequence in Cricket: Application." *South African Statistical Journal* 41, no. 2 (Jan. 2007): 161–87.

Durham, Gregory R., Michael G. Hertzel, and J. Spencer Martin. "The Market Impact of Trends and Sequences in Performance: New Evidence." *Journal of Finance* 60, no. 5 (Oct. 2005): 2551–69.

Fama, Eugene F. "The Behavior of Stock-Market Prices." *Journal of Business* 38, no. 1 (Jan. 1965): 34.

Falk, Ruma. "The perception of randomness." Proceedings of the Fifth International Conference for the Psychology of Mathematics Education. Grenoble, France, 1981.

Filho, Edson Soares Medeiros, Luiz Carlos Moraes, and Gershon Tenenbaum. "Affective and Physiological States During Archery Competitions: Adopting and Enhancing the Probabilistic Methodology of Individual Affect-Related Performance Zones(IAPZs)." *Journal of Applied Sport Psychology* 20, no. 4 (2008): 441–56.

Fischer, Ilan, and Lior Savranevski. "Extending the Two Faces of Subjective Randomness: From the Gambler's and Hot-Hand Fallacies Toward a Hierarchy of Binary Sequence Perception." *Memory & Cognition* 43, no. 7 (Oct. 2015): 1056–70.

Gao, Shan, et al. "Second Language Feedback Abolishes the 'Hot Hand' Effect During

Even-Probability Gambling." *Journal of Neuroscience* 35, no. 15 (Apr. 2015): 5983–89.

Gilden, David L., and Stephanie Gray Wilson. "On the Nature of Streaks in Signal Detection." *Cognitive Psychology* 28, no. 1 (Feb. 1995): 17–64.

———. "Streaks in Skilled Performance." *Psychonomic Bulletin & Review* 2, no. 2 (June1995): 260–65.

Gilovich, Thomas, Robert Vallone, and Amos Tversky. "The Hot Hand in Basketball: On the Misperception of Random Sequences." *Cognitive Psychology* 17, no. 3 (July 1985): 295–314.

Gould, Stephen Jay. "The Streak of Streaks." *Chance* 2, no. 2 (1989): 10–16.

Gray, Rob, and Jonathan Allsop. "Interactions Between Performance Pressure, Performance Streaks, and Attentional Focus." *Journal of Sport & Exercise Psychology* 35, no. 4 (Aug. 2013): 368–86.

Green, Brett, and Jeffrey Zwiebel. "The Hot-Hand Fallacy: Cognitive Mistakes or

Equi-librium Adjustments? Evidence from Major League Baseball." *Management Science* 64, no. 11 (Nov. 2018): 4967–5460.

Gronchi, Giorgio, and Steven A. Sloman. "Do Causal Beliefs Influence the Hot-Hand And the Gambler's Fallacy?" Proceedings of the Thirtieth Annual Conference of the Cognitive Science Society, Washington, D.C., 2008, 1164–68.

Gula, Bartosz, and Markus Raab. "Hot Hand Belief and Hot Hand Behavior: A Comment on Koehler and Conley." *Journal of Sport & Exercise Psychology* 26, no. 1 (2004): 167–70.

Guryan, Jonathan, and Melissa S. Kearney. "Gambling at Lucky Stores: Empirical Evidence from State Lottery Sales." *American Economic Review* 98, no. 1 (Mar. 2008): 458–73.

Hales, Steven D. "An Epistemologist Looks at the Hot Hand in Sports." *Journal of the Philosophy of Sport* 26, no. 1 (1999): 79–87.

Iso-Ahola, Seppo E., and Charles O. Dotson. "Psychological Momentum: Why Success Breeds Success." *Review of General Psychology* 18, no. 1 (Mar. 2014): 19–33.

Jagacinski, Richard J., Karl M. Newell, and Paul D. Isaac. "Predicting the Success of a Basketball Shot at Various Stages of Execution." *Journal of Sport & Exercise Psychology* 1, no. 4 (1979): 301–10.

Jagannathan, Ravi, Alexey Malakhov, and Dmitry Novikov. "Do Hot Hands Exist Among Hedge Fund Managers? An Empirical Evaluation." *Journal of Finance* 65, no. 1 (Feb. 2010): 217–55.

James, Bill. "Underestimating the Fog." *Baseball Research Journal* 33 (2004): 29–33.

Jetter, Michael, and Jay K. Walker. "Game, Set, and Match: Do Women and Men Perform Differently in Competitive Situations?" *Journal of Economic Behavior & Organization* 119 (Nov. 2015): 96–108.

Ji, Li-Jun, et al. "Culture and Gambling Fallacies." *SpringerPlus* 4, no. 1 (Sept. 2015): 510.

Kahneman, Daniel, and Mark W. Riepe. "Aspects of Investor Psychology." *Journal of Portfolio Management* 24, no. 4 (Summer 1998): 52–65.

Kennedy, Patrick, David B. Miele, and Janet Metcalfe. "The Cognitive Antecedents and Motivational Consequences of the Feeling of Being in the Zone." *Consciousness and Cognition* 30 (Nov. 2014): 48–61.

Klaassen, Franc J. G. M., and Jan R. Magnus. "Are Points in Tennis Independent and

Identically Distributed? Evidence from a Dynamic Binary Panel Data Model." *Journal

of the American Statistical Association* 96, no. 454 (June 2001): 500–509.

Koehler, Jonathan J., and Caryn A. Conley. "The 'Hot Hand' Myth in Professional Basketball."

Journal of Sport & Exercise Psychology 25, no. 2 (2003): 253–59.

Köppen, Jörn, and Markus Raab. "The Hot and Cold Hand in Volleyball: Individual Expertise Differences in a Video-Based Playmaker Decision Test." *Sport Psychologist* 26, no. 2 (2012): 167–85.

Korb, Kevin B., and Michael Stillwell. "The Story of the Hot Hand: Powerful Myth or Powerless Critique." International Conference on Cognitive Science, Sydney, 2003.

Larkey, Patrick D., Richard A. Smith, and Joseph B. Kadane. "It's Okay to Believe in the 'Hot Hand.'" *Chance* 2, no. 4 (1989): 22–30.

Lauer, Michael S. "From Hot Hands to Declining Effects: The Risks of Small Numbers." *Journal of the American College of Cardiology* 60, no. 1 (July 2012): 72–74.

Levy, Haim, and Moshe Levy. "Overweighing Recent Observations: Experimental Results and Economic Implications." In *Marketing, Accounting and Cognitive Perspectives,* edited by Rami Zwick and Amnon Rapoport, 155–183. Vol. 3 of *Experimental Business Research.* Boston: Springer, 2005.

Liu, Lu, et al. "Hot Streaks in Artistic, Cultural, and Scientific Careers." *Nature* 559, no.

7714 (July 2018): 396–99.

Livingston, Jeffrey A. "The Hot Hand and the Cold Hand in Professional Golf." *Journal of Economic Behavior & Organization* 81, no. 1 (Jan. 2012): 172–84.

Ma, Xiao, Seung Hyun Kim, and Sung S. Kim. "Online Gambling Behavior: The Impacts of Cumulative Outcomes, Recent Outcomes, and Prior Use." *Information Systems Research* 25, no. 3 (Sept. 2014): 511–27.

Mace, F. Charles, et al. "Behavioral Momentum in College Basketball." *Journal of Applied Behavior Analysis* 25, no. 3 (Fall 1992): 657–63.

MacMahon, Clare, Jörn Köppen, and Markus Raab. "The Hot Hand Belief and

Framing Effects." *Research Quarterly for Exercise and Sport* 85, no. 3 (Sept. 2014): 341–350.

Mauboussin, Andrew, and Samuel Arbesman. "Differentiating Skill and Luck in Financial Markets with Streaks." *SSRN* (2011): dx.doi.org/10.2139/ssrn.1664031.

Miller, Joshua B., and Adam Sanjurjo. "A Bridge from Monty Hall to the Hot Hand: The Principle of Restricted Choice." *Journal of Economic Perspectives* 33, no. 3 (Summer 2019): 144–62.

———. "A Cold Shower for the Hot Hand Fallacy: Robust Evidence that Belief in the Hot Hand Is Justified." IGIER Working Paper No. 518, *SSRN* (2014): dx.doi.org/10.2139/ssrn.2450479.

———. "Is It a Fallacy to Believe in the Hot Hand in the NBA Three-Point Contest?" IGIER Working Paper No. 548, *SSRN* (2015): dx.doi.org/10.2139/ssrn.2611987.

———. "A Primer and Frequently Asked Questions for 'Surprised by the Gamblers and Hot Hand Fallacies? A Truth in the Law of Small Numbers' (Miller and Sanjurjo 2015)." *SSRN* (2016): dx.doi.org/10.2139/ssrn.2728151.

———. "Surprised by the Hot Hand Fallacy? A Truth in the Law of Small Numbers." *Econometrica* 86, no. 6 (Nov. 2018): 2019–47.

———. "A Visible (Hot) Hand? Expert Players Bet on the Hot Hand and Win." *SSRN* (2017): dx.doi.org/10.2139/ssrn.3032826.

Miller, Joshua B., and Andrew Gelman. "Laplace's Theories of Cognitive Illusions, Heuristics, and Biases." *SSRN* (2018): dx.doi.org/10.2139/ssrn.3149224.

Miller, Steve, and Robert Weinberg. "Perceptions of Psychological Momentum and Their Relationship to Performance." *Sport Psychologist* 5, no. 3 (1991): 211–22.

Miyoshi, Hiroto. "Is the 'Hot-Hands' Phenomenon a Misperception of Random Events?" *Japanese Psychological Research* 42, no. 2 (May 2000): 128–33.

Morrison, Donald G., and David C. Schmittlein. "It Takes a Hot Goalie to Raise the Stanley Cup." *Chance* 11, no. 1 (1998): 3–7.

Narayanan, Sridhar, and Puneet Manchanda. "An Empirical Analysis of Individual Level Casino Gambling Behavior." *Quantitative Marketing & Economics* 10, no. 1 (Mar. 2011): 27–62.

Oskarsson, An T., et al. "What's Next? Judging Sequences of Binary Events." *Psychological Bulletin* 135, no. 2 (Mar. 2009): 262–85.

Parsons, Stephanie, and Nicholas Rohde. "The Hot Hand Fallacy Re-Examined: New Evidence from the English Premier League." *Applied Economics* 47, no. 4 (2014): 346–57.

Powdthavee, Nattavudh, and Yohanes E. Riyanto. "Would You Pay for Transparently Useless Advice? A Test of Boundaries of Beliefs in the Folly of Predictions." *Review of Economics and Statistics* 97, no. 2 (May 2015): 257–72.

Raab, Markus, Bartosz Gula, and Gerd Gigerenzer. "The Hot Hand Exists in Volleyball and Is Used for Allocation Decisions." *Journal of Experimental Psychology: Applied* 18, no. 1 (Mar. 2012): 81–94.

Rabin, Matthew. "Inference by Believers in the Law of Small Numbers."

Quarterly Journal of Economics 117, no. 3 (Aug. 2002): 775–816.

Rabin, Matthew, and Dimitri Vayanos. "The Gambler's and Hot-Hand Fallacies: Theory and Applications." *Review of Economic Studies* 77, no. 2 (Apr. 2010): 730–78.

Ramji-Nogales, Jaya, Andrew I. Schoenholtz, and Philip G. Schrag. "Refugee Roulette: Disparities in Asylum Adjudication." *Stanford Law Review* 60, no. 2 (Nov. 2007): 295–411.

Rao, Justin M. "Experts' Perceptions of Autocorrelation: The Hot Hand Fallacy Among Professional Basketball Players." Working paper, 2009. Available at pdfs.semanticscholar.org/2f15/0b534bfa31a2c439eb9b0ebc2051faae8d9b.pdf.

Redelmeier, Donald A. and Amos Tversky. "Discrepancy Between Medical Decisions for Individual Patients and for Groups." *New England Journal of Medicine* 322, no. 16 (1990): 1162–64.

Rinott, Yosef, and Maya Bar-Hillel. "Comments on a 'Hot Hand' Paper by Miller and Sanjurjo (2015)." *SSRN* (2015): dx.doi.org/10.2139/ssrn.2642450.

Roney, Christopher J. R., and Lana M. Trick. "Sympathetic Magic and Perceptions of Randomness: The Hot Hand Versus the Gambler's Fallacy." *Thinking & Reasoning* 15, no. 2 (2009): 197–210.

Schilling, Mark F. "Does Momentum Exist in Competitive Volleyball?" *Chance* 22, no. 4 (2009): 29–35.

Shea, Stephen. "In Support of a Hot Hand in Professional Basketball and Baseball." *PsyCh Journal* 3, no. 2 (June 2014): 159–164.

Sinkey, Michael, and Trevon Logan. "Does the Hot Hand Drive the Market? Evidence from College Football Betting Markets." *Eastern Economic Journal* 40, no. 4 (Sept. 2014): 583–603.

Smith, Gary. "Horseshoe Pitchers' Hot Hands." *Psychonomic Bulletin & Review* 10, no. 3 (Sept. 2003): 753–58.

Smith, Gary, Michael Levere, and Robert Kurtzman. "Poker Player Behavior After Big Wins and Big Losses." *Management Science* 55, no. 9 (Sept. 2009): 1547–55.

Stern, Hal S., and Carl N. Morris. "A Statistical Analysis of Hitting Streaks in Baseball: Comment." *Journal of the American Statistical Association* 88, no. 424 (Dec. 1993): 1189–94.

Stöckl, Thomas, et al. "Hot Hand and Gambler's Fallacy in Teams: Evidence from Investment Experiments." *Journal of Economic Behavior & Organization* 117 (Sept. 2015): 327–39.

Stone, Daniel F. "Measurement Error and the Hot Hand." *American Statistician* 66, no. 1 (2012): 61–66.

Stone, Daniel F., and Jeremy Arkes. "March Madness? Underreaction to Hot and Cold Hands in NCAA Basketball." *Economic Inquiry* 56, no. 3 (July 2018): 1724–47.

Suetens, Sigrid, Claus B. Galbo-Jorgensen, and Jean-Robert Tyran. "Predicting Lotto Numbers: A Natural Experiment on the Gambler's Fallacy and the Hot-Hand Fallacy." *Journal of the European Economic Association* 14, no. 3 (June 2015): 584–607.

Sun, Yanlong, and Hongbin Wang. "Gambler's Fallacy, Hot Hand Belief, and the Time of Patterns." *Judgment and Decision Making* 5, no. 2 (Apr. 2010): 124–32.

———. "The 'Hot Hand' Revisited: A Nonstationarity Argument." *PsyCh Journal* 1, no. 1 (June 2012): 28–39.

Sun, Yanlong, and Ryan D. Tweney. "Detecting the 'Hot Hand': A Time Series Analysis of Basketball." Paper presented at the Forty-First Annual Meeting of the Psychonomic Society, New Orleans, LA, 2000.

Sundali, James, and Rachel Croson. "Biases in Casino Betting: The Hot Hand and the Gambler's Fallacy." *Judgment and Decision Making* 1, no. 1 (2006): 1–12.

Tversky, Amos, and Daniel Kahneman. "Belief in the Law of Small Numbers." *Psychological Bulletin* 76, no. 2 (1971): 105–10.

———. "Judgment Under Uncertainty: Heuristics and Biases." *Science* 185, no. 4157 (Sept. 27, 1974): 1124–31.

Tversky, Amos, and Thomas Gilovich. "The Cold Facts About the 'Hot Hand' in Basketball." *Chance* 2, no. 1 (1989): 16–21.

———. "The 'Hot Hand': Statistical Reality or Cognitive Illusion?" *Chance* 2, no. 4 (1989): 31–34.

Van Tilborgh, Louis, et al. "Weave Matching and Dating of Van Gogh's Paintings: An Interdisciplinary Approach." *Burlington Magazine* 154, no. 1307 (Feb. 2012): 112–22.

Van Tilborgh, Louis, Teio Meedendorp, and Oda van Maanen. " 'Sunset at

Montmajour': A Newly Discovered Painting by Vincent van Gogh." *Burlington Magazine* 155, no. 1327 (Oct. 2013): 696–705.

Vergin, Roger C. "Overreaction in the NFL Point Spread Market." *Applied Financial Economics* 11, no. 5 (2001): 497–509.

Wardrop, Robert L. "Simpson's Paradox and the Hot Hand in Basketball." *American Statistician* 49, no. 1 (Feb. 1995): 24–28.

———. "Statistical Tests for the Hot-Hand in Basketball in a Controlled Setting." Working paper, 1999. Available at pages.stat.wisc.edu/~wardrop/papers/tr1007.pdf.

Wilke, Andreas, and H. Clark Barrett. "The Hot Hand Phenomenon as a Cognitive Adap-tation to Clumped Resources." *Evolution and Human Behavior* 30, no. 3 (May 2009): 161–69.

Wilke, A., and R. Mata. "Cognitive Bias." In *Encyclopedia of Human Behavior*, edited by V. S. Ramachandran. Amsterdam: Elsevier, 2012, 531–35.

Xu, Juemin, and Nigel Harvey. "Carry on Winning: The Gamblers' Fallacy Creates Hot Hand Effects in Online Gambling." *Cognition* 131, no. 2 (May 2014): 173–80.

Yaari, Gur, and Gil David. " 'Hot Hand' on Strike: Bowling Data Indicates Correlation to Recent Past Results, Not Causality." *PLoS ONE* 7, no. 1 (2012): doi.org/10.1371/journal.pone.0030112.

Yaari, Gur, and Shmuel Eisenmann. "The Hot (Invisible?) Hand: Can Time Sequence Patterns of Success/Failure in Sports Be Modeled as Repeated Random Independent Trials?" *PLoS ONE* 6, no. 10 (2011): doi.org/10.1371/

journal.pone.0024532.

Yuan, Jia, Guang-Zhen Sun, and Ricardo Siu. "The Lure of Illusory Luck: How Much Are People Willing to Pay for Random Shocks." *Journal of Economic Behavior & Organization* 106 (Oct. 2014): 269–80.

●文章報導

Abbott, Henry. "Hot and Heavy: About NBA Shooting." *TrueHoop* (blog), April 17, 2009, espn.com/blog/truehoop/post/_/id/6241/hot-and-heavy-about-nba-shooting.

Abnos, Alex, and Dan Greene. "Boomshakalaka: The Oral History of *NBA Jam*." *Sports Illustrated,* July 6, 2017.

Al-Kuttab, Yasmine. "Once a Sculptor for Saddam Hussein's Regime, Now Living in Abu Dhabi." *National* (United Arab Emirates), March 14, 2013.

Anger, Per. Oral history interview conducted by Joan Ringelheim. United States Holocaust Memorial Museum Collection, January 19, 1995, collections.ushmm.org/search/catalog/irn504796.

Appelbaum, Binyamin. "Streaks Like Daniel Murphy's Aren't Necessarily Random." *New York Times,* October 27, 2015.

Ayton, Peter. "Fallacy Football." *New Scientist,* September 19, 1998.

Barron, James. "He's Auctioned the 1776 Declaration, Twice." *New York Times,* July 4, 2000.

Base, Ron. "Fathers of the Princess Bride." *Toronto Star,* September 26, 1987.

"Bernt Hagen." In *Compendium of History and Biography of Polk County,*

Minnesota, edited by R. I. Holcombe and William H. Bingham. Minneapolis, MN: W. H. Bingham, 1916, 312–13.

Bomsdorf, Clemens. " 'Fake' Van Gogh in Attic Turns Out to Be Real." *Wall Street Journal,* September 10, 2013.

Borman, Stu. "A Chemistry Spy Story." *Chemical & Engineering News,* February 18, 2013. Bradshaw, Lauren. "Career-Spanning Interview with Director Rob Reiner." *Cloture Club* (blog), July 22, 2014, clotureclub.com/2014/07/career-spanning-

interview-director-rob-reiner-princess-bride-stand-etc.

Callahan, Tom. "When You're Hot, You're Hot . . ." *Time,* June 1988.

Cohen, Ben. "The Basketball Team That Never Takes a Bad Shot." *Wall Street Journal,*

January 30, 2017.

———. "Does the 'Hot Hand' Exist in Basketball?" *Wall Street Journal,* February 27, 2014.

———. "The Golden State Warriors Have Revolutionized Basketball." *Wall Street Journal,* April 6, 2016.

———. "The 'Hot Hand' Debate Gets Flipped on Its Head." *Wall Street Journal,* September 28, 2015.

———. "Moneyball 2.0: Students in Harvard Club Prep to Be GMs." ThePostGame, February 24, 2011, thepostgame.com/features/201102/moneyball-20-students-harvard-club-prep-be-sports-gms.

———. "Stephen Curry's Science of Sweet Shooting." *Wall Street Journal,*

December 17, 2014.

Dahdouh, Mary. "He Wed Science with Art, Solving Mystery of 'Sunset at Montmajour.' " *Houston Chronicle,* September 23, 2013.

Davidson, Adam. "Boom, Bust or What?" *New York Times Magazine,* May 2, 2013.

Davison, Drew. "Justin Grimm Proves Up to Challenge for Texas Rangers." *Fort Worth Star-Telegram,* June 17, 2012.

Dembart, Lee. "Logic Says Lady Luck Is Mere Illusion, but Statistics Fail to Entice." *Los Angeles Times,* July 25, 1988.

Drury, Paul. "The Making of NBA Jam." *Retro Gamer,* May 2013.

Durrett, Richard. "Justin Grimm Gives Quality Father's Day Gift." *Texas Rangers Report* (blog), ESPN, June 16, 2012, espn.com/blog/dallas/texas-rangers/post/_/id/4885728/justin-grimm-gives-quality-fathers-day-gift.

Ellenberg, Jordan. " 'Hot Hands' in Basketball Are Real." *Slate,* October 26, 2015.

———. "The Psychology of Statistics." *Slate,* November 2, 2015.

"The Most Unlikely College Basketball Result of 2010." *Harvard Sports Analysis Collective* (blog), August 6, 2010, harvardsportsanalysis.org/2010/08/the-most-unlikely-college-basketball-result-of-2010.

Fields, Scott. "The Boy of Summer." *UCLA Magazine,* October 1, 2010.

Fleming, David. "Stephen Curry: The Full Circle." *ESPN the Magazine,* April 23, 2015.

Forsberg, Myra. "Rob Reiner Applies the Human Touch." *New York Times,*

October 18, 1987.

Foster, Clint. "Justin Grimm Achieves Childhood Dream." *Texas Rangers Report* (blog), ESPN, June 16, 2012, espn.com/blog/dallas/texas-rangers/post/_/id/4885490/justin-grimm-achieves-childhood-dream.

Freeman, Rick. "Kaplan's Project Might Change Face of Baseball." *Trenton Times,* January 1991.

Furlong, Ray. "Wallenberg Family Mark Centenary with Plea for Truth." BBC News, August 4, 2012.

Gatehouse, Gabriel. "Baghdad Diary: Saddam's Sculptor Makes Comeback." BBC News, June 16, 2010.

Gelman, Andrew. "Hey—Guess What? There Really Is a Hot Hand!" *Statistical Modeling, Causal Inference, and Social Science (blog), July 9, 2015, statmodeling.stat.columbia.edu/2015/07/09/hey-guess-what-there-really-is-a-hot-hand.*

Gibson, Lydialyle. "Return on Principles." *University of Chicago Magazine,* January–February 2009.

Gleick, James. " 'Hot Hands' Phenomenon: A Myth?" *New York Times,* April 19, 1988.

Goldsberry, Kirk. "DataBall." *Grantland,* February 6, 2014, grantland.com/features/expected-value-possession-nba-analytics.

Goins, Richard. "Now Pitching New Statistics: Ari Kaplan." *Baseball America,* March 21, 1993.

Goldsberry, Kirk. "DataBall." *Grantland*, February 6, 2014, https://grantland.

com/features/expected-value-possession-nba-analytics.

Guth, Robert A. "Chicago Business School Gets Huge Gift." *Wall Street Journal,* November 7, 2008.

Haberstroh, Tom. "He's Heating Up, He's on Fire! Klay Thompson and the Truth About the Hot Hand." ESPN, June 11, 2017, espn.com/nba/story/_/page/presents-19573519/heating-fire-klay-thompson-truth-hot-hand-nba.

Harris, Scott. "Caltech Student Has the Stats to Make It to the Major Leagues." *Los Angeles Times,* June 6, 1990.

Hayes, Tim. "Grimm in the Bigs: The Timeline." *Bristol Herald Courier,* June 16, 2012. "How Do You Spot a Real Van Gogh?" *Economist,* September 24, 2013.

Jenkins, Lee. "Stephen Curry's Next Stage: MVP Has Warriors Closing in on the NBA Finals." *Sports Illustrated,* May 20, 2015.

Jensen, Jon. "Meet the Man Who Sculpted Saddam Hussein." CNN, May 3, 2013, cnn.com/2013/05/01/world/meast/iraqi-sculptor-saddam-hussein/index.html.

Johnson, Albin E. "What I Saw in Sweden." *Rotarian,* September 1944.

Johnson, George. "Gamblers, Scientists and the Mysterious Hot Hand." *New York Times,* October 17, 2015.

Kabil, Ahmed. "How Warren Buffett Won His Multi-Million Dollar Long Bet." *Medium,* February 17, 2018, medium.com/the-long-now-foundation/how-warren-buffett-won-his-multi-million-dollar-long-bet-3af05cf4a42d.

Keller, Bill. "Soviets Open Prisons and Records to Inquiry on Wallenberg's Fate."

New York Times, August 28, 1990.

King, Susan. " 'The Princess Bride' Turns 30: Rob Reiner, Robin Wright, Billy Crystal Dish About Making the Cult Classic." *Variety,* September 25, 2017.

Kuttler, Hillel. "Sabermetrician Ari Kaplan Uses the Science of Balls and Strikes to Illuminate the Fate of Holocaust Rescuer Raoul Wallenberg." *Tablet,* October 2, 2017, tabletmag.com/jewish-news-and-politics/245911/sabermetrics-ari-kaplan-raoul-wallenberg.

Lee, Ashley. "NYFF 2012: Rob Reiner, Billy Crystal, Robin Wright Spill Secrets About the Making of 'Princess Bride.' " *Hollywood Reporter,* October 3, 2012.

Lee, Dave. "How Random Is Random on Your Music Player?" BBC News, February 19, 2015.

Lester, Elenore, and Frederick E. Werbell. "The Lost Hero of the Holocaust: The Search for Sweden's Raoul Wallenberg." *New York Times Magazine,* March 30, 1980.

Levy, Steven. "Requiem for a Shuffle." *Wired,* August 2, 2017.

Lewine, Edward. "There's a Method to My Desk's Madness." *New York Times,* May 18, 2013.

Lewis, Michael. "The King of Human Error." *Vanity Fair,* December 2011.

Looker, Dan. "Up Beet." *Successful Farming,* March 2003.

Loomis, Carol J. "Buffett's Big Bet." *Fortune,* November 2009.

Lopez, Michael, and Sadie Lewis. "An Exploration of MLB Umpires' Strike Zones." *Hardball Times,* May 4, 2018, tht.fangraphs.com/an-exploration-ofmlb-umpires-strike-zones.

Lowe, Zach. "Biting the Hot Hand: Basketball's Enduring Streakiness Debate Rages On." *Grantland,* September 20, 2013, grantland.com/the-triangle/biting-the-hot-hand-basketballs-enduring-streakiness-debate-rages-on.

Lowenstein, Roger. "Why Buffett's Million-Dollar Bet Against Hedge Funds Was a Slam Dunk." *Fortune,* May 11, 2016.

Madden, Michael. "Chilling the Hot Hand." *Boston Globe,* September 10, 1985.

Mahany, Barbara. "Captive Truth: U. of C. Chemist Works to Liberate the Facts on Raoul Wallenberg." *Chicago Tribune,* October 1, 1991.

McKean, Kevin. "The Orderly Pursuit of Pure Disorder." *Discover,* January 1987.

———. "When You're Hot, You're Not." *Discover,* June 1985.

McWeeny, Drew. "The M/C Interview: Rob Reiner Talks 'Flipped,' 'Princess Bride,' 'Misery' and More." *HitFix,* August 4, 2010.

Michaud, Christopher. "Magna Carta Fetches $21.3 Million at Sotheby's Auction." Reuters, December 18, 2007.

Miller, Joshua, and Adam Sanjurjo. "Momentum Isn't Magic: Vindicating the Hot Hand with the Mathematics of Streaks." *Conversation,* March 28, 2018.

Morrissey, Kate. "Iraqi Sculptor Hopes for New Life in U.S." *San Diego Union-Tribune,* November 23, 2017.

Preston, Julia. "Big Disparities in Judging of Asylum Cases." *New York Times,* May 31, 2007.

Reifman, Alan. "Transcript from Tom Gilovich Online Chat." *Hot Hand in Sports,* September 2002.

Remnick, David. "Bob Dylan and the 'Hot Hand.'" *New Yorker,* November 9, 2015.

Rottenberg, Josh. "*The Princess Bride:* An Oral History." *Entertainment Weekly,* October 14, 2011.

Segal, Julie. "David Rubenstein's Monopoly Money." *Institutional Investor,* May 4, 2017.

Seides, Ted. "Why I Lost My Bet with Warren Buffett." *Bloomberg,* May 3, 2017.

Shen, Allan. "Renowned Mathematician and Professor Elias Stein Passes Away at 87." *Daily Princetonian,* February 5, 2019.

Silverman, Jeff. "Roundabout Director Rob Reiner Makes His Movies Work—Somehow." *Chicago Tribune,* October 4, 1987.

Singal, Jesse. "How Researchers Discovered the Basketball 'Hot Hand.'" *New York,* August 14, 2016.

Smith, Hedrick. "U.S. Exchanges 2 Russian Spies for 2 Americans." *New York Times,* October 12, 1963.

Sommer, Jeff. "Challenging Management (but Not the Market)." *New York Times,* March 16, 2013.

Stromberg, Joseph. "Scientists Dismissed 'Hot Streaks' in Sports for Decades. They Were Wrong." *Vox,* June 3, 2015, vox.com/2015/6/3/8719731/hot-hand-fallacy.

Sullivan, Jeff. "Incredulous Responses to Bill Miller's Strike Zone." FanGraphs, October 30, 2017, blogs.fangraphs.com/incredulous-responses-to-bill-millers-strike-zone.

Tully, Shawn. "How the Really Smart Money Invests." *Fortune,* July 6, 1998.

Vinocur, John. "Swedish Hero Is in Soviet, Panel Says." *New York Times,* January 16, 1981.

Voss, Greg. "Sneaking Up on Success: An Interview with Mark Turmell." *Softline,* November 1981.

Wallace, Anise C. "Perils and Profits of Pension Advisers." *New York Times,* September 11, 1983.

Warren, Jamin. "Mark Turmell." *Kill Screen,* May 12, 2011.

Wolff, Alexander. "The Olden Rules." *Sports Illustrated,* November 25, 2002.

Yeh, Molly. "In Season: Sugar Beets." *Modern Farmer,* October 23, 2013.

Zimmer, Carl. "That's So Random: Why We Persist in Seeing Streaks." *New York Times,* June 26, 2014.

Zweig, Jason. "Making Billions with One Belief: The Markets Can't Be Beat." *Wall Street Journal,* October 20, 2016.

●影音節目

"Bill Miller (Major League Baseball Umpire)." *Off the Lip Radio Show,* January 24, 2017, youtu.be/eaWM1xoNw14.

"David Booth Interview." Index Fund Advisors, October 12, 2016, youtu.be/LWCGYz44hac.

"Dean's Distinguished Speaker Series: David Booth." Hosted by Judy Olian. UCLA Anderson School of Management, January 29, 2014, youtu.be/pZcXeI2ke6o.

參考書目

"An Interview with the Chicago Team Who Is Investigating the Fate of Raoul Wallenberg."
By Lisa Pevtzow. Jewish United Fund, April 8, 2013, juf.org/interactive/vPlayer. aspx?id=420403.

Kestenbaum, David, and Jacob Goldstein. "Brilliant vs. Boring." Episode 688, *Planet Money* (podcast), NPR, January 23, 2019, npr.org/sections/money/2019/01/23/688018907/episode-688-brilliant-vs-boring.

Meedendorp, Teio. "Discovering Vincent van Gogh's *Sunset at Montmajour*." TEDx Talks, University of St. Andrews, June 16, 2014, youtu.be/SyzdA_dQjD0.

"Morning Session—2006 Meeting." Warren Buffett Archive, CNBC, May 6, 2006, buffett.cnbc.com/video/2006/05/06/morning-session---2006-berkshire-hathaway-annual-meeting.html.

Ritholtz, Barry. "Thomas D. Gilovich Talks About Human Behavior." *Masters in Business* (podcast), *Bloomberg,* January 25, 2018, soundcloud.com/bloombergview/thomas-d-gilovich-talks-about-human-behavior.

"Special Episode: Sugar Beet Harvest." *America's Heartland,* January 26, 2011, youtu.be/ksN7h-ZpFWc.

"VIP Distinguished Speaker Series: David Booth, CEO of Dimensional Fund Advisors." McCombs School of Business, University of Texas, Austin, February 26, 2013, youtu.be/cCp1m7rG0Q0.

致謝

寫第一本書讓我學到太多事。其中一件就是：要感謝所有讓這本書得以誕生的人，幾乎是不可能的事。不過我還是要試試看。

我出色的經紀人Eric Lupfer，把一個想法變成了一份提案，把提案變成了一本書，再把那本書變得更好。很多時候，他比我自己還更清楚我想寫什麼，然後又溫柔地確保我真的寫出來。我非常感激他一直陪伴我。同樣感謝Christy Fletcher以及Fletcher & Company的每一位夥伴。

我非常幸運，能讓我的第一本書交到Geoff Shandler手中。他對這本書有一個清晰的想像，甚至在我還不太確定自己能做到時，就已經推動我去實現那個版本。如果你想感受到他的巧手，那每一頁都看得到。能夠被他編輯，是一種榮幸。他幫我把文字修得服服貼貼之後，Custom House和HarperCollins的團隊便開始接手。Kayleigh George、Maureen Cole、Jessica Rozler、Nancy Tan、Leah Carlson-Stanisic、Ploy Siripant、Trina Hunn、Liate Stehlik和Ben Steinberg，把一份Google文件變成了你現在讀到的這本書。精彩的Molly Gendell則確保這一切成真。

Hank Tucker在大學時期就幫我讀了幾百篇學術論文，還順便把它們翻譯成白話文。John Vilanova是我的超強事實查核員，他逐字逐句地剖析整本書，確保這書說的都是真的。若還有任何錯誤，那就完全是我的責任。

我是在《華爾街日報》學會怎麼當一個記者的，而沒有人對我這段學習之路的影響比Sam Walker更深。他是個聰明絕頂的人，這點讓了解他的人可能會覺得有點可怕，但對我來說，這改變了一切。如果不是Sam，我現在可能根本不知道自己會在哪裡——但我知道，那絕對不會像現在這麼有趣。我很幸運能有他給我人生中最重要的一次機會；更幸運的是，我現在還有Bruce Orwall做我的《華爾街日報》導師。他是夢幻級的編輯，睿智、耐心，不只容許我去追一些瘋狂的想法，還會鼓勵我去做——然後再把它們變得沒那麼瘋。他始終如一的支持，讓這本書得以誕生。我真心希望他支持的體育隊伍，總有一天能熱起來（哪怕是下個世紀也好）。

我也非常感謝Mike Miller、Matt Murray，以及《華爾街日報》編輯部裡一票令人敬佩又充滿幹勁的同事們，尤其是目前負責體育新聞的夥伴們：Rachel Bachman、Brian Costa、Jim Chairusmi、Jared Diamond、來自東加王國的體育特派員Joshua Robinson，以及永遠不知疲倦的Andrew Beaton。我有漏掉誰嗎？啊對了，怎麼能忘記Jason Gay。他令人難以忘懷、真誠、大方，而且永遠都說得對。順便一提，他也是地球上最幽默的作家。每次我跟人說我在《華爾街日報》寫體育，對方幾乎都會

問我是不是Jason Gay。我真希望是。他是我心中最棒的導師與榜樣。

有幾位朋友特別挺身而出，幫我閱讀本書的早期草稿。Jonathan Clegg有個超實用的習慣──一旦我拜託他幫我看稿，他總能讓我的文字更上一層樓，他也曾幫我潤飾過我唯一一篇比他預期還短的稿子。Geoff Foster一針見血地指出了這本書哪些地方最需要他的「經典Foster手法」，讓我再次想起當初為什麼那麼想請他看稿。Sam Walker的編輯筆觸則是又嚇人又刺激──一整個Sam Walker體驗。John Harpham除了是我超棒的朋友，也是我認識最聰明的人之一，我已經迫不及待想讀他未來寫的書了。Andrew Yaffe閱讀過我最多作品（如果你把Gchat聊天紀錄也算的話），而他忍我這麼多年之後的「報酬」，就是還得再讀更多。

謝謝每一位問過我「書寫得怎麼樣了」的人，也謝謝那些知道「不要問」的人。還有那些在我寫書期間給我支持、陪伴、甚至適時分心的朋友們：Scott Cacciola、Kevin Clark、Marc Tracy、Joe Coscarelli、Nate Freeman、Dan Romero、Sam Schlinkert、Katie Baker、J.R. Moehringer、Alana Newhouse、Bari Weiss、《Unorthodox》團隊、攝影師Samantha Bloom、Andrew和Christen Yaffe、Greg和Olivia Beaton、Matthew Futterman與Amy Einhorn、Matthew Henick和Alaina Killoch，以及還有許多我肯定會漏掉，但他們應該會夠好心不提醒我的人。

家人！你們都知道我是說誰。特別鳴謝整個Butnick-Rothaus

家族，Cliff、Francesca、Noah Silverman，以及Howard和Elyse Butnick，你們永遠值得特別感謝。Resnikoff一家從我還怕書本的時候就一直陪在我身邊。Sara和David Silver在我低落時讓我保持清醒，還能忍受我整天滑手機。Wendy和Jesse Cohen永遠是我最大的粉絲，也是最忠實的讀者。他們是讓一切成為可能的人——包括我那段不太光彩的籃球生涯。謝謝你們。

最後，Stephanie Butnick是我每天都有「手感正熱」的原因。她從頭到尾陪著這本書，一路參與編修、鞭策我、為我打氣，還幫我抵擋那隻偶爾瘋狂的貓。這本書的第一句是為妳而寫，現在，最後一句也是。

國家圖書館出版品預行編目(CIP)資料

熱手效應：掌握手感發燙的連勝節奏/班.柯漢(Ben Cohen)著；
　　許訓彰譯. -- 初版. – 臺北市：今周刊出版社股份有限公司,
　　2025.05
352 面；14.8×21 公分. --（Wide；12）
譯自：The hot hand : the mystery and science of streaks
ISBN 978-626-7589-38-0（平裝）

1.CST: 成功法 2.CST: 機率 3.CST: 行為科學

177.2　　　　　　　　　　　　　　　　　　　　　114005670

Wide 012

熱手效應
掌握手感發燙的連勝節奏
The Hot Hand: The Mystery and Science of Streaks

作　　者	班‧柯漢Ben Cohen
譯　　者	許訓彰
總 編 輯	蔣榮玉
資深主編	李志威
特約編輯	黃茂森
校　　對	黃茂森、李志威
封面設計	FE 設計
內文排版	菩薩蠻數位文化有限公司
企畫副理	朱安棋
行銷專員	江品潔
業務專員	孫唯瑄
印　　務	詹夏深
出 版 者	今周刊出版社股份有限公司
發 行 人	梁永煌
地　　址	台北市中山區南京東路一段 96 號 8 樓
電　　話	886-2-2581-6196
傳　　真	886-2-2531-6438
讀者專線	886-2-2581-6196 轉1
劃撥帳號	19865054
戶　　名	今周刊出版社股份有限公司
網　　址	http://www.businesstoday.com.tw
總 經 銷	大和書報股份有限公司
製版印刷	緯峰印刷股份有限公司
初版一刷	2025 年 5 月
定　　價	480 元

The Hot Hand: The Mystery and Science of Streaks
Copyright © 2020 by Ben Cohen. All rights reserved.
This edition is published by arrangement with United Talent Agents through Andrew Nurnberg Associates International Limited.
Traditional Chinese translation rights © 2025 by Business Today Publisher.

版權所有，翻印必究 Printed in Taiwan